# CUADERNO DE TRABAJO

# DOS MUNDOS

## A COMMUNICATIVE APPROACH

### SECOND EDITION

# CUADERNO DE TRABAJO

# DOS MUNDOS

## A COMMUNICATIVE APPROACH

### SECOND EDITION

**Tracy D. Terrell**
University of California, San Diego

**Magdalena Andrade**
University of California, Irvine, and
Irvine Valley Community College

**Jeanne Egasse**
Irvine Valley Community College

**Elías Miguel Muñoz**

■ **McGraw-Hill Publishing Company** ■

New York   St. Louis   San Francisco   Auckland   Bogotá   Caracas   Hamburg   Lisbon
London   Madrid   Mexico   Milan   Montreal   New Delhi   Oklahoma City   Paris
San Juan   São Paulo   Singapore   Sydney   Tokyo   Toronto

This is an  book

*Cuaderno de trabajo*
*Dos mundos: A Communicative Approach*

3 4 5 6 7 8 9 0 MAL MAL 9 5 4 3 2 1

ISBN: 0-07-540812-0


*Cuaderno de trabajo* was typed on a Macintosh by Margaret Hines.

The developmental editors were Elizabeth Lantz and Heidi Clausen; Celine-Marie Pascale was editing supervisor; Teresa Chimienti was copyeditor.

The production supervisor was Pattie Myers.

Illustrations were provided by Sally Richardson.

Production and editorial assistance were provided by Phyllis Wright and Linda McPhee.

Malloy Lithographing, Inc., was printer and binder.

# CONTENTS

# Preface

## TO THE INSTRUCTOR

The purpose of the *Cuaderno de trabajo* is to give students more opportunities to interact with spoken Spanish in meaningful ways outside of class. The *Cuaderno de trabajo* is divided into two preliminary chapters (*Pasos* A and B) and eighteen regular chapters (*Capítulos* 1–18) that correspond to the chapters in the main text. Most chapters in the workbook have five sections: *Actividades de comprensión*, *Ejercicios de pronunciación* (through *Capítulo* 10), *Ejercicios de ortografía* (through *Capítulo* 15), *Actividades escritas*, and *Lecturas adicionales*. Audio tapes must be used with the first three sections.

### Actividades de comprensión

The *Actividades de comprensión* section consists of dialogues, narratives, radio advertisements, and other examples of oral texts recorded on audio tapes. The topics of the audio texts loosely follow those of the corresponding chapters in the main text (*Dos mundos*); they do not contain grammar drills. Our goal in presenting these texts is to simulate real comprehension experiences. Since comprehension is achieved by developing the ability to guess at meaning based on recognition of key elements in the sentence, we have not edited out unknown words and new grammar. The scripts for the oral texts are not included in the student workbook. Instead, the student workbook has worksheets for each text. These generally consist of (a) a list of the new key vocabulary (with English translations) which is crucial to comprehension, (b) a short introduction to the text students will hear, and (c) tasks of varying kinds to verify that the student has understood the main ideas in the oral texts.

The *Actividades de comprensión* are intended for use primarily as homework assignments, but they can also be done in class. It is a good idea for instructors to do at least part of each of the *pasos* (*Pasos* A and B) with students before assigning the *Actividades de comprensión* as homework. The brief introduction for students (To the Student) will help them complete the assignments for the first two *pasos*. A section with more specific instructions and practice for suggested strategies is included before Chapter 1. We also recommend that instructors repeat the training session at some point between chapters three and four and at the beginning of a new semester or quarter. Such sessions are useful for making sure that students have not picked up poor listening and study habits. It is also a good idea to review the procedure and useful techniques when segments start becoming more complicated. In addition, keep in mind that, although the speakers on the tapes will not be speaking at normal native speed, due to the lack of visual cues, students will get the impression that the rate of speech is too fast. This impression will seem all the more true when the overall level of difficulty of the oral texts increases. Furthermore, the fact that the level of the input in most tapes is slightly above the students' current level of comprehension may cause anxiety in some students. For these reasons, it is imperative that students understand the role of the materials and that they know how to use them correctly.

Please remember that there is a close correlation between a low affective filter and successful language acquisition. It is unwise to place undue stress on students over the assignments. They should feel confident that the listening component is a means of providing them with additional comprehensible input, not a tool for testing them at home. If students get the impression that the *Actividades de comprensión* are being used to test them, the purpose will be doubly defeated: many will find the whole procedure too stressful and others may simply copy the answers. Most instructors find it much more useful to tell students to come to them if they have a problem and to remember that it is not necessary to be able to answer every question correctly. Students should feel free to report any unduly difficult item(s) to their instructor.

In addition, remember that the topics of the oral texts in the workbook loosely follow those of the corresponding chapters of the main text. For this reason, it is advisable to wait until most of the chapter activities in the main text have been done in class before giving assignments in the workbook. Students will be more motivated to do these assignments if you remind them that they will help them prepare for the listening comprehension components of their mid-term and final exams.

Finally, since the answers are given at the back of the *Cuaderno*, there remains the problem of how to keep students from copying. It has been our experience that the majority of students will not cheat unless the assignment proves to be excessively difficult. In spite of this, and since in an academic environment there is always a need to measure performance, we suggest (especially if you are uncertain about whether students are copying or not) that you use two or three of the oral texts from each chapter in a short listening comprehension quiz. You may photocopy the corresponding sections from the workbook, leaving out the vocabulary section or writing different true/false or multiple choice questions. You will find that students who have done their homework honestly will do well on the quizzes and that those who merely copied will not.

### Ejercicios de pronunciación

We are convinced that students' pronunciation depends on factors largely beyond the instructor's control. However, we hope that, in their regular classroom setting, most students will develop pronunciation habits in Spanish that are acceptable to most native speakers. We suggest that students be urged to concentrate on listening comprehension, rather than on pronunciation at first. The purpose of pronunciation exercises is not to present a large number of pronunciation rules for students to learn at the beginning of the course, but rather to present a set of pronunciation exercises in which certain problematic sounds are isolated. Some students may find it helpful to do them. Note that these exercises generally include only words that students have already encountered in oral class activities.

### Ejercicios de ortografía

Spanish sound-letter correspondences are relatively simple, and many students become good spellers in Spanish without any explicit instruction. In our experience, however, dictation exercises that focus on certain problematic areas can be effective. Note that, as in the pronunciation exercises, in the spelling exercises we have used words that the students have encountered already in oral class activities.

Some instructors have found it very useful to assign a review of these sections as well as of the *pronunciación* sections when starting the second semester (second or third quarter). A few even suggest that students listen to the tapes for all previous chapters as a review. When possible, this experience is usually very rewarding, since students who have covered five or six chapters find the dialogues, ads, and so on from the initial chapters easy the second time around, and are excited about their progress.

### Actividades escritas

The *Actividades escritas* are designed to allow students to write Spanish creatively but within the natural limitations of what they know at a given point. Most of these activities can be done outside the class, but oral follow-up in class will prove profitable in many cases. Remind students that the ¡OJO! notes in the *Actividades escritas* are there to show them which grammar topic(s) to review before doing a particular set of exercises, as well as where to look for help while working.

Although most of the *Actividades escritas* are open-ended and communicative, we have provided answers whenever possible (included at the back of the *Cuaderno*). Answers to questions for which there is more than one correct answer are identified by the phrase "Answers may vary." You may wish to advise students that they will need to allow for differences in content when checking answers to these questions; they should be correcting only errors in form.

### Lecturas adicionales

Each chapter of the *Cuaderno de trabajo* features a section called *Lecturas adicionales* where additional readings are provided. You do not need to assign every reading in the *Cuaderno,* but we hope that, once students realize that they can read Spanish rapidly, they will want to read on their own. Reading can serve as comprehensible input and therefore will contribute to the acquisition process. You may decide to assign these additional readings as homework or as makeup work. Readings could also be used as springboards for class discussion and oral group presentations.

The additional readings follow the same categories as those in the main text. You will find several short episodes from *Los vecinos,* the soap opera that takes place in Mexico City; numerous portraits of a variety of Hispanic people, designed to give students a glimpse into the real life of Hispanics around the world; readings on a group of North American friends from Professor Adela Martínez's Spanish class; brief cultural notes; essays written in an editorial style by Pedro Ruiz for *La Voz,* presenting points of view on various topics; editorials to be featured on Julio Delgado's radio program in Miami; one article from the fictional newspaper *La Voz;* and one literary piece, a short story written especially for *Dos mundos.*

Please refer to the Instructor's Manual in *Dos mundos*, pp. 21–23, for suggestions on teaching reading. Instructor's Notes for teaching each of the readings in the *Lecturas adicionales* are included on pp. 23–33.

The answers to the questions on the *Lecturas adicionales* have also been included in the answer section at the end of the *Cuaderno*. Should you want to use these readings as makeup work, students may be asked to answer the *¿Y usted?* portions or to write a brief summary of the readings.

# TO THE STUDENT

Each of the chapters in the *Cuaderno de trabajo* (Workbook) consists of five sections:

| | |
|---|---|
| *Actividades de comprensión* | Listening Comprehension Activities |
| *Ejercicios de pronunciación* | Pronunciation Exercises |
| *Ejercicios de ortografía* | Spelling Exercises |
| *Actividades escritas* | Written Activities |
| *Lecturas adicionales* | Additional Readings |

Answers to most of these sections are in the back of the *Cuaderno de trabajo*.

## *Actividades de comprensión*

The *Actividades de comprensión* component contains recordings of oral texts. The recordings include segments of Spanish classes, dialogues, narratives, and radio advertisements. They give you the opportunity to listen to and understand spoken Spanish outside the classroom, providing exposure to authentic speech in a variety of contexts and to the different pronunciations of the Spanish-speaking world.

In the corresponding section of your *Cuaderno de trabajo* you will find worksheets for each of the oral texts. These worksheets are set up to help give you a general idea of the segment before you listen to it; the drawings, the title, and the short prose introductions provide you with a context. A list of words and expressions (with English translations) is also included. These words may be new to you, and they are important to your understanding of the content of the recording. In order to help you determine if you have understood the particular segment, each worksheet will require that you complete a certain task. Make sure that you know what is required of you *before* you start listening to the tape.

When starting an assignment, follow these suggestions in order to minimize stress and maximize comprehension:

1. Look over the title, the introduction, and any illustrations. These will help you get a general idea of the content of the segment.
2. Take a few moments to familiarize yourself with the new vocabulary listed and with any other words or expressions used in the worksheet that you do not know.
3. Look at the task contained in the particular segment you will be listening to and make sure you understand what you are expected to do. Once you determine this, take a few seconds to map out the best strategy for completing the task. For example, if when you look at the task you get the impression that there are too many blanks, make a mental note to try to fill in only every other blank the first time you listen. Or, if you realize that the task requires that you write out words that are too long or difficult to spell, make a mental note to write only the first three or four letters while you listen and to complete each word after you have stopped the tape.
4. Listen to the recording as many times as necessary but listen with specific questions in mind. The tape player is an "understanding" and patient learning-aid, so you need not feel hesitant to rewind and replay the tape as often as you need to. Avoid resorting to checking the answer section until you have listened to a segment at least five times.

Most of the time, you should be able to answer the questions in the task without understanding everything in the recording. Remember what you have learned about comprehension. In the classroom you have probably had ample opportunities to prove that you can understand what is being said to you by concentrating on key words, paying close attention to context, and taking some risks. Indeed, this is how comprehension will work in real life when you interact with native speakers of Spanish.

Once you have done several assignments, you will start to notice that you are more comfortable with them. You can get additional benefits from these materials if, at this point, you go back and listen to the tapes for chapters you have already completed. Listen while driving to school, while doing chores, or while lying down to relax. Let your mind create scenes that correspond to what you are hearing, and listen just to enjoy the exposure to the spoken language. The additional exposure of your ear and your mind to spoken Spanish will result in increased confidence in real life listening situations.

In order to help you maximize the benefits from this component, your instructor will do several of the recorded segments corresponding to *Paso* A in the classroom. He/She will go over, clarify, and amplify the directions you have just read to make sure you master the procedure you need to follow. Be prepared to practice with your class and to ask your instructor any questions that have come to mind as you read this introduction. There is also a guided practice segment before Chapter 1. The goal of that segment is to provide you with the opportunity to review and try out several strategies that will be useful with the rest of the *Actividades de comprensión* in this *Cuaderno*.

## Ejercicios de pronunciación

Good pronunciation in a new language can be achieved by most people interacting in a normal communicative situation with native speakers of that language. The more spoken Spanish you are in contact with, the more you will become used to the rhythm, intonation, and sound of the language. Don't try to pay close attention to details of pronunciation when you are speaking Spanish; it is far more important to pay attention to what you are trying to express. In general, native speakers of Spanish do not expect foreigners to speak Spanish without a trace of an accent. There is nothing wrong with a foreign accent in Spanish, but severe errors in pronunciation can interfere with communication if they make it difficult for native speakers to understand what you want to say. For this reason we have included a series of pronunciation exercises starting in *Paso* A and continuing through Chapter 10 of the *Cuaderno de trabajo*. They are designed to attune your ear to the differences between English and Spanish and to help you pronounce Spanish better.

The *Ejercicios de pronunciación* group words you already know in order to give you the opportunity to practice the pronunciation of a particular sound they have in common. First, an explanation of the pronunciation of the sound is given, followed by examples for you to repeat aloud. The idea is not for you to memorize pronunciation rules but to develop a feel for good pronunciation in Spanish.

## Ejercicios de ortografía

The *Ejercicios de ortografía* consist of spelling rules and examples, followed by dictation exercises. You will be familiar with the words in these dictation exercises from the oral activities done in class. Again, the idea is not to memorize a large number of spelling rules, but rather to concentrate on items that may be a problem for you. Remember to check the answers in the back of the *Cuaderno* when you have completed these exercises.

## Actividades escritas

The *Actividades escritas* give you the opportunity to express your own ideas in written Spanish on the topics covered in each chapter. When doing each *actividad*, try to use the vocabulary and structures that you have acquired in the chapter being studied and in previous chapters. Although your main goal is still communication, you have the time when writing (as opposed to speaking) to check for correctness or to look up something you have forgotten. Also, keep in mind the following basic guidelines related specifically to the mechanics of the Spanish language:

1. Include accent marks whenever they are needed.
2. Don't forget the tilde on the *ñ*. The *ñ* is a different letter from *n*.
3. Include question marks (¿ and ?) before and after questions.
4. Include exclamation points (¡ and !) before and after exclamations.

Be sure to check your answers against the key in the back of the *Cuaderno*, bearing in mind that, in many cases, your answers will reflect your own life and experiences. You should use the answer key to correct errors in form, not differences in content.

## Lecturas adicionales

Each chapter of this *Cuaderno de trabajo* will have a section called *Lecturas adicionales*. Even though these sections are called additional, it is a good idea for you to do them, since the more you read Spanish the more you will be able to understand and say.

There are many reasons for learning to read Spanish. Whatever your reason is, remember that reading is also a skill that can help you acquire Spanish. There are four reading skills that you should already have in English that can be transferred to Spanish: scanning, skimming, intensive reading, and extensive reading. In your main text, *Dos mundos,* we describe these skills and suggest ways to make them work for you when reading Spanish. Most of the readings in the *Cuaderno* are for practice in extensive reading; that is, reading for main ideas, using context and your common sense to guess the meaning of words you don't know. Keep in mind that reading is not translation. We want you to read Spanish *in Spanish,* not in English. If you are looking up a lot of words in the end vocabulary or in a dictionary and translating into English as you go, you are not really reading.

You will recognize many of the words and phrases in these readings immediately because they have appeared in the oral activities. Other words are glossed in the margin for you, in English or in simpler Spanish. You need not learn the glossed words; just use them to help you understand what you're reading. There will also be many words in the readings that you will not have seen before and that are not glossed. Try to understand the gist of the reading without looking up such words. Chances are that you can guess their meaning from context or that you do not need to know their meaning at all in order to get the general idea of the reading.

Readings in the *Cuaderno* fall into the same categories as those in the main text. We have included here several episodes from *Los vecinos,* the soap opera that takes place in Mexico City; numerous portraits of a variety of Hispanic people, designed to give you a glimpse into the real life of Hispanics around the world; readings on a group of North American friends from Professor Adela Martínez's Spanish class; brief cultural notes; essays written in an editorial style by Pedro Ruiz for *La Voz,* presenting points of view on various topics; editorials to be featured on Julio Delgado's radio program in Miami; one article from the fictional newspaper *La Voz;* and one literary piece, a short story written especially for *Dos mundos.*

Be willing to help your instructor discuss and retell the readings. The more you give of yourself, the more you will get back; the more you participate, the more Spanish you will acquire. Be adventurous. Let your reading experience be an enjoyable one! If you have trouble with a particular question, check the answers in the back of the *Cuaderno.*

## Primeros Pasos

# Paso A

## ACTIVIDADES DE COMPRENSIÓN[1]

### A. MANDATOS EN LA CLASE DE ESPAÑOL

#### VOCABULARIO NUEVO[2]

| | |
|---|---|
| bueno | *OK* |
| ¿Están listos? | *Are you ready?* |
| ahora | *now* |
| rápido | *fast* |
| «La cucaracha» | *popular Mexican song* |

La profesora Martínez le da instrucciones[3] a su clase de español.

_____

Professor Martínez's commands to the class are listed below, out of sequence. Number the commands from 1 to 8 in the order that you hear them.

____ caminen                          pónganse de pie

____ canten «La cucaracha»            siéntense

____ corran                           digan «hola»

____ miren arriba                     bailen

### B. ¿QUIÉN ES?

#### VOCABULARIO NUEVO

| | |
|---|---|
| conversan | *they are talking* |
| creo | *I believe, I think* |

_____

[1]Actividades... *Comprehension Activities*
[2]Vocabulario... *New Vocabulary*
[3]da... *gives instructions*

Alberto y Carmen, dos estudiantes en la clase de español de la profesora Martínez, conversan.

_____

Listen to the conversation between Carmen and Alberto and make a list of the names they mention in the order in which they are mentioned. (Here are the names out of order: *Esteban, Linda, Mónica, Luis.*)

1. _____  3. _____

2. _____  4. _____

## C. MUCHOS ESTUDIANTES

### VOCABULARIO NUEVO

| hablan | *they are talking* |
| antes de | *before* |
| pues... | *well . . .* |
| un poco | *a little* |

Alberto y Esteban hablan antes de la clase de español de la profesora Martínez.

_____

List the names of the people described. (The names out of order are: *Luis Ventura, Mónica, Nora.*)

1. La chica de pelo rubio se llama _____

2. La muchacha que lleva la falda amarilla es _____

3. El muchacho de pelo rizado que está con Nora es _____

## D. ¿QUÉ ROPA LLEVA?

### VOCABULARIO NUEVO

| perfecto/a | *perfect* |
| ¡Qué feo! | *How ugly!* |
| ¡Es muy feo! | *It is very ugly!* |
| ¡Silencio! | *Quiet!* |
| Aquí viene. | *Here (she) comes.* |

Esteban y Carmen hablan de la ropa que llevan los compañeros de clase y la profesora.

_____

Listen to the conversation and then indicate whether the following statements are true or false (*cierto* [C] o *falso* [F]).

1. _____ Mónica lleva una blusa rosada.

2. _____ Nora lleva una blusa azul y pantalones negros.

3. _____    Alberto lleva pantalones grises y una camisa anaranjada.

4. _____    Luis lleva una chaqueta morada.

5. _____    La profesora Martínez lleva un abrigo morado muy feo.

## E.  LA ROPA

### VOCABULARIO NUEVO

| | |
|---|---|
| no entiende | *he doesn't understand* |
| las instrucciones | *directions* |
| empezar | *to begin* |
| correcto/a | *correct* |
| debajo de | *under* |
| los dibujos | *drawings* |
| perdón | *excuse me* |
| no entiendo | *I don't understand* |
| ¿Cómo? | *What?, Would you repeat?* |

La profesora Martínez habla con los estudiantes de su clase de español. Esteban no entiende bien las instrucciones.

———————————————

Look at these drawings as you listen to Professor Martínez. Write the numbers under the drawings, according to her instructions.

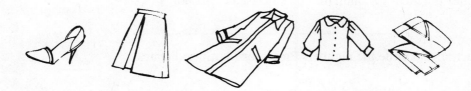

## F.  ¿CUÁNTOS ESTUDIANTES LLEVAN ROPA DEL MISMO COLOR?

### VOCABULARIO NUEVO

| | |
|---|---|
| cuentan | *they count* |
| mismo/a | *same* |
| Vamos a contar. | *Let's count.* |
| más de | *more than* |
| ¿verdad? | *right?, true?* |
| solamente | *only* |

¿Cuántos estudiantes llevan ...?

La profesora Martínez y los estudiantes de su clase de español cuentan cuántas personas llevan ropa del mismo color.

_____

Indicate the number of students wearing each article of clothing mentioned.

1. _____ estudiantes llevan blusas blancas.

2. _____ estudiantes llevan camisas azules.

3. _____ estudiantes llevan pantalones de color café.

4. _____ estudiantes llevan zapatos de tenis.

5. _____ estudiante(s) lleva(n) botas.

## G. LOS NÚMEROS

**VOCABULARIO NUEVO**

| | |
|---|---|
| por favor | *please* |
| continuar | *to continue* |
| otra vez | *again* |

*Cinco, nueve, ...*

La profesora Martínez practica[1] los números con su clase de español.

_____

Listen to the interaction and write the numbers Professor Martínez dictates.

____    9    ____    26    ____    23    ____

## H. LA TELENOVELA «LOS VECINOS»[2]: EPISODIO[3] «LOS SALUDOS»

**VOCABULARIO NUEVO**

| | |
|---|---|
| hoy | *today* |
| ¡Qué amable! | *How nice!* |
| ¡Saludos a su esposa! | *Regards!* |
| ¡Cómo no! | *Of course!* |

_____

[1] *practices*
[2] La... *Soap opera "The Neighbors"*
[3] *Episode*

Ahora escuchemos[1] un episodio de la telenovela «Los vecinos». Ernesto Ramírez saluda a la señora Rosita Silva, una de sus vecinas.

_____

*¿Cierto* (C) o *falso* (F)?

1. _____ La señora Silva está muy bien.

2. _____ El señor Ramírez no está bien hoy.

3. _____ La señora Silva lleva un vestido rojo muy bonito hoy.

4. _____ La camisa del señor Ramírez es muy elegante.

5. _____ La esposa del señor Ramírez está con él ahora.

# Repaso del vocabulario

These are some of the words that were used in the listening passages of *Paso A*. Since they are similar to English, you will be expected to recognize them in the future. They will not be listed or defined in the chapters that follow.

conversa(n)      las instrucciones      perfecto/a      ¡Silencio!

correcto/a        perdón                 rápido

Here is a list of very common new words and expressions used in the listening texts of *Paso A*. Since they will be used in subsequent chapters, you should review them carefully before going on to *Paso B*.

| | | | |
|---|---|---|---|
| ahora | *now* | (no) entiende | *he/she (doesn't) understand* |
| Aquí viene. | *Here he/she comes.* | (no) entiendo | *I (don't) understand* |
| bueno | *OK, good* | ¿Están listos/as? | *Are you ready?* |
| ¿Cómo? | *What?, Would you repeat?* | habla(n) | *(they are) he/she is talking* |
| ¡Cómo no! | *Of course!* | hoy | *today* |
| contar (cuentan) | *to count (they count)* | mismo/a | *same* |
| continuar | *to continue* | otra vez | *again* |
| creo | *I think, I believe* | pues... | *well . . .* |
| debajo de | *under* | solamente | *only* |
| el dibujo | *sketch, drawing* | ¿verdad? | *right?, true?* |
| empezar | *to begin* | | |

# Pronouncing and Writing Spanish: Preliminaries

*NOTE: In this section of the text (and in* Ejercicios de pronunciación *and* Ejercicios de ortografía*), only the actual exercise material will be heard on the tape. You should stop the tape and read the introductions before doing the exercises.*

Here are some preliminary pronunciation rules to help you pronounce Spanish words. They will be especially useful if you need to pronounce a word you have not heard yet. Each rule will be explained in more detail in Subsequent pronunciation and orthographic exercises.

_____

[1] *Let's listen (to)*

# I. VOWELS

The Spanish vowels are *a, e, i, o, u*. They are pronounced as very short and crisp sounds. Do not draw them out as sometimes happens in the pronunciation of English vowels. The following vowel sounds are approximate equivalents.

| | SPANISH | ENGLISH |
|---|---|---|
| a | c<u>a</u>sa | f<u>a</u>ther |
| e | p<u>e</u>lo | <u>e</u>lephant |
| i | s<u>í</u> | ch<u>ee</u>p |
| o | com<u>o</u> | wr<u>o</u>te |
| u | m<u>u</u>cho | L<u>u</u>ke |

# II. CONSONANTS

The pronunciation of most Spanish consonants is close to that of English. However, Spanish sounds are never exactly the same as English sounds. For this reason the following rules are offered only as guidelines.

**A.** The pronunciation of these consonants is almost identical in Spanish and English.

| | SPANISH | SOUNDS LIKE ENGLISH |
|---|---|---|
| ch | <u>ch</u>ile | <u>ch</u>ili |
| f | <u>f</u>uente | <u>f</u>ountain |
| l | <u>l</u>ámpara | <u>l</u>amp |
| m | <u>m</u>apa | <u>m</u>ap |
| n | <u>n</u>o | <u>n</u>o |
| p | <u>p</u>atio | <u>p</u>atio |
| s | <u>s</u>opa | <u>s</u>oup |
| t | <u>t</u>iempo | <u>t</u>ime |

**B.** These consonants have more than one pronunciation in Spanish, depending on the letter that follows.

| | SPANISH | SOUNDS LIKE ENGLISH | ENGLISH MEANING |
|---|---|---|---|
| c | <u>c</u>arro | *k* before *a, o, u* | car |
| c | <u>c</u>írculo | *s,* or *c* before *e, i* | circle |
| g | <u>g</u>eneral | *h* followed by *e, i* | general |
| g | <u>g</u>as | *g* followed by *a, o, u,* but pronounced softer than in English | gas (*element*) |
| x | ta<u>x</u>i | *ks* before a vowel | taxi |
| x | e<u>x</u>perto | *s* before a consonant | expert |

**C.** The sounds of these Spanish consonants are almost identical to sounds in English that are represented by different letters.

| | SPANISH | SOUNDS LIKE ENGLISH | ENGLISH MEANING |
|---|---|---|---|
| q | <u>q</u>ué | *k* when followed by *ue, ui;* never *kw* | what |
| z | <u>z</u>oológico | *s;* never *z* | zoo |

**D.** The sounds of these Spanish consonants are similar to English sounds that are represented by different letters.

| SPANISH | | SIMILAR ENGLISH SOUND | ENGLISH MEANING |
|---------|--------|----------------------|-----------------|
| d | pa<u>d</u>re | *fa<u>th</u>er* | *father* |
| j | <u>j</u>a <u>j</u>a | *<u>h</u>a <u>h</u>a* | *ha ha* |
| ll | <u>ll</u>ama | *<u>y</u>es* | *call(s)* |
| ñ | ca<u>ñ</u>ón | *can<u>y</u>on* | *canyon* |

**E.** These Spanish sounds have no close or exact English equivalents.

| SPANISH | | PRONUNCIATION | ENGLISH MEANING |
|---------|--------|--------------|-----------------|
| b, v | ca<u>b</u>eza | Similar to English *b* but softer; | *head* |
|  | ca<u>v</u>ar | lips do not always close. No difference between *b* and *v* in Spanish | *to dig* |
| r | pa<u>r</u>a | Single tap of the tongue | *for* |
| rr | pe<u>rr</u>o | Trill | *dog* |

**F.** In Spanish *h* and *u* in the combination *qu* are always silent.

| SPANISH | | ENGLISH MEANING |
|---------|--------|-----------------|
| h | ~~h~~ablar | *to talk* |
| u *in* qu | q~~u~~e | *that* |

# Ejercicios de pronunciación[1]

## RHYTHM AND INTONATION

Spanish does not sound like English when it is spoken. One of the features that differs in spoken Spanish and English is rhythm. When speaking English, we tend to pronounce some syllables longer than others. For example, in the word lo*ca*tion, we pronounce the second syllable, which is the stressed syllable, much longer than the first or the last. The practice of lengthening stressed syllables gives English a certain rhythm called stress-timed rhythm. In Spanish, on the other hand, stressed syllables are only slightly longer than unstressed ones. This is called syllable-timed rhythm. To the English speaker's ear, syllable-timed rhythm makes Spanish seem much faster than English. Some people say that it has a sort of machine-gun effect.

**A.** Listen to the sentences in the following dialogues on the tape and note the difference between English stress-timed rhythm and Spanish syllable-timed rhythm. Note especially that each syllable in Spanish seems about equal in length when pronounced.

*Hello, how are you?*
*Fine, thanks. And you?*
*I'm fine. Are you a friend of Ernesto Ramírez?*
*Yes, he's a very nice person and also very intelligent.*

Hola, ¿cómo está usted?
Muy bien, gracias. ¿Y usted?
Estoy bien. ¿Es usted amigo de Ernesto Ramírez?
Sí, es una persona muy simpática y muy inteligente también.

---

[1] Ejercicios... *Pronunciation Exercises*

**B.** Listen and then pronounce the following sentences. Concentrate on making the syllables equal in length.

1. Carmen lleva una chaqueta azul.
2. Luis tiene el pelo negro.
3. La profesora Martínez es muy bonita.
4. Alberto lleva una camisa verde.
5. Los pantalones de Nora son blancos.

# ACTIVIDADES ESCRITAS[1]

## I. MANDATOS EN LA CLASE DE ESPAÑOL

¡OJO! *Estudie Gramática A.1.*

NOTE: ¡OJO! notes like the one above appear throughout the *Actividades escritas* to indicate which grammar topics you may want to review before doing a particular group of exercises. You may also want to turn to these sections for help while working.

Look at the drawings and then write the command that you think Professor Martínez gave the students.

|            |          |          |                     |
|------------|----------|----------|---------------------|
| *bailen*   | *corran* | *escuchen* | *saquen un bolígrafo* |
| *caminen*  | *escriban* | *salten* | *lean*             |

1. _____     2. _____

3. _____     4. _____

5. _____

---
[1] Actividades... *Writing Exercises*

## II. LOS NOMBRES DE LOS COMPAÑEROS DE CLASE

¡OJO! *Estudie Gramática A.2.*

Complete these statements by writing the name of your classmate who fits the description.

1. ¿Cómo se llama la persona que tiene pelo rubio y rizado? Se llama _____.

2. ¿Cómo se llama la persona alta? Se llama _____.

3. ¿Cómo se llama la persona que lleva lentes? Se llama _____.

4. ¿Cómo se llama el/la estudiante que es muy guapo/bonita? Se llama _____.

5. ¿Cómo se llama el estudiante que tiene barba o bigote? Se llama _____.

## III. LOS COLORES Y LA ROPA

¡OJO! *Estudie Gramática A.5–A.7.*

**A.** ¿De qué color son?

1. El sombrero 🎩 elegante es _____.

2. El conejo 🐰 es _____.

3. Las hojas 🍃 del árbol 🌳 son _____.

4. La manzana 🍎 es _____.

5. Las uvas 🍇 son _____ o _____.

**B.** Think of the clothing you own and then write a sentence matching your clothing with a description. Use more than one word for description. Invent a description if you do not own a particular item of clothing.

> MODELOS:  (el) vestido → *Mi vestido es blanco y largo.*
> (las) corbatas → *Mis corbatas son nuevas y bonitas.*

| | | |
|---|---|---|
| 1. (las) blusas | | nuevo/a, viejo/a |
| 2. (las) camisas | | bonito/a, feo/a |
| 3. (las) faldas | | largo/a, corto/a |
| 4. (el) sombrero | | blanco/a, negro/a |
| 5. (la) chaqueta | es/son | grande, pequeño/a |
| 6. (el) saco | | verde, gris, azul, etc. |
| 7. (el) suéter | | anaranjado/a, rojo/a, etc. |
| 8. (los) trajes | | |
| 9. (el) abrigo | | |
| 10. (los) pantalones | | |

1. _____
2. _____
3. _____
4. _____
5. _____
6. _____
7. _____
8. _____
9. _____
10. _____

## IV. LOS NÚMEROS (HASTA 39)

Fill in the missing vowels to form a word. In the circle to the right write the number that corresponds to the word.

MODELO:   T R _E_ C _E_ ⑬

1. D __ C __ ◯

2. Q __ __ N C __ ◯

3. V __ __ N T __ C __ __ T R __ ◯

4. T R __ __ N T __ y C __ N C __ ◯

5. __ C H __ ◯

Now check your work by adding the numbers in the circles. The total should be 94 .

## V. LOS SALUDOS Y LAS DESPEDIDAS

Complete these conversations by choosing the most logical word or phrase from the list that follows. Words may be used more than once.

*¿Y usted?     Me llamo     ¿Cómo se llama?     Mucho gusto     Muy     Gracias     ¿Cómo?*

1.

   Buenos días.
   ¿____ __ ____?

   Me llamo
   Esteban Brown.

2.

   Muchas _____,
   Esteban.

   De nada,
   profesora.

3. 

   Buenos días,
   profesor López.
   ¿Cómo está usted?

   _____ bien,
   ¿____?
   _____

4.

   Hola. ¿_____
   se llama?

   Esteban. ¿Y
   usted?

   Hola, soy Carmen.
   _____ _____.

   ¡Igualmente!

# Paso B

## ACTIVIDADES DE COMPRENSIÓN

### A. ¿TÚ O USTED?

En la clase de la profesora Martínez.

_____

1. _____    3. _____

2. _____    4. _____

### B. LAS COSAS EN EL SALÓN DE CLASE

#### VOCABULARIO NUEVO

busquen       *look for*
finalmente    *finally*

La profesora Martínez habla de las cosas en la clase de español.

_____

Write the numbers in the correct blank below each drawing.

_____    _____    _____    _____    _____

## C. LA TELENOVELA «LOS VECINOS»: EPISODIO «EL PRIMER DÍA[1] DE CLASE»

### VOCABULARIO NUEVO

| | |
|---|---|
| ¡Claro que sí! | *Of course!* |
| la escuela | *school* |
| el/la maestro/a | *teacher* |

Estela Ramírez habla con su hijo Ernestito de su primer día en la escuela.[2]

_____

¿*Sí* o *no*? En el salón de clase de Ernestito hay:

1.

4.

7.

10.

2.

5.

8.

11.

3.

6.

9.

12.

| | | | |
|---|---|---|---|
| 1. _____ | 4. _____ | 7. _____ | 10. _____ |
| 2. _____ | 5. _____ | 8. _____ | 11. _____ |
| 3. _____ | 6. _____ | 9. _____ | 12. _____ |

_____

[1] primer... *first day*
[2] *school*

## D.  LAS PARTES DEL CUERPO

### VOCABULARIO NUEVO

| | |
|---|---|
| ¡Alto! | *Stop!* |
| ¡tóquense! | *touch (your)!* |
| rápidamente | *quickly* |

La profesora Martínez le da instrucciones a su clase de español.

_____

Listen to the sequence and number the parts of the body in the order in which they are mentioned.

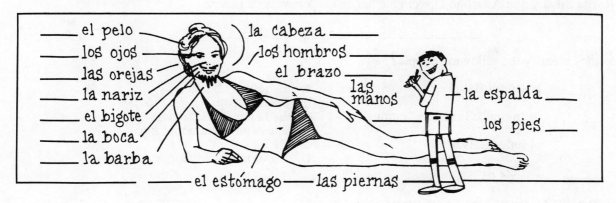

## E.  RICHARD MOREAU, EL ESTUDIANTE FRANCÉS[1]

### VOCABULARIO NUEVO

| | |
|---|---|
| matemáticas | *Math* |
| ¿Y qué? | *So what?* |
| más | *more* |
| romántico/a | *romantic* |

Nora y Mónica hablan del estudiante francés que está en su clase de matemáticas.

_____

*¿Cierto* (C) o *falso* (F)?

1. _____   Richard es un joven feo.

2. _____   El chico de pantalones azules es Alberto.

3. _____   Richard habla español y francés.

_____

[1] *French*

## F. LA TELENOVELA «LOS VECINOS»: EPISODIO «EN LA PLAZA»

### VOCABULARIO NUEVO

| | |
|---|---|
| aquí | *here* |
| A ver... | *Let's see . . .* |
| no sé | *I don't know* |
| horrible(s) | *horrible, very ugly* |
| la gente | *people* |
| el/la novio/a | *boy/girlfriend* |
| ¡Caramba! | *Wow, gee!* |
| ¡Cuánta gente! | *What a crowd!* |

Doña Rosita Silva y don Anselmo Olivera hablan de las personas en la plaza.

_____

How do they identify the following people?

1. _____ la señora Batini
2. _____ la amiga de la señora Batini
3. _____ el señor Galván
4. _____ Leticia Reyes

a. Es joven y bonita.
b. Tiene bigote.
c. Es la novia de Daniel.
d. Lleva un vestido morado.
e. Es muy tímido.
f. Lleva unos pantalones muy feos.

## G. LOS NÚMEROS EN MÚLTIPLOS DE DIEZ

### VOCABULARIO NUEVO

| | |
|---|---|
| por favor | *please* |
| repita | *repeat* |

Escriban el número cincuenta.

La profesora Martínez practica los números con su clase de español. Esteban no entiende muy bien las instrucciones.

_____

Listen and write (in numerals) the numbers Professor Martínez dictates, in the order given.

_____

## H. ROGELIO Y CARLA EN LA TIENDA DE ROPA[1]

### VOCABULARIO NUEVO

| | |
|---|---|
| la avenida | *avenue* |
| la camiseta | *T-shirt* |
| el traje de baño | *bathing suit* |
| ¡A descansar! | *Let's rest!* |
| ¡Por fin! | *Finally!* |

Carla Espinosa y Rogelio Varela son estudiantes en la Universidad de Puerto Rico en Río Piedras. Son dependientes[2] en la tienda de ropa El Encanto, en la Avenida Ponce de León.

—————————————————

Listen to the conversation and indicate how many of each item of clothing Carla and Rogelio have counted.

1. _____ pantalones

2. _____ camisetas

3. _____ blusas

4. _____ faldas

5. _____ trajes para hombre

6. _____ vestidos

7. _____ pantalones cortos

8. _____ trajes de baño

## I. LA EDAD DE LOS ESTUDIANTES

### VOCABULARIO NUEVO

| | |
|---|---|
| este... | *um/uh* . . . ( a "filler" to pause while thinking) |
| «treinti... muchos» | *"thirty plus"* |
| la pregunta | *question* |

La profesora Martínez habla con sus estudiantes sobre sus edades.

—————————————————

—————————————————

[1] tienda... *clothing store*

[2] *clerks*

List each person mentioned in the conversation and his/her age.

PERSONA                             EDAD

1. _____    _____

2. _____    _____

3. _____    _____

4. _____    _____

5. _____    _____

6. _____    _____

7. _____    _____

# Repaso del vocabulario

These are some of the words that were used in the listening passages of *Paso B*. Since they are similar to English, you will be expected to recognize them in the future. They will not be listed or defined in the chapters that follow.

    horrible    matemáticas    romántico/a

Here is a list of very common new words and expressions used in the listening texts of *Paso B*. Since they will be used in subsequent chapters, you should review them carefully before going on to *Capítulo uno*.

| | | | |
|---|---|---|---|
| ¡Alto! | *Stop!* | no sé | *I don't know* |
| la avenida | *avenue* | el/la novio/a | *boy/girlfriend* |
| busquen | *look for* | por favor | *please* |
| ¡Claro que sí! | *Of course!* | ¡Por fin! | *Finally!* |
| finalmente | *finally* | rápidamente | *quickly* |
| la gente | *people* | toque(n)(se) | *touch (your)* |
| el/la maestro/a | *teacher* | ¿Y qué? | *So what?* |
| más | *more* | | |

# Ejercicios de pronunciación

## I. VOWELS

A. Vowels in Spanish are represented by five letters: *a, e, i, o, u*. Listen to the vowel sounds in these words.

a    mesa, largo, azul, abrigo
e    café, clase, negro, mujer
i    sí, tiza, libro, rizado
o    mano, pelo, corto, rojo
u    luz, blusa, mucho, gusto

All of the vowels in Spanish are relatively short, unlike the vowels in English. English has both short vowels (as in the words *hit, pet, sat, but*) and long vowels (as in the words *he, I ate, who, do*). Notice that in English the word *go* is pronounced like *gow* and the word *late* as if it were *layte*. Such lengthening of vowel sounds, while typical in English, does not occur in Spanish.

**B.** Listen to the tape and compare the following English and Spanish vowel sounds.

ENGLISH     SPANISH

day         de
say         sé
low         lo
mellow      malo

**C.** Listen and then repeat the following words. Concentrate on producing short vowel sounds in Spanish.

a   tarde, amiga, camisa, mano, llama
e   camine, cante, pelo, presidente, generoso
i   idealista, inteligente, bonita, simpático, tímido
o   noche, compañero, ojo, otro, como, boca
u   pupitre, azul, su, usted, blusa

**D.** Now listen and pronounce the following sentences. Remember to produce short vowels and use syllable-timed rhythm.

1. Esteban es mi amigo.
2. Yo tengo dos perros.
3. Mi novio es muy guapo.
4. Nora es muy idealista.
5. Usted es una persona reservada.

## II. PRONUNCIACIÓN: *ll, ñ, ch*

The letter *ll* (*elle*) is pronounced the same as the Spanish letter *y* by most speakers of Spanish and is very similar to the English *y* in words like *you, year*.

**A.** Listen and then pronounce the following words with the letter *ll*.

llama, amarillo, lleva, ellas, silla

The letter *ñ* is very similar to the combination *ny* in English, as in the word *canyon*.

**B.** Listen and then pronounce the following words with the letter *ñ*.

castaño, niña, señor, año, compañera

The combination *ch* is considered a single letter in Spanish. It is pronounced the same as *ch* in English words such as *chair, church*.

**C.** Listen and then pronounce the following words with the letter *ch*.

chico, chaqueta, muchacha, ocho

**D.** Concentrate on the correct pronunciation of *ll, ñ,* and *ch* as you listen to and pronounce these sentences.

1. La niña pequeña lleva una blusa blanca y una falda amarilla.
2. La señorita tiene ojos castaños.
3. Los niños llevan chaquetas.
4. El niño alto se llama Toño.
5. El chico guapo lleva una chaqueta gris.

# Ejercicios de ortografía[1]

## I. INTERROGATIVES: ACCENT MARKS

When writing question words (*who?*, *where?*, *when?*, *why?*, *how?*), always use question marks before and after the question and write an accent mark on the vowel in the stressed syllable of the question word.

Listen and then write the question words you hear beside the English equivalents.

1. How? _____

2. What? _____

3. Who? _____

4. How many? _____

5. Which? _____

## II. NEW LETTERS: *ñ, ll, ch*

A. Listen and write the words you hear with the letter *ñ*.

1. _____

2. _____

3. _____

4. _____

5. _____

B. Now listen and write the words you hear with the letter *ll*.

1. _____

2. _____

3. _____

4. _____

5. _____

C. Listen and write the words you hear with the letter *ch*.

1. _____

2. _____

3. _____

4. _____

5. _____

_____

[1] Ejercicios... *Spelling Exercises*

# ACTIVIDADES ESCRITAS

## I. HABLANDO CON OTROS

¡OJO! *Estudie Gramática B.1–B.2.*

Complete estos diálogos. Use *tú* o *usted* y *está* o *estás*.

**A.** Alberto y Nora están en la universidad.

ALBERTO: Hola, Nora. ¿Cómo _____?

NORA: Bien, Alberto. ¿Y _____?

ALBERTO: Muy bien, gracias.

**B.** Esteban y la profesora Martínez están en la oficina.

PROFESORA MARTÍNEZ: Buenos días, Esteban. ¿Cómo _____ _____?

ESTEBAN: Muy bien, profesora Martínez. ¿Y _____?

PROFESORA MARTÍNEZ: Bien, gracias.

**C.** Pedro Ruiz habla con Paula, la hija de Ernesto y Estela Ramírez, sus vecinos. Paula tiene seis años.

SEÑOR RUIZ: Hola, Paula. ¿Cómo _____?

PAULA: Bien, gracias. ¿Y _____?

SEÑOR RUIZ: Muy bien, gracias.

## II. LAS COSAS EN EL SALÓN DE CLASE

¡OJO! *Estudie Gramática B.3–B.4.*

**¿Qué hay en su salón de clase?** Diga qué hay y cómo es. Aquí tiene usted algunas palabras útiles.

*blanco/a, negro/a, verde, bonito/a, feo/a, fácil, difícil, moderno/a, nuevo/a, viejo/a, pequeño/a, grande.*

MODELO: Hay una pizarra verde.

1. _____

2. _____

3. _____

4. _____

5. _____

# III.  LAS PARTES DEL CUERPO

¡OJO! *Estudie Gramática B.5.*

**Crucigrama.** Escriba la parte del cuerpo que corresponde al dibujo.

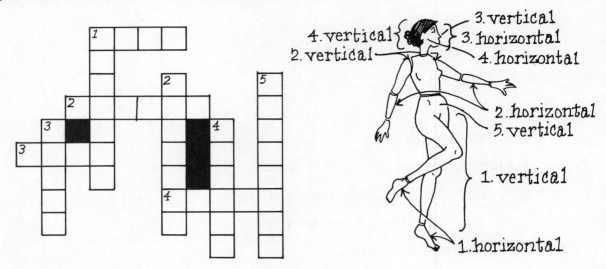

# IV.  LA DESCRIPCIÓN DE LAS PERSONAS

¡OJO! *Estudie Gramática B.6.*

**A.** Describe the following people using the words below. Include their names when appropriate, and use more than one word for each person.

> MODELO:  un compañero   artístico/simpático → *John es artístico y simpático.*

1.  una compañera
2.  tres compañeros
3.  el/la profesor(a)
4.  mi mamá/papá
5.  mi amigo/a
6.  dos estudiantes

dedicado/a     artístico/a

divertido/a     antipático/a

tímido/a     inteligente

reservado/a     entusiasta

nervioso/a     idealista

1. _____

2. _____

3. _____

4. _____

5. _____

6. _____

**B.** Describa a tres compañeros de clase.

>   MODELO:   Mónica lleva un suéter amarillo y zapatos de tenis. Tiene pelo rubio y ojos azules.
>   Es inteligente y simpática.

Use *tiene* (has) and *es* (is) with descriptions and *lleva* (is wearing) with clothing. Here are some words and phrases you might want to use.

tiene:   pelo largo, pelo corto, pelo castaño, pelo rubio, pelo negro; ojos azules, ojos verdes, ojos
        castaños; barba, bigote
lleva:   pantalones cortos, una falda nueva, un vestido bonito, una blusa blanca, zapatos de tenis
es:   reservado/a, dedicado/a, generoso/a, tímido/a, entusiasta, idealista

1. _____

_____

_____

2. _____

_____

_____

3. _____

_____

_____

# V. LOS NÚMEROS (HASTA 100) Y LA EDAD

¡OJO! *Estudie Gramática B.7.*

**A.** Diga la edad.

>   MODELO:   ¿Cuántos años tiene su padre? → *Mi padre tiene cincuenta y nueve años.*

1. ¿Cuántos años tiene usted?

_____

2. ¿Cuántos años tiene su profesor(a)?

_____

3. ¿Cuántos años tiene su hermano/a o su hijo/a?

_____

4. ¿Cuántos años tiene su mejor amigo/a?

_____

5. ¿Cuántos años tiene su madre o su padre?

_____

## B. Crucigrama

**HORIZONTAL**

1. 30
2. 100
3. 20
4. 9
5. 50
6. 80
7. 70
8. 4

**VERTICAL**

1. 13
2. 3
3. 90
4. 6
5. 14
6. 60
7. 1
8. 40

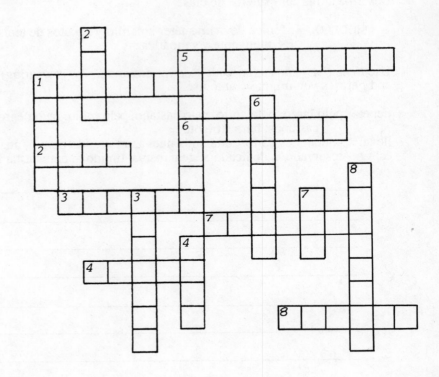

## DIÁLOGOS Y DIBUJOS

Complete estas conversaciones correctamente con la palabra o frase adecuada según la situación. Use todas estas frases o palabras excepto dos.

| | | | |
|---|---|---|---|
| gracias | por favor | ¿Cuántos años tiene? | dedicado/a |
| entusiasta | de nada | divertido/a | |
| abierto/a | ¡Cómo cambia el mundo! | tímido/a | |

1.

¡Es una fiesta muy _____!

¡ _ _ _ _ _ _ !

2.

Ese chico es muy _____.

3.

Tengo una clase _____ y muy _____.

4.

Esteban, _____ _____ abra la ventana.

5.

Muchas _____, Esteban.

_____, profesora.

# ACTIVIDADES DE COMPRENSIÓN: HOW TO GET THE MOST OUT OF THIS COMPONENT

## (TO BE USED WITH *CAPÍTULO 1*)

As you know, the purpose of the *Actividades de comprensión* is to give you more opportunities to interact with spoken Spanish in meaningful ways outside of class. These simulated comprehension experiences can help you develop the ability to arrive at meaning based on recognition of key elements in the sentence without being thrown off by unknown words and/or unfamiliar grammatical structures; they also furnish more opportunities for language acquisition by providing additional comprehensible input and contact with the target language. The work sheets for each text consist of (a) a list of the new vocabulary crucial to comprehension, followed by its English translation; (b) a short introduction to the text you will hear; and (c) tasks to help you verify that you have understood the main ideas. This short training section is included here with *Capítulo 1* because it is important that you be able to do assignments confidently in order to enjoy the benefits of doing the *Actividades de comprensión*. The pointers included here should reinforce what your instructor has been teaching you in the classroom about comprehension.

The topics of the oral texts in the workbook loosely follow those of the corresponding chapters of your textbook. Logically then, it is advisable to work on the *Actividades de comprensión* of your workbook only once most of the chapter activities in the textbook have been done in class and you feel fairly comfortable with the topics and vocabulary of the chapter. But even when you think you are pretty comfortable with the material, keep in mind the following remarks. Although you may listen to the tape as many times as you consider necessary, you should not listen over and over until you understand every single word you hear. This is totally unnecessary! Your goal should be to reach an acceptable, not perfect, level of comprehension. While listening to the segments several times can be helpful, if you listen over and over when you are not ready you will only engage in an exercise in frustration.

The following basic strategies will help minimize your frustration and maximize your comprehension.

1. Listen for key words. (At this point, these include words you are acquiring or have acquired in class in *Pasos A* and *B,* and *Capítulo 1* of your textbook, plus those given at the beginning of the specific section you will be listening to. In succeeding chapters, key words may come from vocabulary acquired in previous textbook chapters, as well as from the chapter which corresponds to the one you are working on here in your workbook, and the section labeled *Vocabulario nuevo* in this segment.)
2. Pay close attention to the context.
3. Make educated guesses whenever possible!

Pressure is your worst enemy when doing these assignments. Whenever you are stressed, if a problem arises, you will tend to think that the material is too difficult or that you are not as good a student as you should be; yet more often than not, extraneous factors are to blame. For example, a frequent cause of stress is poor planning. Leaving this type of assignment for the morning of the day it is due, and not allowing sufficient time to complete it without rushing, can easily lead to frustration. Listening to a segment over and over again without previous preparation can have the same result. Finally, listening over and over, even when you have followed the right procedure, is usually not very rewarding. When you are feeling a bit lost, a more effective remedy is to stop the tape and go over the particular topic, as well as the related vocabulary in your textbook.

Unrealistic expectations are also a source of stress. Often students expect to understand everything after listening to a segment once or twice. They automatically assume that they do not understand everything because the tape is in Spanish. They forget that listening to a tape is always different from listening to a person. They also overlook the fact that even in your own language when you listen to a radio talk show or to a song for the first time you do not always grasp everything you hear. If you don't believe this, try this test. Tape a radio show—in English, of course—and listen to it one time, then jot down the main ideas. Now listen a second time and compare how much more you grasped the second time. If you wish, do the test with a new song instead. Count the times you have to play it to feel that you really know what the singer is saying.

The following specific strategies will help to enhance your comprehension now that the material is a bit more advanced than in the two preliminary *pasos*.

1. First, take care of logistics, a very important factor of your success. Find a comfortable, well-lit place, one where you can listen and write comfortably, without interruptions. Make sure you can have the tape player, as well as your workbook, within easy reach.
2. Don't start until you are thoroughly familiar with the mechanism of the tape player and feel comfortable using it. Look for the play, rewind, fast forward, pause, and stop buttons, and familiarize yourself with their functions. Now find the counter and set it at 000. Remember to set it at 000 every time you begin a new dialogue (ad, narration, and so on) so that you will find the beginning easily every time you want to listen to that segment again.
3. Now open your workbook and tear out the pages of *Actividades de comprensión* that correspond to *Capítulo 1*. Then look for A. *La familia de Luis*. Read everything printed and look at the diagram that appears in the middle. Besides helping you get a clear idea of what is expected of you, this procedure will help you to create a context. Starting the tape player before preparing in this manner is like coming in in the middle of a serious conversation (or after a difficult class has already started) and being expected to participate intelligently.
4. Get in the habit of making sure you know what to listen for. (Yes, you are right. The task for this particular segment is to listen to the conversation and then write the names of the members of Luis' family on the family tree diagram.)
5. Now that you know what you have to do, take a few seconds to map out a strategy. You may wish to set a simple goal for yourself, such as concentrating on getting just the names of the parents the first time you listen, then the names of two of the children, and finally the last one. Then, once you start listening, concentrate on listening for the names you decided to write down first.

Now try these suggestions with A. You have listened and found out that the mother's name is Lisa, the father's name is Álvaro. Now listen again. Yes, you are right, the children's names are Diana, Toni, and Andrés.

Now go on to B. *La telenovela «Los vecinos»: Episodio «Las corbatas del abuelo»*. Once more, the first step is to read all that is printed on the page and to look at the illustration to the right. After doing this, you should have come to the conclusion that Gustavo and his father are talking about ties. The picture shows you that the father is madly looking for one of his ties in a not very orderly closet... Gustavo's? You also know that you have to listen to the dialogue between Gustavo and his father and then decide if the statements given are true or false. Having looked at the questions, you notice that the word *corbata* is present in several of them. You have probably also noticed several words denoting colors, as well as some descriptive adjectives. Let's say that you plan to listen at least four times, so this first time you decide to focus only on questions 1 and 4. Now that you are ready, you can start the tape.

If you have decided that 1 and 4 are true, you are right. Gustavo says he doesn't have his father's black tie and yes, the grandfather can't be said to be young at 75 but both father and son agree that he is a cheerful, active person. Now listen again and concentrate on 2 and 3.

If you decided that both are true, again, you are right. If you did not come to this conclusion listen again concentrating on numbers 2 and 3 only. Gustavo says he has his grandfather's red tie on. When Gustavo's father seems surprised that the grandfather has a red tie, Gustavo explains to him that his grandfather's ties are all different colors.

Now listen again to get the last one, 5. Did you decide that 5 is false? Great! The grandfather probably wouldn't wear a black tie since he's so young and active and usually wears ties of all different colors.

Now we will work with a different strategy for C. *Después de la fiesta*. After reading all the information on the worksheet, you know that what you are expected to do is to write down words for objects and *es de* or *son de* to show who they belong to. You should remember that the possibilities for the objects are limited to the words you have learned up until now: clothes, and other personal belongings such as pens and glasses. If you feel a bit shaky about this, go back to the vocabulary lists in your text— *Pasos* A, B and *Capítulo 1*—and review these words. Once you have done so, decide which questions you will answer. Maybe this time, since you actually have to write whole words, you will plan to get just number 1 the first time you listen, and work on answering an additional question each time you listen. Or maybe you will want to do numbers 1 and 3, but will write only the first few letters of each word, then go back and complete them when the dialogue is over. Now you should look at each word you have written, decide whether it is singular or plural, and fill in either *es de* or *son de* accordingly. When you are done with this section, go to the back of the workbook and check your answers.

A similar technique can be used for doing D. *Las Olimpíadas*. After reading what is printed for this segment, you now know that the scene takes place at a party after the 1988 Olympics. You also know that your task is to identify the people at the party by giving their name, a description, and/or their sport. Again, if you are not too sure of yourself, find the appropriate sections in your book and go over them briefly. Here is a possible strategy: how about deciding to aim for one answer only the first time? Then the second and subsequent times you can decide again to find one each time, or get slightly ambitious and fill in both blanks for 4. Again, you can write down the first few letters, or push the pause button so the tape doesn't keep on going while you attempt to write. If you choose this last option, make sure that you listen to the whole segment at least once without stopping the player, perhaps the first time or when you are done with the tasks.

As you move through the chapter, you will find that your work is getting easier. E. *¡Qué activos son ustedes!* should be even easier than the two previous segments. If, after reading what is printed, you know that you will have to decide whether Monica or Luis likes to do the activities listed, you are right. You have already learned many of these activities in *Capítulo 1,* for example: *andar en bicicleta* and the verb *jugar* with names of sports. Other activities may be new, but their meaning can be deduced from English: *esquiar* and *tocar el piano.* Remember that you are searching for information about five activities only and you need not focus on the many other activities that the speakers mention.

Going on to F. *La telenovela «Los vecinos»: Episodio «Me llamo Ernestito»,* you see that you have to decide whether the statements listed in your *cuaderno* are true or false based on what you hear. Once you make sure you have read them all, and that you know all the key words, you can decide how many and which ones you are going to focus on the first (or second) time you listen. Again, you should be aware that the fact that you have learned the pertinent vocabulary in contextual phrases will be useful. Another useful strategy is one most students use automatically: discarding answers that make no sense.

The strategies we have given here are ones that students have told us have helped them in the past. No doubt you will pick the ones that work best for you, and, predictably, you will soon develop some of your own. We hope that this section has made you aware of the advisability of planning ahead and mapping out the most appropriate strategies before attempting a task. After some practice you will be so familiar with the process that it will be more or less unconscious, as it should be, for then it will be a habit you can depend on when communicating with native speakers of Spanish.

# Capítulo uno

## ACTIVIDADES DE COMPRENSIÓN

### A.  LA FAMILIA DE LUIS

**VOCABULARIO NUEVO**

en total    *total, in all*

Luis Ventura habla de su familia con la profesora Martínez.

_____

Escriba los nombres de los padres y los hermanos de Luis.

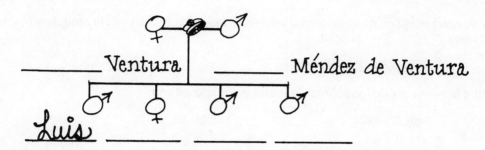

### B.  LA TELENOVELA «LOS VECINOS»: EPISODIO «LAS CORBATAS DEL ABUELO»

**VOCABULARIO NUEVO**

| | |
|---|---|
| activo/a | *active* |
| alegre | *cheerful* |
| el corazón | *heart* |
| siempre | *always* |
| ¡Mucho menos! | *Much less!, Hardly!* |

En el episodio de hoy el señor Rivero busca[1] su corbata negra.

_____

¿*Cierto* (C) o *falso* (F)?

1. _____    Gustavo no tiene la corbata negra de su padre.

2. _____    El abuelo de Gustavo tiene corbatas de muchos colores.

_____

[1] *is looking for*

3. _____ La corbata roja es del abuelo de Gustavo.

4. _____ El abuelo de Gustavo es una persona alegre.

5. _____ El abuelo de Gustavo tiene la corbata negra.

## C. DESPUÉS DE LA FIESTA

**VOCABULARIO NUEVO**

recordar/Ya recuerdo.  *Now I remember.*
otro/a                 *other, another*
¡Qué mala memoria!     *What a bad memory!*
especialmente          *especially*

Álvaro y Lisa Ventura están en su casa después de[1] la fiesta de su hijo Luis. Hay muchos objetos de los amigos de sus hijos.

_____

Diga qué objetos hay en casa de los señores Ventura y de quiénes son.

|  | OBJETOS | ES/SON DE |  |
|---|---|---|---|
| 1. La | _____ | _____ _____ | Alberto. |
| 2. El | _____ | _____ _____ | Alfredo. |
| 3. El | _____ | _____ _____ | Carmen. |
| 4. Los | _____ | _____ _____ | Esteban. |

## D. LAS OLIMPÍADAS[2]

**VOCABULARIO NUEVO**

el/la deportista          *sportsman/woman*
el campeón olímpico/la    *olympic champion*
    campeona olímpica
el/la clavadista          *diver*
el/la futbolista          *football/soccer player*
famoso/a                  *famous*
la orquesta               *orchestra*
el príncipe               *prince*

---
[1] después... *after*
[2] *The Olympics*

En una fiesta después de las Olimpíadas de 1988 en Corea del Sur,[1] Julio Delgado, reportero de la cadena de televisión SIB, habla con una amiga.

_____

Complete la tabla con la información que falta.[2]

| | NOMBRE | DESCRIPCIÓN (PELO) | DEPORTE |
|---|---|---|---|
| 1. | Steffi Graff | | |
| 2. | | pelo castaño | tenis |
| 3. | Tan Liangde | | clavadista |
| 4. | | pelo castaño | |
| 5. | Pelé | | |

## E. ¡QUÉ ACTIVOS SON USTEDES!

### VOCABULARIO NUEVO

| | |
|---|---|
| correr | *to run* |
| sin duda | *without a doubt* |
| el talento | *talent* |
| ya sabemos | *we already know* |
| las montañas | *mountains* |
| esquiar de la nieve | *to snow ski* |
| navegar | *to sail* |
| tan... como | *as . . . as* |

La profesora Martínez habla con dos estudiantes, Mónica Clark y Luis Ventura, sobre sus actividades favoritas.

_____

Diga a quién le gusta hacer estas actividades, ¿a Mónica (M) o a Luis (L)?

1. _____ nadar

2. _____ jugar al tenis

3. _____ andar en bicicleta

4. _____ jugar al fútbol

5. _____ navegar

_____

[1] Corea... *South Korea*
[2] *is missing*

## F. LA TELENOVELA «LOS VECINOS»: EPISODIO «ME LLAMO ERNESTITO»

### VOCABULARIO NUEVO

| | |
|---|---|
| el Distrito Federal (el D. F.) | *Federal District* |
| sobre todo | *above all* |
| peligroso/a | *dangerous* |
| ir/vamos | *to go/we go* |
| los fines de semana | *weekends* |
| el parque | *park* |
| el extraterrestre | *extraterrestrial* |
| el secreto | *secret* |

Ernestito Ramírez habla de su familia y de sus actividades favoritas.

_____

*¿Cierto* (C) o *falso* (F)?

1. _____ Ernestito vive en el D. F.

2. _____ Tiene tres hermanos.

3. _____ Su hermana se llama Lobo.

4. _____ A Ernestito le gusta andar en bicicleta.

5. _____ En el parque Chapultepec Ernestito anda en bicicleta.

6. _____ Su amigo extraterrestre se llama Eeer.

## G. RADIO WXET: HOTEL MIRAMAR

### VOCABULARIO NUEVO

| | |
|---|---|
| el lugar | *place* |
| la cancha de tenis | *tennis court* |
| la alberca | *swimming pool* (Mex.) |
| preferir/prefieren | *to prefer/you prefer* |
| disfrutar/disfruten | *to enjoy/(command) enjoy* |
| el plato | *dish (food)* |
| venir/vengan | *to come/(command) come* |

Hotel Miramar
Promotora Hotelera Misión, S.A.
Hamburgo 227
Colonia Juárez
México, D.F. 06600

Ahora en WXET vamos a escuchar un anuncio comercial[1] del Hotel Miramar de la ciudad de Cancún, en México.

_____

_____

[1] anuncio... *ad, commercial (announcement)*

¿*Sí* o *no*? ¿Son posibles estas actividades en el Hotel Miramar?

1. _____ pasar las vacaciones

2. _____ jugar al fútbol

3. _____ cocinar

4. _____ patinar en el hielo

5. _____ bañarse en una alberca

6. _____ bañarse en el mar Caribe

7. _____ esquiar en la nieve

8. _____ navegar

# H. INFORMACIÓN, POR FAVOR

## VOCABULARIO NUEVO

| | |
|---|---|
| Momentito. | *Just a moment.* |
| Diga. | *Hello. (used when answering the telephone in Spain)* |
| la zapatería | *shoe store* |

Pilar Álvarez es una chica española de veintidós años. En la mañana estudia diseño y artes gráficas[1] en el Instituto Español de Comercio. En la tarde trabaja de operadora en el servicio de información de la compañía telefónica en Madrid.

_____

Escuche a Pilar y complete los espacios en blanco correctamente.

### NÚMERO DE TELÉFONO

1. Ricardo Puente Arce _____

2. Melisa Becker López _____

3. Zapatería El Pie Pequeño _____

4. Colegio La Paz _____

5. Manuel Hernández Bartlett _____

_____

[1] diseño... *design and graphic arts*

# Repaso del vocabulario

These are some of the words that were used in the listening passages in *Capítulo uno*. Since they are similar to English, you will be expected to recognize them in the future. They will not be listed or defined in the chapters that follow.

activo/a     especialmente     la memoria     el secreto     el talento     el total

Here is a list of very common new words and expressions used in the listening texts of *Capítulo uno*. Since they will be used in subsequent chapters, you should review them carefully before going on to *Capítulo dos*.

| | | | |
|---|---|---|---|
| alegre | *cheerful* | navegar | *to sail* |
| el campeón/la campeona | *champion* | otro/a | *another, other* |
| el corazón | *heart* | el parque | *park* |
| el extraterrestre | *extraterrestrial* | peligroso/a | *dangerous* |
| el lugar | *place* | Ya recuerdo. | *Now I remember.* |
| Momentito. | *Just a minute.* | siempre | *always* |
| ¡Mucho menos! | *Much less!, Hardly!* | | |

# Ejercicios de pronunciación

## PRONUNCIACIÓN: *r*

The Spanish *r* is not at all like the American English *r*. In Spanish there are two basic *r* sounds: one is a trill, the double *r* (*rr*), and the other is a tap, the single *r* (*r*).

**A.** Listen and then pronounce the following words with double *r* (*rr*).

cierre, borrador, pizarra, perro, correcto

If the letter *r* begins a word, it is usually pronounced with a trill. Note that at the beginning of a word, a trill is written as a single *r* rather than as a double *r*.

**B.** Listen and then pronounce the following words that begin with a trill.

rizada, rojo, rubia, reloj, reservado, ropa

Remember that in Spanish the double *r*, and the single *r* at the beginning of a word, are trilled. Most other *r*'s are pronounced as a tap, that is, the tongue strikes the roof of the mouth lightly. It is very similar to the way Americans pronounce some *d*'s and *t*'s (which sound very much like *d*'s) in the middle of words: butter, pretty, water, latter, ladder, body. Say the expression pot of tea very quickly and pay attention to the *t* of pot.

**C.** Listen and then pronounce the following words with Spanish single *r*.

mire, nariz, pero, orejas, claro, cara, hora

**D.** Now practice the same sound when the letter appears at the end of the word.

bailar, doctor, cantar, hablar, dar, leer, mayor, menor, tener, mejor, ser

**E.** Listen to the following sentences and then pronounce them, concentrating on producing *r* and *rr* correctly. Don't forget to pronounce the vowels short and to use syllable-timed rhythm.

1. Cierre la puerta.
2. Luis tiene el pelo rizado.
3. El perro de Carlos es muy grande.

4. —¿Qué hora es?
   —No tengo reloj.
5. Miren arriba.

# Ejercicios de ortografía

Write the words you hear paying attention to the single and double *r* sounds and how they are written.

1. _____

2. _____

3. _____

4. _____

5. _____

6. _____

7. _____

8. _____

9. _____

10. _____

# ACTIVIDADES ESCRITAS

## I. LA FAMILIA Y LA POSESIÓN

¡OJO! *Estudie Gramática 1.1–1.2.*

**A. Crucigrama.** La familia de Raúl

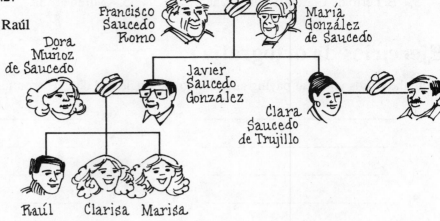

HORIZONTAL

1. Javier es el _____ de Raúl, Clarisa y Marisa.

2. Raúl es el _____ de Dora y Javier.

3. Clara es la _____ de Javier.

4. Clara es la _____ de los señores Saucedo.

5. Javier es el _____ de Dora.

6. María es la _____ de Raúl, Clarisa y Marisa.

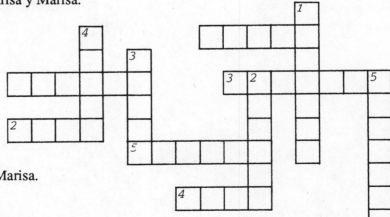

VERTICAL

1. Raúl es el _____ de Clarisa y Marisa.

2. Dora es la _____ de Javier.

3. Dora es la _____ de Raúl, Clarisa y Marisa.

4. Raúl es el _____ de Francisco y María.

5. María y Francisco son los _____ de Raúl, Clarisa y Marisa.

**B.** Describa a los miembros de su familia.

MODELO:    ¿Mi papá? → *Es inteligente y generoso.*

*simpático/a, generoso/a, inteligente, sincero/a, idealista, reservado/a, divertido/a, moderno/a*

1. ¿Mi hermano/a? _____

2. ¿Mi esposo/a, novio/a? _____

3. ¿Mi mamá? _____

4. ¿Mi abuelo/a? _____

5. ¿Mi hijo/a? _____

**C.** Diga quién en su familia tiene estas cosas.

MODELO:    Mi hermano → *Mi hermano tiene un coche.*

*muchos libros, un sombrero viejo, un coche nuevo, pantalones azules, una chaqueta anaranjada, botas negras, un suéter blanco, una falda nueva, una casa vieja, una bicicleta roja*

1. Yo _____

2. Mi papá _____

3. Mi mamá _____

4. Mis hermanas _____

5. Mi hermano y yo _____

**D.** ¿De quién son estas cosas?

MODELO:    la blusa → *La blusa es de mi abuela.*
　　　　　　 los lentes → *Los lentes son de Esteban.*

*mi hermano/a, mi amigo/a, el profesor/la profesora, mi mamá, mi papá, mi novio/a, mi abuelo/a, mi hijo/a, el vecino/la vecina*

1. Los pantalones azules *son de* _____

2. La camisa nueva *es de* _____

3. El libro de español _____

4. Los zapatos de tenis _____

5. El carro nuevo _____

6. Los perros simpáticos _____

7. Las plantas bonitas _____

E. Escriba una descripción.

> MODELO: ¿Cómo es el traje de Juan? → *Su traje es nuevo, gris y muy bonito.*

1. ¿Cómo es la blusa de la profesora?

   _____

2. ¿Cómo es el pelo de su novio/a?

   _____

3. ¿Cómo son los ojos de su mamá?

   _____

4. ¿Cómo son los pantalones de su hermano/a?

   _____

5. ¿Cómo es el carro de su novio/a (esposo/a)?

   _____

## II. LAS LENGUAS Y LAS NACIONALIDADES

¡OJO! *Estudie Gramática 1.3–1.4.*

Complete los espacios en blanco con palabras que describen la nacionalidad, el país o la lengua.

1. Las (mujeres) _____ son de China y hablan _____.

2. Los (hombres) _____ son de Francia y hablan _____.

3. Los alemanes son de Alemania y hablan _____.

4. Una mujer mexicana habla _____.

5. Los _____ son del Canadá. Algunos hablan

   _____ y otros hablan _____.

6. Roma es la capital de _____.

7. Londres es una ciudad inglesa. Es la capital de _____.

8. En Tokio hablan _____; es la capital de _____.

9. En Moscú hablan _____; es la capital de Rusia.

10. Madrid es una ciudad española. Es la capital de _____.

## III. LAS ACTIVIDADES FAVORITAS Y LOS DEPORTES

¡OJO! *Estudie Gramática 1.5.*

**A.** Diga qué actividades le gustan y qué actividades no le gustan a usted.

> MODELO: correr → *No me gusta correr.*
> leer → *Me gusta leer.*

*jugar al tenis, comer en restaurantes elegantes, nadar en el mar, ver la televisión, estudiar, escuchar música, salir con mis amigos, ir de compras.*

1. _____

2. _____

3. _____

4. _____

5. _____

6. _____

7. _____

8. _____

**B.** ¿Qué les gusta hacer a sus compañeros de clase? Complete las oraciones.

> MODELO: A *Pedro* le gusta *cantar.*

1. A _____ le gusta _____.

2. A _____ le gusta _____.

3. A _____ le gusta _____.

4. A _____ le gusta _____.

5. A _____ y a _____ les gusta _____.

**C.** ¿Qué les gusta hacer a usted y a estas personas?

1. A mi padre y a mí nos gusta _____

2. A mis hermanos y a mí nos gusta _____

3. A mi novio/a (mi esposo/a) y a mí nos gusta _____

4. A mis amigas y a mí nos gusta _____

5. A mis hijos y a mí nos gusta _____

## IV. DATOS PERSONALES: EL TELÉFONO Y LA DIRECCIÓN

¡OJO! *Estudie Gramática 1.6–1.7.*

**A. Las descripciones.** Escriba descripciones de las siguientes personas.

MODELO:    Nombre: *Bernardo Antonio Torres Blanco*
Dirección: *Calle Molino 883*
Ciudad: *Bogotá, Colombia*
Teléfono: *59-42-63*
Edad: *46 años*
Estado civil: *casado (Inés)*
Hijos: *3*

El nombre de mi amigo es Bernardo Antonio Torres Blanco. Tiene 46 años.
Bernardo es de Ecuador pero vive ahora en la ciudad de Bogotá, Colombia.
Vive en la calle Molino, número 883. Su número de teléfono es el 59-42-63.
Su esposa se llama Inés. Tiene tres hijas.

1. Ahora escriba una descripción de Silvia.

   Nombre: *Silvia Alicia Bustamante Morelos*
   Dirección: *Paseo de la Reforma 5064, Apartamento 12*
   Ciudad: *México, D. F.*  País: *México*
   Teléfono: *62-03-18*
   Edad: *21*
   Estado civil: *soltera*

   _____

   _____

   _____

   _____

   _____

2. Ahora escriba una descripción de un buen amigo o una buena amiga.

   _____

   _____

   _____

   _____

   _____

**B. Mi familia**

MODELO:    Mi hermana se llama Gloria Álvarez Cárdenas. Es alta y bonita. Tiene pelo rubio
y ojos castaños. Tiene 23 años. Es idealista, entusiasta y generosa. Le gusta mucho
hablar con sus amigos y observar a las personas. Ella estudia psicología. Vive en
Madrid en un apartamento pequeño. Su dirección es Calle Almendras, número 481.
Su número de teléfono es el 2-71-94-55.

Ahora describa a un miembro de su familia.

_____

_____

_____

_____

_____

_____

_____

_____

_____

_____

_____

## DIÁLOGOS Y DIBUJOS

Complete estas conversaciones correctamente con la palabra o frase adecuada según la situación. Usted va a necesitar todas estas frases o palabras, excepto una.

*¡Qué mala memoria!*     *¿Cómo se escribe?*     *¿Verdad?*     *No entiendo.*     *¿Bailamos?*

1.

2.

3.

4.

# LECTURAS ADICIONALES[1]

## Nota cultural: Los saludos y las despedidas

Algunos saludos informales en español son «Hola», «¿Cómo estás?» y «¿Qué tal?» Otros más formales son «¿Cómo está usted?», «¿Cómo le va?» y «¿Cómo está la familia?» En la sociedad hispana, cuando una persona entra en un lugar donde hay otras personas, es costumbre° saludar a todos° con «Buenos días», «Hola, ¿qué tal?» y, si es posible, darle la mano° a cada° persona. Cuando una persona se va,° también es costumbre despedirse dándoles la mano° a todos otra vez y diciendo,° por ejemplo, «Adiós», «Nos vemos», «Gusto de verte»° o «Hasta mañana». Los saludos y las despedidas pueden durar° mucho tiempo, pero valen la pena.° ¡Muchos hispanos creen° que las relaciones humanas son más importantes que el tiempo!

es... *it is customary / to greet everybody*
darle... *to shake hands / each*
Cuando... *When someone leaves*
despedirse... *to say good-bye shaking hands / saying*
«Gusto... *Good to see you*
pueden... *can last*
valen... *are worth the trouble / believe*

### Comprensión

¿Son formales (F) o informales (I) estos saludos y despedidas?

1. _____ ¿Qué tal?

2. _____ ¿Cómo está la familia?

3. _____ Hola.

4. _____ ¿Cómo le va?

5. _____ Gusto de verte.

### ¿Y usted?

Cuando usted entra en un lugar, ¿siempre les da la mano a todos?

_____

[1] Lecturas... *Additional Readings*

# Capítulo dos

## ACTIVIDADES DE COMPRENSIÓN

### A. LOS CUMPLEAÑOS

**VOCABULARIO NUEVO**

entonces      *then, therefore*
saber/ya sabe  *to know/you already know*

La profesor Martínez está hablando con sus estudiantes de las fechas de los cumpleaños.

_____

Escribe las fechas de cumpleaños de estas personas.

FECHA DE CUMPLEAÑOS

1. Carmen          _____

2. Alberto         _____

3. Esteban        _____

4. Mónica          _____

5. la profesora Martínez   _____

### B. ¡QUÉ DÍA MÁS OCUPADO!

**VOCABULARIO NUEVO**

gustar/me gustaría    *to like/I would like*
depositar              *to deposit*
el cheque             *check*
la lavandería        *laundromat*
recoger               *to pick up*
comprar               *to buy*
ocupado/a           *busy*
el supermercado    *supermarket*
la cena                *dinner*

Silvia Bustamante está en el centro y habla con su novio Carlos.

_____

Combine las dos columnas y forme oraciones lógicas y correctas según lo que dicen Carlos y Silvia.

1. _____ Carlos quiere...

2. _____ En el banco Silvia va a...

3. _____ En la lavandería Silvia va a...

4. _____ En la tienda de ropa Silvia va a...

5. _____ En el supermercado Silvia va a...

a. depositar un cheque.
b. comprar una camisa para su hermano.
c. comprar algo para la cena.
d. recoger la chaqueta de su padre.
e. almorzar en un restaurante chino.

## C. SILVIA BUSTAMANTE VA DE COMPRAS

### VOCABULARIO NUEVO

abrir/abre(n)      *to open/(they) open*
cerrar/cierra(n)   *to close/(they) close*
A sus órdenes.     *At your service.*
temprano           *early*
desde... hasta...  *from . . . to . . .*

Silvia Bustamante va a ir de compras. Ahora está llamando por teléfono para saber a qué hora abren y a qué hora cierran estos lugares.

_____

Complete la información para Silvia.

1. Lugar: Banco Interamericano

    Horas: De _____ a _____ y de _____ a _____

    Días: Todos los días excepto los _____

    Dirección: Avenida Juárez, número _____

2. Lugar: Lavandería Tres Hermanos

    Horas: De _____ a _____

    Días: _____ _____, excepto
          los viernes

    Dirección: Calle Coronado, número _____

3. Lugar: Supermercado El _____

    Horas: De las _____ de la mañana a las _____ de la noche

    Días: De _____ a _____

    Dirección: Calle Miguel Alemán, número _____ sur

## D. SILVIA EN LA TERMINAL DE AUTOBUSES[1]

### VOCABULARIO NUEVO

| | |
|---|---|
| próximo/a | *next* |
| Para servirle. | *At your service.* |
| la salida | *departure* |
| cada hora | *each (every) hour* |

Los fines de semana Silvia Bustamante trabaja en una terminal de autobuses. Ahora Silvia está hablando con unos clientes.[2]

_____

Escriba la hora de salida de los autobuses en los espacios en blanco.

HORA DE SALIDA

Durango _____

Puebla _____

Monterrey     1° _____          2° _____

Tampico     1° _____          2° _____          3° _____

Guadalajara _____

## E. ¿UNA CLASE PERFECTA?

### VOCABULARIO NUEVO

| | |
|---|---|
| contento/a | *happy* |
| fabuloso/a | *fabulous* |
| bromear/¿Estás bromeando? | *to joke/Are you joking?* |
| Por supuesto que no. | *Of course not.* |
| la traducción | *translation* |
| aprender/aprendo | *to learn/I learn* |
| la palabra | *word* |
| ¡De verdad! | *Really!* |
| visitar/nos visitas | *to visit/ you visit us* |

Mónica Clark habla con Raúl Saucedo en el estacionamiento[3] de la universidad.

_____

---

[1]terminal... *bus station*

[2]*clients, customers*

[3] *parking (lot)*

¿*Cierto* (C) o *falso* (F)?

1. _____ A Mónica le gusta su clase de español.

2. _____ Raúl dice que las clases de lenguas son aburridas.

3. _____ En la clase de español de Mónica los estudiantes hacen muchos ejercicios y traducciones todos los días.

4. _____ Raúl dice que va a visitar la clase de la profesora Martínez.

## F. LA TELENOVELA «LOS VECINOS»: EPISODIO «EL ESPAÑOL EN EEERLANDIA»

### VOCABULARIO NUEVO

| | |
|---|---|
| los poderes mágicos | *magic powers* |
| ¡Qué ridículo! | *How ridiculous!* |
| la astronomía | *astronomy* |
| la Tierra | *earth* |
| el planeta | *planet* |
| la mejor manera | *the best way* |
| comunicarse | *to communicate* |
| eeerlandés | *language spoken in Eeerlandia* |
| un día de éstos | *one of these days* |

El extraterrestre, Eeer, habla con Ernestito sobre las clases de español en la Universidad Intergaláctica.[1]

_____

¿*Cierto* (C) o *falso* (F)?

1. _____ Eeer no habla español.

2. _____ En Eeerlandia todos los jóvenes estudian lenguas.

3. _____ A los estudiantes de la Universidad Intergaláctica no les gusta estudiar español.

4. _____ Eeerlandia está cerca de la Tierra.

5. _____ Los estudiantes de Eeerlandia estudian lenguas para comunicarse con sus amigos de la Tierra.

## G. ¡VAMOS AL CINE!

### VOCABULARIO NUEVO

| | |
|---|---|
| servir/sirven | *to serve/they serve* |
| el café expreso | *expresso coffee* |
| delicioso/a | *delicious* |
| esta tarde | *this afternoon* |

Carmen habla con Raúl Saucedo después de la clase de español.

_____

_____

[1] Universidad... *Intergalactic University*

¿Quién dice esto, Carmen (C) o Raúl (R)?

1. _____ No tengo clase a las diez.

2. _____ No me gusta la cafetería.

3. _____ Sirven un café expreso delicioso.

4. _____ Voy a lavar mi ropa.

5. _____ Después voy a ir al cine.

6. _____ Estudias ingeniería mañana.

## H. EL PRONÓSTICO DEL TIEMPO

### VOCABULARIO NUEVO

| | |
|---|---|
| el pronóstico | *forecast* |
| el/la viajero/a | *traveler* |
| estimado/a | *dear* |
| el consejo | *advice* |
| el paraíso | *paradise* |
| el/la turista | *tourist* |
| hermoso/a | *beautiful* |
| recordar/recuerde | *to remember/remember* |

Ahora vamos a escuchar el pronóstico del tiempo para los viajeros internacionales.

_____

Usted va a viajar a una de estas ciudades hoy. ¿Qué ropa va a llevar?

*abrigo, traje de baño, paraguas,[1] traje de verano*

1. Londres _____

2. Buenos Aires _____

3. Santo Domingo _____

4. Nueva York _____

5. Alaska _____

# Repaso del vocabulario

These are some of the words that were used in the listening passages in *Capítulo dos*. Since they are similar to English, you will be expected to recognize them in the future. They will not be listed or defined in the chapters that follow.

delicioso/a        fabuloso/a        el/la turista

_____

[1] *umbrella*

Here is a list of very common new words and expressions used in the listening texts of *Capítulo dos*. Since they will be used in subsequent chapters, you should review them carefully before going on to *Capítulo tres*.

| | | | |
|---|---|---|---|
| abrir | *to open* | ocupado/a | *busy* |
| aprender | *to learn* | la palabra | *word* |
| A sus órdenes | *At your service.* | Por supuesto (que no). | *Of course (not).* |
| cada hora | *each (every) hour* | el/la próximo/a | *(the) next (one)* |
| la cena | *dinner* | recoger | *to pick up* |
| contento/a | *happy, content* | ya sabe | *you already know* |
| entonces | *then, therefore* | la salida | *departure* |
| esta tarde | *this afternoon* | el supermercado | *supermarket* |
| ¿Estás bromeando? | *Are you joking?* | temprano | *early* |
| hermoso/a | *very beautiful* | visitar | *to visit* |

# Ejercicios de pronunciación

## STRESSING THE CORRECT SYLLABLE

Most words in Spanish are not written with an accent mark. When you read words aloud, it is easy to know which syllable is stressed. There are three rules:

If the word ends in a <u>vowel</u> (*a, e, i, o, u*) or the <u>consonants</u> *n* or *s*, pronounce the word with the stress on the next-to-the-last syllable. For example: *ca̲-sa, ba̲-ño, a̲-ños, pe̲-so, e-ne̲-ro, can̲-ten, de-par-ta-men̲-to, ba̲-jen, ca-mi̲-nen.*

If the word ends in a <u>consonant</u> (except for *n* or *s*), pronounce the word with the stress on the last syllable. For example: *lu-gar̲, ter-mi-nal̲, es-pa-ñol̲, ver-dad̲, na-riz̲, me-jor̲, fa-vor̲.*

Regardless of what letter a word ends with, if there is a written accent mark, you must stress the syllable where the accent appears. For example: *es-tó̲-ma-go, sué̲-ter, lá̲-piz, ár̲-bol, au-to-mó̲-vil, ja-po-nés̲, per-dón̲, a-quí̲.*

**A.** Look at the following words and pronounce them with the stress on the next-to-the-last syllable. Note that they all end in a <u>vowel</u>, *n,* or *s.* Say the word first and then listen to the tape for confirmation.

1. barba
2. piernas
3. italiano
4. moreno
5. nombre
6. cabeza
7. pongan
8. castaños
9. Argentina
10. hablen

**B.** These words end in a <u>consonant</u> (other than *n* or *s*) and are therefore stressed on the last syllable.

1. verdad
2. azul
3. borrador
4. pared
5. regular
6. señor
7. hospital
8. reloj
9. profesor
10. mejor

**C.** These words are written with an accent mark. Stress the syllable with the written accent.

1. francés
2. fácil
3. café
4. teléfono
5. está
6. suéter
7. difícil
8. alemán
9. sábado
10. inglés

# Ejercicios de ortografía

## WORD STRESS

If a word of three syllables or more is stressed on any syllable other than the last or next to last, it must be written with an accent mark.

Listen and write the following words with accents on the third from last syllable. For example: *música, página, miércoles.*

1. _____   9. _____

2. _____   10. _____

3. _____   11. _____

4. _____   12. _____

5. _____   13. _____

6. _____   14. _____

7. _____   15. _____

8. _____

# ACTIVIDADES ESCRITAS

## I. LAS FECHAS Y LOS CUMPLEAÑOS

¡OJO! *Estudie Gramática 2.1*.

**A.** Escriba las fechas de los cumpleaños de estas personas.

MODELO: Adriana Bolini: 17 de abril → *Adriana Bolini nació el diecisiete de abril.*

1. _____

2. _____

3. _____

4. _____

5. _____

Ahora diga cuándo es el cumpleaños de algunos miembros de su familia.

MODELO: Mi *tío* nació el *catorce* de abril.

1. _____

2. _____

3. _____

**B. Numerograma.** Mire el modelo (800) y escriba los números correctamente en los espacios en blanco del numerograma.

## II. LOS PLANES

¡OJO! *Estudie Gramática 2.2.*

**A.** ¿Qué van a hacer estas personas esta noche?

    MODELO:   Esta noche (nosotros) vamos a ver la televisión.

    *yo, mi hijo/a, una amiga/un amigo, mis padres, mi hermana y yo, mi novio/a o mi esposo/a*

1. _____

2. _____

3. _____

4. _____

5. _____

6. _____

## III. LA HORA

¡OJO! *Estudie Gramática 2.3.*

**¿Qué hora es?** Escriba la hora apropiada.

MODELOS:  6:30 → *Son las seis y media.*
1:50 → *Son las dos menos diez.*

1.  9:00 _____

2.  8:15 _____

3.  9:47 _____

4.  3:30 _____

5.  11:20 _____

6.  12:00 _____

7.  1:05 _____

8.  4:45 _____

9.  8:58 _____

10.  6:55 _____

## IV. LAS CLASES

¡OJO! *Estudie Gramática 2.4.*

**¿Qué clases tiene usted?** Escriba la hora y la clase.

| HORA | LUNES | MARTES | MIÉRCOLES | JUEVES | VIERNES |
|------|-------|--------|-----------|--------|---------|
| ____ | _____ | _____ | _____ | _____ | _____ |
| ____ | _____ | _____ | _____ | _____ | _____ |
| ____ | _____ | _____ | _____ | _____ | _____ |
| ____ | _____ | _____ | _____ | _____ | _____ |
| ____ | _____ | _____ | _____ | _____ | _____ |

## V. LAS PREFERENCIAS Y LOS DESEOS

¡OJO! *Estudie Gramática 2.5.*

**A.** Complete lógicamente. Use una forma de *querer* (*quiero, quiere, queremos, quieren*) y un infinitivo.

> MODELO: Mis amigos y yo *queremos bailar* en una discoteca este sábado.

1. Hoy _____ al tenis con mi hermana.

2. Mañana mis padres _____ en un buen restaurante.

3. Yo _____ el periódico.

4. Nora _____ en la nieve en diciembre.

5. Mis amigas _____ ejercicio todas las mañanas.

6. El estudiante _____ la tarea rápidamente.

7. Mis hermanas y yo _____ un taco.

8. Carmen y Luis _____ música.

**B.** Diga las preferencias de usted o de otra persona.

> MODELO: ¿Prefiere usted bailar o jugar al béisbol? → *Prefiero bailar.*

1. ¿Prefiere usted jugar al tenis o al ráquetbol?

   _____

2. ¿Prefiere usted cocinar o ir a un restaurante?

   _____

3. ¿Prefiere usted andar en bicicleta o en motocicleta?

   _____

4. ¿Prefiere usted bucear o nadar?

   _____

5. ¿Prefiere usted trabajar en el jardín o limpiar la casa?

   _____

6. ¿Qué prefieren sus padres, ver la televisión o ir al cine?

   _____

7. ¿Qué prefiere su hijo/a, patinar o jugar al fútbol?

   _____

8. ¿Qué prefiere su hermano/a, esquiar o jugar al vólibol?

   _____

**C.** Lea los planes y preferencias de la profesora Martínez y luego escriba sobre los planes, deseos y preferencias de usted.

MODELO:

Me gustan mucho los meses de invierno. En el invierno me gusta escuchar música y leer, pero prefiero ir a las montañas a esquiar. En el verano siempre voy a Guanajuato. ¡Es una ciudad muy bonita!

Este verano voy a viajar a México. Voy a ir a Guanajuato primero a visitar a mis parientes. Un fin de semana voy a acampar en las montañas con toda la familia. Después voy a ir a Puerto Vallarta por una semana porque me gusta mucho la playa. Quiero esquiar en el agua. Luego voy a ir a la ciudad de México. Voy a visitar muchos museos y voy a cenar en mis restaurantes favoritos. También quiero pasear en el parque de Chapultepec[1] y visitar los jardines flotantes[2] de Xochimilco. ¿Y usted?

_____

_____

_____

_____

_____

_____

_____

_____

_____

_____

_____

_____

_____

_____

# VI. EL TIEMPO

¡OJO! *Estudie Gramática 2.6.*

**A.** Hoy es el primero de enero. Diga qué tiempo hace en estos lugares en enero.

MODELO:   Los Ángeles → Hace sol y hace fresco.

*hace frío, hace calor, hace sol, hace fresco, hace viento, llueve, nieva, hace buen tiempo, hace mal tiempo*

---

[1] parque grande en el centro de México, D. F.

[2] jardines... *floating gardens*

1. Nueva York _____

2. México, D. F. _____

3. Buenos Aires, Argentina _____

4. Panamá, Panamá _____

5. Moscú, Rusia _____

**B.** ¿Qué actividades asocia usted con el tiempo?

MODELO: ¿Qué prefiere usted hacer cuando *hace mal tiempo?* →
*Cuando hace mal tiempo, prefiero leer en casa.*

*hace frío, llueve, hace mucho calor, nieva, hace sol, hace buen tiempo, hace mucho viento*

1. ¿Qué prefiere usted hacer cuando _____?

_____

2. ¿Qué prefiere usted hacer cuando _____?

_____

3. ¿Qué prefiere usted hacer cuando _____?

_____

4. ¿Qué prefiere usted hacer cuando _____?

_____

5. ¿Qué prefiere usted hacer cuando _____?

_____

## DIÁLOGOS Y DIBUJOS

Use algunas de estas palabras o frases para completar correctamente lo que dicen las personas que
aparecen en cada situación.

*¿Estás bromeando?*     *¡Qué ridículo!*     *Para servirle.*     *Por supuesto (que no).*     *A sus órdenes*

1.

2.

3.

# LECTURAS ADICIONALES

## La telenovela «Los vecinos»: Ernestito

¡Buenos días, amigos! Me llamo Ernestito Ramírez y tengo ocho años.° Soy estudiante en una escuela primaria, el colegio Benito Juárez,[1] en la Ciudad de México. Me gusta mucho mi escuela, ¡de verdad! Es una escuelita[2] vieja pero bonita. Los salones de clase son muy grandes, con muchas ventanas. La maestra tiene su mesa enfrente de la clase; es un escritorio enorme, de madera.° En las paredes tenemos montones° de dibujos y fotos que son parte de nuestras lecciones. En el salón también hay dos pizarras, una negra y una verde. La maestra escribe en la pizarra con tiza blanca y de otros colores. A veces la maestra nos da° mucha tarea. En un rincón del salón está la bandera de México con los colores nacionales: el verde, el blanco y el rojo. Afuera° hay un patio grande con unos árboles gigantes. Me gusta mucho salir a la hora del recreo° y correr o jugar al fútbol con mis amigos.

tengo... *I'm eight years old*

*wood*
*lots*

nos... *gives us*

*Outside*
*recess*

Me gusta mucho mi escuela. ¡De verdad!

**Comprensión**

*¿Cierto* (C) o *falso* (F)?

Ernestito dice que...

1. _____ su escuela está en la Ciudad de México.

2. _____ los salones de clase son pequeños.

_____

[1] [1806–1872] presidente de México

[2] *-ito/a* added at the end of a word denotes "little"

3. _____ el escritorio de la maestra está enfrente de la clase.

4. _____ los colores de la bandera mexicana son verde, blanco y azul.

5. _____ a la hora del recreo le gusta jugar con sus amiguitos.

# Nota cultural: Los nombres hispanos

Al nacer,° los hispanos reciben generalmente dos nombres. María Teresa, Jorge Luis y Mari Carmen son algunas° de las combinaciones más comunes. El nombre completo de la profesora Martínez, por ejemplo, es Adela Elisa Martínez Briceño. Adela es el nombre de su abuela materna, Elisa, el de su abuela paterna. Martínez es el apellido de su padre y Briceño, el apellido de soltera° de su madre. En el mundo hispano es costumbre° usar también el apellido de la madre. Muchos nombres tienen una forma familiar y cariñosa,° el sobrenombre.° Elena es Nena, Jorge es Yoyi y Alberto es Beto.

    A los hispanos les gusta honrar° a sus parientes. Usar el nombre de un antepasado,° de un tío o de un abuelo es una manera de recordar a esa persona. Y en algunos casos° el primer nombre es el nombre de un santo.° Por ejemplo, un niño nace el día cinco de septiembre y sus padres le dan el nombre de Tomás. El niño celebra entonces su cumpleaños en septiembre y además° celebra el día de su santo, en este caso el siete de marzo, día de Santo Tomás de Aquino.

*Al...* At birth
*some*

apellido... *maiden name*
*custom*
*endearing*
*nickname*
*to honor*
*ancestor*
en... *in some cases*
*saint*

*in addition*

## Comprensión

**A.** *¿Cierto* (C) o *falso* (F)?

1. _____ Los hispanos generalmente reciben un solo nombre.

2. _____ Los hispanos llevan sólo el apellido del padre.

3. _____ Muchos hispanos reciben el nombre de un santo.

**B.** **¿Cuáles son nombres?** ¿Cuál es el apellido del padre? ¿Y el de la madre?

1. María Luisa García Fernández.

_____

2. José Ignacio Martínez Gutiérrez.

_____

3. Irma Angélica Hernández Ochoa.

_____

4. Carlos Rafael Álvarez Carrasco.

_____

# Capítulo tres

## ACTIVIDADES DE COMPRENSIÓN

### A. CLARA MARTIN EN LA UNIVERSIDAD

**VOCABULARIO NUEVO**

| | |
|---|---|
| oír/¡Oye! | *to hear/Hey!, Listen!* |
| acompañar/te acompaño | *to accompany/I (will) go with you* |
| hasta | *until* |
| Acepto la invitación. | *I accept the invitation.* |

Clara Martin, una norteamericana, es una estudiante nueva en la Universidad Estatal del Oriente y no sabe dónde están los edificios. José Estrada, un estudiante madrileño,[1] la ayuda.[2]

_____

¿De qué lugares hablan Clara y José? Escriba los nombres de los lugares del mapa.

1. _____
2. _____
3. _____
4. _____

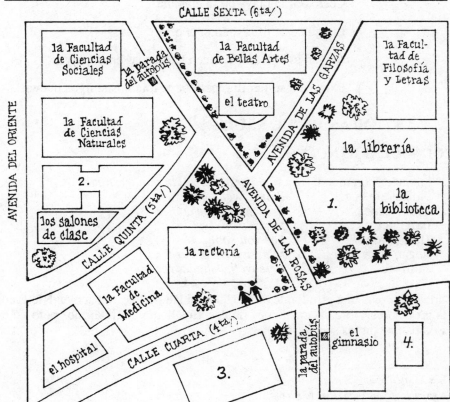

LA·UNIVERSIDAD·ESTATAL·DEL·ORIENTE

el estacionamiento

CALLE SEXTA (6ta)

la Facultad de Ciencias Sociales

la parada del autobús

la Facultad de Bellas Artes

la Facultad de Filosofía y Letras

AVENIDA DE LAS GARZAS

el teatro

la Facultad de Ciencias Naturales

la librería

AVENIDA DEL ORIENTE

2.

1.

la biblioteca

los salones de clase

CALLE QUINTA (5ta)

la rectoría

AVENIDA DE LAS ROSAS

la Facultad de Medicina

el hospital

CALLE CUARTA (4ta)

3.

la parada del autobús

el gimnasio

4.

---

[1] de Madrid

[2] la... *(he) helps her*

## B. MARTA EN PUERTO RICO

### VOCABULARIO NUEVO

| | |
|---|---|
| la arquitectura colonial | *colonial architecture* |
| el ambiente de provincia | *small-town atmosphere* |
| el clima | *weather* |
| estudiar/estudié | *to study/I studied* |
| el consulado | *consulate* |
| Isla Verde | *beach in San Juan, Puerto Rico* |
| el mar Caribe | *Caribbean Sea* |
| maravilloso/a | *marvelous* |
| tibio/a | *warm* |
| hacer/hacemos barbacoas | *to make/we barbecue* |
| extrañar/extraño | *to miss/I miss* |

Marta Muñoz, originalmente de Durango, México, vive ahora en Puerto Rico.

Escuche a Marta, luego decida a qué o a quién se refieren estas descripciones, a Durango (D), a Puerto Rico (PR), a Marta (M) o a Marta y sus amigos (M y A).

1. _____ Tiene más de cuatrocientos años.

2. _____ Tiene arquitectura colonial y ambiente de provincia.

3. _____ Tiene muy buen clima.

4. _____ Corre por la playa en la mañana.

5. _____ El agua está tibia todo el año.

6. _____ Juegan al vóleibol y hacen barbacoas en la playa.

7. _____ Extraña a su familia, pero tiene muchos amigos nuevos.

## C. LAS HORAS DE CONSULTA[1]

### VOCABULARIO NUEVO

| | |
|---|---|
| entender/no entendí | *to understand/I didn't understand* |
| No hay de qué. | *You're welcome.* |
| venir/viene | *to come/he/she comes* |
| pasar por | *to go (stop) by* |
| Hasta pronto. | *See you soon.* |
| llegar/llega | *to arrive/he/she arrives* |
| salir/sale | *to leave/he/she leaves* |

Carla Espinosa, una estudiante de la Universidad de Puerto Rico en Río Piedras,[2] quiere hablar con todos sus profesores sobre los exámenes finales. Los llama por teléfono[3] pero no están ahora en sus oficinas. Carla habla con las secretarias.

---

[1] Las... *office hours*

[2] *a suburb of San Juan, Puerto Rico*

[3] Los... *She phones them*

_____

Escriba los días y las horas de consulta de los profesores.

|  | DÍA(S) | HORA(S) |
|---|---|---|
| 1. Profesor Oscar Sánchez Román | _____ | _____ |
| 2. Doctora Ceballos | _____ | _____ |
|  | _____ | _____ |
| 3. Profesor Rico | _____ | _____ |
| 4. Profesora Chávez | _____ | _____ |

## D. LOS HORARIOS DE CLASES

### VOCABULARIO NUEVO

| ya | *already* |
|---|---|
| tener hambre/tengo hambre | *to be hungry/I'm hungry* |

Luis Ventura y Carmen Miller, dos estudiantes de la Universidad de Texas en San Antonio, están en la biblioteca y hablan de sus horarios de clases.

_____

Complete los espacios en blanco.

|  | CLASE | HORA |
|---|---|---|
| 1. El horario de hoy de Carmen | _____ | _____ |
|  | _____ | _____ |
|  | _____ | _____ |
| 2. El horario de hoy de Luis | _____ | _____ |
|  | _____ | _____ |
| 3. En su tiempo libre Luis | _____ | |

_____

# E. ANUNCIO: EL CLUB PACÍFICO LE OFRECE...
## ¡LAS VACACIONES PERFECTAS!

### VOCABULARIO NUEVO

| | |
|---|---|
| el descanso | *rest* |
| disfrutar | *to enjoy* |
| venir/venga | *to come/come* |
| mientras | *while* |
| el millón | *million* |
| hacer/haga | *to make/make* |
| ahora mismo | *right now* |
| llamar/llame | *to call/call* |

Aquí en WXET, un anuncio del Club Pacífico, ¡el club de las familias que saben divertirse![1]

_____

¿Qué les ofrece el Club Pacífico a las familias? Escoja la(s) respuesta(s) más lógica(s). ¡OJO! A veces hay más de una respuesta lógica.

1. El anuncio dice que las señoras...

   a. trabajan mucho todo el año.

   b. descansan durante el año.

   c. nunca limpian.

   d. van a escuchar algo muy interesante.

2. El anuncio también dice que todo el año las señoras...

   a. preparan el desayuno, el almuerzo y la cena.

   b. descansan todos los días.

   c. limpian, lavan y planchan.

   d. llevan a los niños a la escuela.

3. Durante el verano, en el Club Pacífico...

   a. las familias trabajan todo el día.

   b. las señoras están con sus hijos todo el día.

   c. no hay nada para los niños.

   d. las señoras duermen o hacen ejercicio o toman el sol.

_____

[1] saben... *know how to have fun*

4. Por cuatro millones de pesos el Club Pacífico les ofrece a las señoras...

   a.   un minuto de descanso.

   b.   llamar al teléfono 2-57-61-14.

   c.   tener ocupados a sus hijos.

   d.   dos semanas de descanso.

5. Para hacer reservaciones las señoras van a...

   a.   llamar por teléfono al 2-57-61-14.

   b.   pagar cuatro millones de pesos.

   c.   viajar a Puerto Vallarta.

   d.   disfrutar de las vacaciones perfectas.

## F. CLARA CONOCE A MUCHOS ESTUDIANTES

### VOCABULARIO NUEVO

| | |
|---|---|
| la capital | *capital (of a country)* |
| presentar/te presento | *to introduce/(may) I introduce to you* |
| encantado/a | *very pleased to meet you* |
| Un placer. | *It's a pleasure.* |
| conocer/ya nos conocemos | *to know/we already know each other* |
| ¡Qué bien! | *How nice!* |
| por fin llegas | *you're finally here* |
| las Naciones Unidas | *United Nations* |

**Lugares mencionados**

Managua, Nicaragua
San Antonio, Texas
Madrid, España
Valparaíso, Chile
La Habana, Cuba

Clara Martin, una estudiante norteamericana, está en una fiesta en Madrid donde su amiga madrileña, Pilar Álvarez, le presenta[1] a otros estudiantes.

_____

Escriba de dónde son los estudiantes que Clara conoce[2] en la fiesta.

                                             CIUDAD                           PAÍS

1. David Fuentes    _____    _____

2. José Estrada    _____    _____

_____

[1] le... *introduces her to*

[2] *meets*

3. María Luisa Ruiz _____ _____

4. Marisol Reyes _____ _____

## G. LA TELENOVELA «LOS VECINOS»: EPISODIO «LOS PROBLEMAS DE GUSTAVO»

### VOCABULARIO NUEVO

| | |
|---|---|
| dejar/dejé | *to leave/I left* |
| Lo siento. | *I'm sorry.* |
| al lado izquierdo | *on the left side* |
| ¿Qué pasa? | *What's going on?* |
| nada | *nothing* |
| amable | *nice* |

Gustavo Rivero y su amigo Roberto Herrero son estudiantes de tercer año de secundaria[1] en el colegio El Sagrado Corazón.[2] Hoy están en la clase de historia. Los estudiantes están leyendo, pero Gustavo está mirando por la ventana.

_____

Escuche el episodio y llene los espacios en blanco.

1. Gustavo no está leyendo, él _____ _____ por la ventana.

2. El libro de Gustavo está _____ del pupitre.

3. Los otros estudiantes _____ _____ la página 150.

4. Gustavo dice que sus lentes están en _____.

5. Roberto dice que los lentes de Gustavo están al lado _____ de su libro.

## H. LA TELENOVELA «LOS VECINOS»: EPISODIO «LOS ESPÍAS»

### VOCABULARIO NUEVO

| | |
|---|---|
| déjame ver | *let me see* |
| chismear/están chismeando | *to gosspi/they are gossiping* |
| las cartas | *(playing) cards* |
| jubilado/a | *retired* |
| el dominó | *dominos (game)* |
| el ajedrez | *chess* |
| la torta | *a type of Mexican sandwich* |

Hoy Eeer, el extraterrestre, visita a Ernestito durante el día. Son las dos de la tarde y Ernestito está en la azotea[3] del edificio donde vive. Está mirando a los vecinos con su telescopio nuevo.

_____

[1] tercer... *third year of secondary school (9th grade in the United States)*
[2] colegio... *Sacred Heart (private) school*
[3] *roof*

_____

¿Qué están haciendo los vecinos de Ernestito?

ACTIVIDAD

1. Daniel _____

2. Leticia Reyes _____

3. Doña Lola y doña Rosita _____

4. Don Anselmo _____

5. Amanda _____

## I. ¿DÓNDE ESTÁN TODOS?

### VOCABULARIO NUEVO

| | |
|---|---|
| bastante | *quite, very* |
| los miembros | *members* |
| el grupo | *group* |
| el escenario | *scenery, set* |
| el equipo de video | *video equipment* |
| traer | *to bring* |

Esteban quiere ir al cine. Llama por teléfono a varios amigos de su clase de español pero nadie contesta.[1] ¡Nadie está en casa! Finalmente llama a Carmen.

_____

Combine las frases de cada una de las tres columnas para formar oraciones ciertas según el diálogo.

| PERSONA(S) | ¿DÓNDE ESTÁ(N)? | ¿QUÉ ESTÁ(N) HACIENDO/VA(N) A HACER? |
|---|---|---|
| Carmen | en su casa | está preparando el equipo de video |
| Mónica | en el jardín | van a hacer un video |
| Alberto | en casa de Carmen | están leyendo |
| Luis/Nora | en el garaje | va a traer una pizza |
| Todos | afuera | está pintando algo para el escenario |
| Esteban | en su casa | está escribiendo |

1. _____

2. _____

3. _____

4. _____

_____

[1] nadie... *nobody answers*

5. _____

6. _____

# Repaso del vocabulario

These are some of the words that were used in the listening passages in *Capítulo tres*. Since they are similar to English, you will be expected to recognize them in the future. They will not be listed or defined in the chapters that follow.

las cartas    el grupo    la invitación    maravilloso/a    el miembro    el millón

Here is a list of very common new words and expressions used in the listening texts of *Capítulo tres*. Since they will be used in subsequent chapters, you should review them carefully before going on to *Capítulo cuatro*.

| | | | |
|---|---|---|---|
| ahora mismo | *right now* | nada | *nothing* |
| amable | *nice* | nadie | *no one* |
| el clima | *weather* | ¡Oye! | *Hey!, Listen!* |
| el descanso | *rest* | ¡Qué bien! | *How nice!* |
| (no) entendí | *I did (not) understand* | ¿Qué pasa? | *What's going on?* |
| extrañar | *to miss* | por fin | *finally* |
| Hasta pronto. | *See you soon.* | salir | *to leave* |
| Lo siento. | *I'm sorry.* | traer | *to bring* |
| llegar | *to arrive* | | |

# Ejercicios de pronunciación

## I. PRONUNCIACIÓN: THE SILENT *h*

The letter *h* is never pronounced in Spanish.

**A.** Listen and then pronounce the following words that are written with the letter *h*.

<u>h</u>able, <u>h</u>ombros, <u>h</u>ombre, <u>h</u>ola, <u>h</u>asta luego, <u>h</u>ermano, <u>h</u>ijo, <u>h</u>ispano, <u>h</u>ace, a<u>h</u>ora

**B.** Listen and then pronounce the following sentences. Be sure not to pronounce the letter *h*.

1. ¿Qué hora es?
2. Los hombros del hombre son muy grandes.
3. Tengo tres hermanos; no tengo hijos.
4. —Hablo con usted mañana.
   —Hasta luego.
5. Hace mal tiempo ahora.

## II. PRONUNCIACIÓN: *b, v*

The letters *b* and *v* are pronounced exactly the same in Spanish. Usually the lips are close together, but they are not completely closed. There is no equivalent sound in English, because English *b* is pronounced with the lips completely closed and English *v* is pronounced with the upper teeth on the lower lip.

**A.** Listen and then pronounce the following words, concentrating on producing an identical soft *b* sound for both *b* and *v*.

a<u>b</u>uela, no<u>v</u>io, fa<u>b</u>uloso, a<u>v</u>enida, de<u>b</u>ajo, fe<u>b</u>rero, ca<u>b</u>eza, nue<u>v</u>o, lle<u>v</u>a, cor<u>b</u>ata, automó<u>v</u>il

When preceded by the letters *m* or *n,* both *b* and *v* are pronounced hard as the English letter *b,* as in boy.

**B.** Listen and then pronounce the following words. Concentrate on producing a hard *b* sound for both *b* and *v.*

invierno, hombros, hombre, sombrero

**C.** Concentrate on the correct pronunciation of the letters *b* and *v* as you listen and then pronounce the following sentences.

1. El hombre lleva sombrero.
2. No hablen; escriban en sus cuadernos.
3. Yo nací en febrero y mi novio nació en noviembre.
4. Mi abuelo lleva corbata.
5. El automóvil nuevo está en la novena avenida.
6. Mi clase favorita es biología.
7. En el invierno llevo abrigo.
8. El libro está debajo del pupitre.
9. La primavera es mi estación favorita.
10. La estudiante nueva no habla bien el español.

# Ejercicios de ortografía

## I. THE SILENT *h*

The letter *h* is silent in Spanish. If a word is spelled with an *h,* however, you must remember to write it, even though you do not hear it.

Listen and write the following words and phrases.

1. _____    6. _____
2. _____    7. _____
3. _____    8. _____
4. _____    9. _____
5. _____    10. _____

## II. WORD STRESS

If a word ends in a *consonant* (except *n* or *s*), it is normally stressed on the last syllable. For example: *hospital, universidad.* If the word ends in a consonant and is not stressed on the last syllable, an accent mark must be written on the stressed syllable.

Listen and write the words you hear. All must be written with an accent mark.

1. _____    4. _____
2. _____    5. _____
3. _____

# ACTIVIDADES ESCRITAS

## I. ¿DÓNDE ESTÁ?

¡OJO! *Estudie Gramática 3.1.*

**A.** ¿Dónde están estas personas ahora?

      MODELO:    ¿Dónde está su padre? → *Mi padre está en su oficina.*

1. ¿Dónde está usted?

      _____

2. ¿Dónde está su madre/su padre?

      _____

3. ¿Dónde están sus hermanos/sus hijos?

      _____

4. ¿Dónde está su amigo/a o esposo/a?

      _____

**B.** ¿Dónde están estos edificios en la universidad donde usted estudia? Use *enfrente de, detrás de, al lado de...*

1. ¿Dónde está la biblioteca?

      _____

2. ¿Dónde está el gimnasio?

      _____

3. ¿Dónde está la cafetería?

      _____

## II. LAS ACTIVIDADES DIARIAS

¡OJO! *Estudie Gramática 3.2–3.3.*

**A.** Escriba las actividades de un día típico en su vida.

      MODELO:    ¿A las cinco de la tarde? → *Estudio en la biblioteca.*

1. ¿A las seis de la mañana? _____

2. ¿A las nueve de la mañana? _____

3. ¿Al mediodía? _____

4. ¿A las tres y media de la tarde? _____

5. ¿A las seis y cuarto de la tarde? _____

6. ¿A las ocho y media de la noche? _____

7. ¿A medianoche? _____

**B.** Suponga que usted va a compartir una habitación en la residencia estudiantil con otro estudiante. Usted quiere saber si van a tener conflictos o no. Escriba cinco (o más) preguntas sobre las actividades diarias o hábitos. Use verbos como: *almorzar, bailar, comer, charlar, dar fiestas, desayunar, divertirse, dormir, escuchar, fumar, hablar, hacer ejercicio, invitar, jugar, lavar, limpiar, leer, levantar pesas, llegar, recibir, recoger, regresar, salir, tocar (el piano, etc.), trabajar, usar, ver televisión.*

MODELO: ¿Fumas? ¿Fumas mucho o poco? ¿Te gusta fumar afuera o adentro?

1. _____

_____

2. _____

_____

3. _____

_____

4. _____

_____

5. _____

_____

_____

_____

**C. Las actividades de los sábados.** Lea el párrafo sobre la rutina de Raúl.

Soy estudiante de primer año en la universidad de Texas en San Antonio y vivo en una residencia estudiantil de la universidad. Todos los días me levanto muy temprano y asisto a mis clases. Los sábados mi rutina es diferente. Los sábados me levanto un poco más tarde. Me ducho rápido porque a las nueve y media desayuno en un restaurante con varios amigos. Después regreso a la residencia y estudio varias horas. A la una almuerzo en la cafetería de la residencia, luego camino o corro o nado por una hora. Después me ducho y descanso. A las seis de la tarde ya estoy listo para ir al cine, o al teatro, o a bailar, o...

Ahora escriba un párrafo sobre su propia rutina los sábados.

_____

_____

_____

_____

_____

_____

_____

_____

_____

_____

_____

_____

## III. EL ORIGEN

¡OJO! *Estudie Gramática 3.4.*

¿Conoce usted a algunas personas de otros países? Escriba sobre dos de ellas. Incluya esta información básica, por lo menos: ¿Cómo se llama la persona? ¿Cuántos años tiene? ¿De dónde es? (ciudad, país) ¿Dónde vive él/ella ahora? ¿Dónde vive su familia? ¿Qué estudia esta persona? ¿Es casado/a o soltero/a? ¿Tiene hijos? ¿Qué le gusta hacer?

MODELO:

Se llama María Elena Pizano. Es boliviana, de La Paz, pero ahora es ciudadana norteamericana. Tiene veinte años. Ella y sus padres viven en San Francisco. Sus hermanos viven en Bolivia. Es soltera y no tiene hijos. No estudia; trabaja en un almacén. Le gusta jugar al tenis con sus amigos y salir a bailar con su novio Richard.

_____

_____

_____

_____

_____

_____

_____

_____

_____

_____

_____

# IV. ACTIVIDADES EN PROGRESO

¡OJO! *Estudie Gramática 3.5.*

**A.** Piense en cinco de sus compañeros de clase. ¿Qué están haciendo?

    MODELO:    Son las 9:00 de la mañana. → *Randy está estudiando en la biblioteca.*

   1. Son las 6:30 de la mañana.

     _____ está _____

   2. Son las 2:30 de la mañana.

     _____ está _____

   3. Son las 12:00. (Es mediodía.)

     _____ está _____

   4. Son las 7:00 de la noche.

     _____ está _____

   5. Son las 10:30 de la noche.

     _____ está _____

**B.** ¿Qué están haciendo estas personas?

    MODELO:    Son las 3:30 de la tarde. Su primo... → *Mi primo está leyendo el periódico.*

   1. Son las 6:30 de la mañana. Su papá...

     _____

   2. Son las 8:00 de la mañana. Su mejor amigo/a...

     _____

   3. Son las 5:00 de la tarde. Su hermano/a...

     _____

   4. Son las 11:00 de la noche. Sus compañeros de clase...

     _____

   5. Son las 7:30 de la noche. Su abuelo/a...

     _____

## DIÁLOGOS Y DIBUJOS

Use algunas de estas palabras o frases para completar correctamente lo que dicen las personas que aparecen en cada situación.

Encantado/a          No hay de qué.          Por fin llegas.          lo siento
¿Qué pasa?           Hasta pronto.           Un placer

# LECTURAS ADICIONALES

## Los amigos hispanos: El «diyei»° mágico   *d.j.*

Hola, amigos. Me llamo Julio Delgado. Soy cubano, pero ahora vivo
en los Estados Unidos. Hoy quiero decirles° un poquito de la música        *to tell you*
hispana, uno de mis temas favoritos. Mi trabajo está muy relacionado
con la música; soy locutor de radio° en la emisora° WXET en la              locutor... *radio announcer / station*
ciudad de Miami. En mis programas de radio siempre incluyo los
éxitos° musicales del momento y los «oldies», las «viejitas pero            *hits*
bonitas»;° trato de poner música para todos los gustos.°                    «viejitas... *oldies but goodies* / todos...
                                                                            *everyone's taste*
     La música es una parte esencial de la cultura hispana. Los
últimos éxitos° se escuchan por todas partes: en los autobuses, en         últimos... *latest hits*
los taxis y en las tiendas. En un mismo momento pueden estar de
moda° un número bailable de estilo *soul,* una canción rítmica de          estar... *be in fashion*
salsa,[1] como las de Rubén Blades, una cumbia,[2] una balada
romántica de España y una canción de rock. Los videos musicales
son tambié n muy populares entre los jóvenes hispanos.
     Hay países latinoamericanos, como Bolivia, Perú, México, que
tienen una tradición indígena° y producen una variedad de música          *native*
folklórica con instrumentos nativos como la marimba. El folklore
latinoamericano tiene una mezcla° de elementos indígenas, africanos       *mix*
y españoles. Generalmente los instrumentos de cuerda° son de origen       *string*
español; los de viento son de origen indio; y los de percusión son de
origen africano. Los ritmos tradicionales de origen africano, como la
salsa, son muy populares en los países hispanos.
     Otro género° de música popular es la canción de protesta, con        *type*
grupos como los Ynti-Illimani de Chile y los grupos y cantantes de
la Nueva Trova cubana. Hay cantantes famosos, como los cubanos
Silvio Rodríguez y Pablo Milanés, los chilenos Violeta Parra y
Víctor Jara,[3] que hablan de los pobres, los indios, y protestan en las
letras° de sus canciones contra la injusticia social y la desigualdad°    *lyrics / inequality*
económica.
     La música popular de los Estados Unidos, especialmente el *rock,*
tiene un gran público en los países hispanos, y mucha influencia. Pero

_____

[1] música bailable del Caribe

[2] música bailable, originalmente de Colombia

[3] Víctor Jara fue asesinado (*was killed*) por el ejército chileno durante el golpe de estado de Augusto Pinochet. Sus canciones
   fueron (*were*) la causa directa de su muerte.

hoy también la influencia de la música latinoamericana en los Estados Unidos se siente con fuerza.° Hay cantantes norteamericanos, como por ejemplo Linda Rondstadt, que cantan en español y que utilizan ritmos hispanos en sus canciones.

*se... is strongly felt*

Los radioyentes° dicen que mis programas reflejan° la gran variedad de música que se escucha en el mundo hispano: música rock, baladas románticas, música bailable, a veces también música folklórica. Hay un poco de todo y para todos los gustos. Tal vez por eso me llaman el «diyei» mágico.

*radio listeners / reflect*

### Comprensión

Identifique.

| | | | |
|---|---|---|---|
| 1. _____ | viejitas pero bonitas | a. | tipo de canción que critica la injusticia social |
| 2. _____ | salsa | b. | música bailable del Caribe |
| 3. _____ | cumbia | c. | canciones viejas |
| | | d. | música bailable colombiana |
| 4. _____ | instrumentos de cuerda | e. | instrumentos de África |
| 5. _____ | instrumentos de viento | f. | grupo musical de Chile |
| 6. _____ | instrumentos de percusión | g. | instrumentos de origen indio |
| 7. _____ | canciones de protesta | h. | instrumentos de España |
| 8. _____ | Ynti-Illimani | | |

# Los amigos hispanos: Las actividades de Pilar

¡Hola! Me llamo Pilar Álvarez Cárdenas. Tengo veinte años y vivo en Madrid, la capital de España. Soy estudiante de diseño° y artes gráficas en el Instituto Español de Comercio. Trabajo algunas horas a la semana para la Compañía Telefónica, donde soy operadora.

*design*

¿Cómo es mi personalidad? Bueno... mis amigos dicen que soy alegre y expresiva. Me gustan mucho las fiestas, el cine y la música. La música española moderna es muy divertida,° sobre todo el rock y el tecno pop. Mi grupo favorito es Mecano. En mi tiempo libre me gusta escribir, a veces poemas, y sobre todo cartas a los amigos que tengo en todo el mundo.

*fun*

En Madrid comparto° un piso° pequeño con mi hermana Gloria.  *I share / apartment*
Ella estudia psicología. Vivimos cerca del Parque del Retiro[1] y del
Museo del Prado.[2] Cuando no quiero estudiar más, doy un paseo° por  *doy... I take a walk*
el parque, que es enorme. Me gusta mucho mirar a la gente, descansar
debajo de un árbol o simplemente caminar cuando hace sol. Los
domingos los estudiantes pueden entrar gratis° al Prado. Yo, por  *free of charge*
supuesto, voy con bastante frecuencia. Me gustan especialmente las
obras de Goya, Velázquez y Picasso. Después de visitar el museo,
casi siempre paseo con mis amigos por la Gran Vía[3] y tomamos un
café en algún lugar de buen ambiente.°  *de... with a good atmosphere*

A una cuadra° de mi casa hay una discoteca muy buena. Los  *A... One block away*
sábados por la noche voy a bailar allí con mis amigos. En Madrid
no hay que° salir a la pista de baile° con pareja;° muchas personas  *no... it's not necessary / pista... dance floor / con... with a partner*
bailan solas o en un grupo. Así es más divertido, ¿no creéis?° El  *¿no... don't you think?*
muchacho que pone los discos en la discoteca es amigo y pone mis
canciones favoritas.

Mi hermana Gloria dice que vivimos en un lugar ideal porque
todo está muy cerca y siempre hay algo que hacer. Tiene
oportunidades estupendas de conocer a personas interesantes y de
poner en práctica las cosas que aprende en sus clases de psicología.
A mí también me gusta donde vivimos pero, la verdad, bueno... a
veces es difícil estudiar con tantas distracciones y tanta gente.

## Comprensión

1. Describa a Pilar. ¿Cuántos años tiene? ¿Qué estudia? _____

   _____

2. ¿Qué le gusta hacer a Pilar cuando está cansada de estudiar? _____

   _____

3. ¿Cuándo le gusta ir al Museo del Prado? ¿Por qué? _____

   _____

4. ¿Qué hay cerca de su casa? _____

   _____

5. ¿Por qué dice Pilar que es difícil estudiar en su apartamento? _____

   _____

## ¿Y usted?

1. ¿Qué le gusta hacer a usted en su tiempo libre? _____

   _____

2. ¿Dónde vive usted? ¿Le gusta donde vive? ¿Por qué? _____

   _____

_____

[1] parque grande en el centro de Madrid
[2] el museo más importante de España
[3] avenida en el centro de Madrid; su nombre oficial es Avenida José Antonio

Nombre _____ Fecha _____ Clase _____

# Capítulo cuatro

## ACTIVIDADES DE COMPRENSIÓN

### A. ¡QUÉ PLANETA MÁS INTERESANTE!

**VOCABULARIO NUEVO**

| | |
|---|---|
| poder/puedes | *to be able/you can* |
| redondo/a | *round* |
| describir | *to describe* |
| conocer/conozco | *to know, be acquainted with/I know* |
| la ciudad | *city* |
| poco a poco | *little by little* |
| oscuro/a | *dark* |
| las galletitas | *cookies* |
| así | *like this* |
| probar | *to try* |
| ¡Una a la vez! | *One at a time!* |

Ernestito está en su cuarto, listo para dormir. Escucha un ruido[1] afuera[2] de su ventana...

_____

Ponga estas oraciones en orden lógico.

_____ Ernestito le describe la Tierra a Eeer.

_____ Ya no hay[3] galletitas en la bolsa.

_____ Ernestito describe la Ciudad de México.

_____ Eeer llega a casa de Ernestito.

_____ Ernestito le muestra[4] a Eeer cómo comer galletitas.

_____ Ernestito le explica el «cine» a Eeer.

_____ Ernestito le dice: «Eeer, ¡come una galletita a la vez!»

_____ Ernestito le da galletitas a Eeer.

### B. EL RADIO: EL 16 DE SEPTIEMBRE

**VOCABULARIO NUEVO**

| | |
|---|---|
| venir/venga | *to come/come* |
| participar/participe | *to participate/participate* |
| auténtico/a | *authentic* |

_____

[1] *noise*
[2] *outside*
[3] Ya... *There aren't any more*
[4] le... *shows him*

Capítulo cuatro     **77**

| la fiesta | holiday, party |
| las regiones | regions |
| los fuegos artificiales | fireworks |
| los antojitos | typical Mexican dishes |
| disfrutar (de)/disfrute de | to enjoy/enjoy |
| nacional | national |

Y ahora en WXET, un anuncio del Comité de Turismo y Convenciones[1] de Tijuana.

_____

Complete este anuncio del periódico con la información del anuncio del radio.

Este ___ de _____
1              2
celebre el ___ de la
           3
4
_____ de México con
los mexicanos.
Venga a Tijuana y participe
en una auténtica _____
6                        5

_____ .

• Vea _____ , _____ típicos de
        7         8
varias regiones y ___ artificiales.
                   9
• Escuche _____ _____ .
          10      11
• Coma _____ mexicanos.
         12

[1] Comité... *Tourism and Convention Committee*

## C. EL SALÓN DE BAILE EL AZTECA

### VOCABULARIO NUEVO

los conjuntos — *groups (musical), bands*
por adelantado — *in advance*
¡No se lo pierda! — *Don't miss it!*

### Los conjuntos musicales mencionados

Los Bongos
Los Imperiales
Los Románticos
Trío Las Palomas

Y ahora en WXET, un mensaje para los aficionados al baile.

_____

*¿Cierto* (C) o *falso* (F)?

1. _____ Hoy es el Día de los Enamorados.

2. _____ El salón de baile está en la Avenida Independencia.

3. _____ Para información, llame al 8-56-92-49.

4. _____ Compre los boletos en la tienda de discos García.

## D. UNA ENTREVISTA CON ENTUSIASMO: LA RUTINA DE INÉS

### VOCABULARIO NUEVO

la actriz — *actress*
además — *besides*
la voz — *voice*
a mí tampoco — *I don't either*
sentirse/me siento tonto/a — *to feel/I feel silly*
terminar/¿Ya terminamos? — *to finish/Are we finished now?*
exagerar/No exageres. — *to exaggerate/Don't exaggerate.*
enseñar/enseño — *to teach/I teach*
sumar — *to add*
restar — *to subtract*
multiplicar — *to multiply*
dividir — *to divide*
ayudar/les ayudo — *to help/I help them*
dar una vuelta — *to take a walk*
¡Para nada! — *Not at all!*

¡Me llamo Inés y soy colombiana!

Catalina Valle está haciendo una grabación[1] para la profesora Adela Martínez. La profesora Martínez quiere una entrevista con una maestra latinoamericana para su clase de español. La hermana de Catalina, Inés Valle de Torres, es maestra... ¡Escuchemos[2] la entrevista!

_____

[1] *recording*
[2] *Let's listen to*

Escuche la entrevista y complete la información sobre la hermana de Catalina.

Nombre: _____

Ciudadanía: _____

Profesión: _____

Estado civil: _____

Hijos/as: _____

Horario de la mañana: De _____ a _____

Ordene las actividades de Inés correctamente.

_____ Se acuesta y duerme.

_____ Llega a casa después de las clases.

_____ Sale a pasear con su esposo y sus hijas.

_____ Ayuda a sus hijas con la tarea.

_____ Habla con los vecinos.

_____ Juega con sus hijas.

_____ Cena con su familia.

## E. LA TELENOVELA «LOS VECINOS»: EPISODIO «¡A TU EDAD!»

### VOCABULARIO NUEVO

| | |
|---|---|
| ¡Ni pensarlo! | *Don't even think of it!* |
| saber/tú sabes | *to know/you know* |
| ¡Cuidado! | *Careful!* |

Es un día de primavera en la Ciudad de México. Hace sol y no hace frío. Don Anselmo, un señor de 75 años de edad y su amigo de 80 años, don Eduardo, están sentados en la plaza. Están disfrutando[1] del buen tiempo y charlando sobre sus actividades diarias.

_____

Diga quién: don Eduardo, su esposa o don Anselmo.

1. _____ Se levanta tarde.

_____

[1] Están... *They are enjoying*

2. _____ Se acuesta tarde.

3. _____ Es mayor que su esposa.

4. _____ Baila menos que su esposo.

5. _____ No va a muchas fiestas pero practica deportes.

6. _____ Juega al dominó y a las cartas y bebe cerveza.

## F.  ALBERTO SIEMPRE LLEGA TARDE

### VOCABULARIO NUEVO

| | |
|---|---|
| a veces | *sometimes* |
| igual que | *same as* |
| la misma historia | *the same old story* |
| a tiempo | *on time* |
| ¡Menos tú! | *Except you!* |
| la explicación | *explanation* |
| a cinco cuadras | *five blocks away* |
| comprender/no comprendo | *to understand/I don't understand* |
| de ahora en adelante | *from now on* |
| cruel | *cruel* |

En la clase de español de la profesora Martínez los estudiantes están hablando de sus actividades de la mañana y de los problemas de Alberto.

_____

Despúes de escuchar el diálogo decida quién diría[1] esto, la profesora Martínez (P), Esteban (E) o Alberto (A).

_____ ¿Dónde vive?

_____ ¡Ay! ¡Otra vez no voy a tener tiempo para desayunar!

_____ Yo también tengo clase a las ocho pero yo nunca llego tarde.

_____ ¿Las siete? ¡Ay... tengo mucho sueño!

_____ ¡Ay, ay, ay! ¡Voy a llegar tarde otra vez!

_____ Señor Moore, ¿por qué llega tarde con tanta frecuencia?

_____ Si quieres, llamo por teléfono a tu casa todos los días a las seis.

_____ ¡Tengo mucha prisa!

_____ ¡Levántese a las seis y media y no va a tener problemas!

_____

[1] *would say*

## G.  ¡NO QUIERO LLEGAR TARDE!

### VOCABULARIO NUEVO

perder el autobús  *to miss the bus*
¡Gracias a Dios!   *Thank God!*

José Estrada está caminando al Parque del Retiro[1] cuando ve a su amiga Pilar Álvarez. Ella sale con prisa del edificio de apartamentos[2] donde vive y está corriendo a la parada del autobús.

———————————————

*¿Cierto* (C) o *falso* (F)?

1. _____  Pilar tiene mucha prisa porque no quiere llegar tarde a su trabajo.

2. _____  El autobús pasa a las ocho menos veinte.

3. _____  Pilar está preocupada porque tiene un examen hoy.

4. _____  José corre porque él también va a tomar el autobús.

5. _____  José va a hacer ejercicio en el Parque del Retiro.

## H.  UN TURISTA TÍPICO

### VOCABULARIO NUEVO

¿Cuál es la temperatura?  *What's the temperature?*
los grados       *degrees*
a este paso       *at this rate*
el espíritu de aventura   *spirit of adventure*
quejarse/no se quejan   *to complain/they don't complain*

Es verano y la familia Torres—Inés, Bernardo y sus tres hijas—está de vacaciones en España. Hoy están caminando por la Plaza de España[3] en Madrid, para luego visitar el Palacio Real.[4]

———————————————

———————————————

[1] Parque... un parque muy grande en el centro de Madrid
[2] edificio... *apartment building*
[3] Plaza... una plaza muy famosa que tiene un monumento dedicado a Cervantes, el autor de *Don Quijote*
[4] palacio de los reyes de España

*¿Cierto* (C) o *falso* (F)?

1. _____ Todos tienen calor.

2. _____ Inés quiere visitar más lugares turísticos.

3. _____ Las niñas tienen sed.

4. _____ A Inés y a las niñas les gustaría almorzar.

# Repaso del vocabulario

Here is a list of very common new words and expressions used in the listening texts of *Capítulo cuatro*. Since they will be used in subsequent chapters, you should review them carefully before going on to *Capítulo cinco*.

| | | | |
|---|---|---|---|
| a tiempo | *on time* | disfrutar (de) | *to enjoy* |
| a veces | *sometimes* | enseñar | *to teach* |
| además | *besides* | la explicación | *explanation* |
| así | *like this, in this way* | los fuegos artificiales | *fireworks* |
| la ciudad | *city* | ¡Para nada! | *Not at all!* |
| comprender | *to understand* | poco a poco | *little by little* |
| conocer/conozco | *to know, be acquainted with/I know* | probar | *to try* |
| | | redondo/a | *round* |
| ¡Cuidado! | *Careful!* | oscuro/a | *dark* |
| de ahora en adelante | *from now on* | la voz | *voice* |

# Ejercicios de pronunciación

## I. PRONUNCIACIÓN: *j, g*

The letter *g* before the letters *e* and *i* and the letter *j* are pronounced the same in Spanish. They are very similar to the letter *h* in English. The pronunciation of the *g* and *j* sound varies somewhat in different parts of the Spanish-speaking world. In some countries, it is pronounced stronger, with more friction in the throat, than in others.

**A.** Listen and then pronounce the following words with the letters *g* (followed by *e* or *i*) and *j*.

colegio, sociología, gimnasio, inteligente, generoso, ojos, joven, roja, viejo, bajo, anaranjado, traje, hijo, mujer, junio, ejercicios, dibujar

**B.** Listen and then pronounce the following sentences. Be sure to pronounce the *g* and *j* correctly.

1. El libro rojo es el libro de sociología.
2. El libro anaranjado es el libro de geografía.
3. ¿Tienes aquí tu traje de gimnasia?
4. Señora, su hijo tiene los ojos muy bonitos.
5. Ese joven es muy inteligente y le gusta jugar al tenis.

## II. PRONUNCIACIÓN: *y*

In Spanish the letter *y* is pronounced like the Spanish vowel *i* if it appears at the end of a word. Otherwise it is pronounced the same as the Spanish letter *ll*.

A. Listen and then pronounce the following words, in which *y* is pronounced *i*.

y, hay, soy, muy

B. Now listen and pronounce these words in which *y* is pronounced like *ll*.

playa, leyendo, mayo, yo, uruguayo

# Ejercicios de ortografía

## I. THE LETTERS *j* AND *g*

The letter *g*, before the vowels *e* or *i*, and the letter *j* are pronounced the same. Listen to these words and write them with the letter *g* or the letter *j*.

1. _____
2. _____
3. _____
4. _____
5. _____
6. _____
7. _____
8. _____

9. _____
10. _____
11. _____
12. _____
13. _____
14. _____
15. _____

## II. THE LETTERS *y* AND *ll*

The letter *y* is pronounced similarly to the letter *ll: mayo, amarillo*. In the word *y* (and) it is pronounced as the vowel *i*. If it appears at the end of a word as in *voy, hoy*, it is also pronounced as *i*, but together in a diphthong with the preceding vowel. Listen to the following words and write them with either *y* or *ll*.

1. _____
2. _____
3. _____
4. _____
5. _____
6. _____
7. _____
8. _____
9. _____
10. _____

11. _____
12. _____
13. _____
14. _____
15. _____
16. _____
17. _____
18. _____
19. _____
20. _____

# ACTIVIDADES ESCRITAS

## I. LOS LUGARES

¡OJO! *Estudie Gramática 4.1.*

**A.** ¿Adónde va usted para hacer estas cosas?

> MODELO: ¿Adónde va usted para comprar comida? → *Voy al supermercado.*

¿Adónde va usted... ?

1. para comer? _____

2. para nadar? _____

3. para estudiar? _____

4. para comprar libros? _____

5. para comprar papel y lápices? _____

**B.** ¿Qué hacemos en los siguientes lugares?

> MODELO: En la farmacia → *En la farmacia compramos medicinas.*

1. En un museo _____

2. En una zapatería _____

3. En un almacén _____

4. En un lago _____

5. En una iglesia _____

## II. LOS DÍAS FERIADOS Y LAS CELEBRACIONES

**A.** ¿Qué actividades asocia usted con los días feriados?

1. En la Navidad me gusta _____

2. Durante la Semana Santa quiero _____

3. El Día de las Madres voy a _____

4. El Día de la Independencia me gusta _____ con _____

5. El día de mi cumpleaños prefiero _____

6. La noche del Año Nuevo me gusta _____

7. En la Nochebuena voy a _____ con _____

8. El Día de los enamorados quiero _____ con _____

9. El Día de Acción de Gracias yo siempre me gusta _____ con

_____

10. El Día de los Padres voy a _____

**B.** Escriba una composición sobre sus planes para el próximo día feriado. ¿Qué quiere hacer? ¿Adónde piensa ir? ¿Con quién? ¿Qué va a hacer allí? Use algunos de estos verbos: *acampar, cenar, dar una fiesta, descansar, esquiar, ir de compras, ir al cine, invitar, levantarse tarde, nadar, pescar, preparar una cena, viajar, visitar a... .*

_____

_____

_____

_____

_____

_____

_____

_____

_____

_____

_____

## III. LA RUTINA DIARIA

¡OJO! *Estudie Gramática 4.2–4.4.*

**A.** Complete lógicamente los espacios en blanco con estos verbos: *bañarse, desayunar, despertarse, dormir, hablar, levantarse, preparar, salir, volver.* Usted puede usar los verbos más de una vez.

Soy Mónica. Vivo en casa con mis padres y asisto a la Universidad de Texas en San Antonio.

Todos los días _____ _____¹ a las seis de la mañana y luego _____

_____.² _____ _____³ con agua caliente y jabón. Mi mamá

también _____ _____⁴ a las seis de la mañana todos los días. Ella

_____⁵ el desayuno para toda la familia. Todos nosotros _____⁶

a las siete. Después cada uno _____⁷ para el trabajo o para la escuela. A las tres de

la tarde yo _____⁸ de mis clases y _____⁹ a casa.

_____¹⁰ un poco porque siempre estoy muy cansada. Después

_____¹¹ con mi familia.

**B.** Escriba una composición de diez oraciones describiendo un lunes típico en su vida. Use la sección A como modelo.

_____

_____

_____

_____

_____

_____

_____

_____

_____

_____

_____

_____

_____

_____

# IV.  LOS ESTADOS FÍSICOS Y MENTALES

¡OJO! *Estudie Gramática 4.5–4.6.*

**A.** Diga cómo está usted o qué tiene según la situación.

   MODELO:    Si no desayuno, a mediodía *tengo mucha hambre.*

1. Cuando bebo demasiado _____

   _____

2. Si mi hijo maneja el coche sin permiso _____

   _____

3. Si escucho ruidos misteriosos a medianoche _____

   _____

4. Voy a casarme con mi novio José Luis porque _____

   _____

5. _____ porque ya faltan diez para las ocho y tengo

   clase de español a las ocho.

**B.** Diga cuál es su reacción a los siguientes estados físicos y mentales.

MODELO: ¿Qué hace usted cuando está triste? →
*Cuando estoy triste me quedo en mi cuarto y lloro.*

¿Qué hace usted cuando... ?

1. está confundido/a? _____

2. está aburrido/a? _____

3. está cansado/a? _____

4. está enojado/a? _____

5. está deprimido/a? _____

6. está alegre? _____

7. tiene sed? _____

8. tiene sueño? _____

9. tiene frío? _____

10. tiene hambre? _____

## DIÁLOGOS Y DIBUJOS

Use algunas de estas palabras o frases para completar correctamente lo que dicen estas personas.

*A este paso*      *¡Qué calor hace!*      *¡Gracias a Dios!*
*¡Ni pensarlo!*      *de ahora en adelante*      *Cuidado*

1.

2.

3.

4.

# LECTURAS ADICIONALES

## Los amigos hispanos: Adriana Bolini

Adriana Bolini tiene veintiocho años y trabaja en el Centro Argentino de Informática.° Para Adriana, su profesión está llena de estímulos y desafíos.° Trabaja con los últimos modelos de computadoras[1] que llegan al país. Además, a veces entrena° a los nuevos empleados° del Centro en el uso de ciertos programas, usando especialmente el sistema DOS y su nueva versión OS/2 de la compañía norteamericana IBM. Vive y trabaja en Buenos Aires. Varias veces al año hace viajes de negocios° a Brasil, Venezuela, México y los Estados Unidos. Con frecuencia asiste a exposiciones internacionales donde se presentan los últimos avances tecnológicos en el campo de las computadoras. Además del español, Adriana habla italiano—la lengua de sus padres[2]—y también francés e inglés. Últimamente° estudia japonés.

    La mujer de hoy, piensa Adriana, puede aspirar° a mucho más que la mujer de antes. A Adriana le gusta salir con sus amigos, ir a fiestas, al teatro y al cine. Se divierte, pero su profesión tiene sin duda° prioridad en su vida. Aunque no rechaza° la idea del matrimonio, ahora prefiere disfrutar de su independencia y su trabajo.

*data processing*
*challenges*
*she trains / employees*

*business*

*Lately*
*aspire*

sin... *without a doubt*
*reject*

_____
[1] En español se usan las siguientes palabras para *computer*: computador, computadora (traducciones del inglés) y ordenador (del francés *ordenateur*).
[2] Muchos argentinos son de ascendencia italiana.

## Comprensión

1. ¿Cuál es la profesión de Adriana?

   _____

2. ¿Qué hace en su trabajo?

   _____

3. ¿Cuáles son los países que visita con frecuencia?

   _____

4. ¿Qué lenguas habla?

   _____

5. ¿Qué hace Adriana para divertirse?

   _____

## ¿Y usted?

1. ¿Tiene una computadora? ¿Para qué la usa?

   _____

2. ¿Prefiere usted el sistema de IBM, UNIX o el MAC?

   _____

# Los amigos hispanos: La vida de Bernardo

Todos tenemos que hacer ciertas cosas necesarias diariamente,° ¿no? *daily*
¿Puede nombrar° unas cuantas°? Aquí hay algunas necesarias para *list, name / unas... a few*
muchas personas: estudiar, hacer la tarea, trabajar, preparar la comida,
hacer las compras, limpiar la casa y cuidar a los niños.

En el caso de Bernardo Torres y su familia, la rutina diaria cambia
sólo una vez al año, cuando salen todos de vacaciones. Bernardo
trabaja en un negocio° que fabrica productos de plástico en Bogotá, *business*
Colombia. Su esposa Inés es maestra de una escuela primaria. Tienen
tres hijas: Lidia, de nueve años; Rosalía, de seis años y Natalia, de
cinco. Viven en un pequeño apartamento en la Calle Molino.

Durante la semana, Bernardo se levanta a las siete y media todos los días. Inés y las niñas se levantan un poco más tarde. La empleada doméstica° prepara el desayuno y toda la familia desayuna a eso de° las ocho. Antes de salir para su trabajo, Bernardo lee el periódico y conversa un poco con sus hijas sobre la escuela. Bernardo entra al trabajo a las nueve y a la una almuerza con algunos compañeros de la fábrica en un restaurante. Su jornada° es larga, hasta las seis y, si hay que trabajar horas extra, Bernardo no regresa a su casa hasta las ocho. Normalmente la familia cena algo ligero° a las ocho y media. Por la noche los esposos juegan con sus hijas o reciben alguna visita de sus vecinos y amigos. A veces ven su telenovela favorita en la televisión.

empleada... *maid* / a... *at about*

*work shift*

algo... *something light*

Casi todos los sábados Bernardo tiene que trabajar en la fábrica y su esposa Inés se ocupa de° las tareas domésticas. Los domingos van a un parque. Sin duda la vida de la familia Torres es rutinaria y quizá° hasta un poco aburrida, pero esta rutina cambia durante sus vacaciones de verano. La pasión de Inés y Bernardo es viajar. Cada año, por cuatro semanas más o menos, viajan con sus hijas a algún país de la América Latina. Este verano van a visitar a España por primera vez. Pero estamos todavía en febrero, y mientras tanto,° hay que levantarse a las siete y media, ir a la fábrica, trabajar...

se... *takes care of*

*perhaps*

mientras... *in the meantime*

## Comprensión

Identifique las siguientes actividades. ¿Son parte de la rutina de Inés (I), de Bernardo (B), de la empleada doméstica (ED) o de toda la familia (F)?

1. _____ Se levanta(n) a las siete y media.

2. _____ Prepara(n) el desayuno.

3. _____ Desayuna(n) a las ocho.

4. _____ Lee(n) el periódico.

5. _____ A la una almuerza(n) en un restaurante.

6. _____ Ve(n) la telenovela.

7. _____ Trabaja(n) los sábados.

8. _____ Se ocupa(n) de los quehaceres[1] domésticos.

9. _____ Va(n) a un parque.

10. _____ Viaja(n) por la América Latina.

## ¿Y usted?

1. Describa su rutina diaria. ¿Qué cosas hace usted a veces para variar su rutina?

_____

_____

---

[1] *chores*

2.  ¿Qué es lo que más le gusta hacer para descansar?

    _____

    _____

# Capítulo cinco

## ACTIVIDADES DE COMPRENSIÓN

### A. ¡REPITA, REPITA, REPITA!

**VOCABULARIO NUEVO**

| | |
|---|---|
| repetir/repita | *to repeat/repeat* |
| ¡Qué lástima! | *What a pity!* |
| la traducción | *translation* |

Carmen Miller y Susana Foster son amigas y estudian en universidades diferentes. Las dos estudian español porque quieren viajar a España el próximo verano. Hoy Susana está haciendo su tarea de español.

_____

¿Con quién asocia usted estas afirmaciones, con Susana (S) o con Carmen (C)?

1. _____ Es una chica entusiasta, y tiene muchas ganas de ir a España.

2. _____ Cree que su clase de español es aburrida.

3. _____ Le gusta escuchar a su profesora.

4. _____ Hace su tarea de matemáticas en la clase de español.

5. _____ En su clase de español la gramática y las traducciones son muy importantes.

6. _____ En su clase de español cantan y ven videos.

### B. ¿QUÉ SABES HACER?

**VOCABULARIO NUEVO**

| | |
|---|---|
| aconsejar/¿Qué me aconsejas? | *to advise/What do you advise me to do?* |
| A ver... | *Let's see . . .* |
| doméstico/a | *domestic* |
| el/la cantante | *singer* |
| el/la baterista | *drum player* |
| club nocturno | *nightclub* |
| en serio | *seriously* |
| escribir a máquina | *to type* |
| pasado/a de moda | *out of fashion* |
| todo el mundo | *everybody* |
| imprimir | *to print* |
| la inspiración | *inspiration* |
| Fue un placer. | *It was a pleasure.* |

Mónica Clark quiere ganar un poco de dinero trabajando después de las clases. Ahora está charlando con Luis Ventura en la cafetería de la universidad.

---

Forme oraciones combinando una frase de la columna A con una frase de la columna B.

Mónica no va a buscar empleo en...

A

1. _____ un restaurante

2. _____ una lavandería          porque

3. _____ un banco

4. _____ un club nocturno

5. _____ la oficina de un abogado

B

a. prefiere trabajar en casa.
b. probablemente no sabe cantar bien.
c. cree que es un trabajo muy doméstico.
d. sólo sabe cocinar para grupos pequeños.
e. necesita horas flexibles.

## C. LA TELENOVELA «LOS VECINOS»: EPISODIO «DANIEL EL MODESTO»

### VOCABULARIO NUEVO

| | |
|---|---|
| hacer/las que hago yo | *to make/the ones I make* |
| decir/¡No me digas! | *to say/You don't say!* |
| ¡Es cierto! | *It's true!* |
| ¡Eres un genio! | *You're a genius!* |
| la modestia | *modesty* |
| pensar/pensándolo bien | *to think/on second thought* |
| ordinario/a | *ordinary* |

Daniel Galván, un «don Juan», está enfrente de su apartamento, conversando con Claudia, su nueva vecina.

---

Decida a quién describen estos adjetivos, a Claudia (C), a Daniel (D) o a ninguno[1] de los dos (N).

1. _____ seguro/a[2]

2. _____ sorprendido/a[3]

3. _____ simpático/a

4. _____ preocupado/a

5. _____ interesado/a

6. _____ exagerado/a

7. _____ modesto/a

8. _____ sarcástico/a

9. _____ tímido/a

---

[1] *neither*
[2] *self-confident*
[3] *surprised*

¿Qué sabe hacer Daniel?

1. _____    4. _____

2. _____    5. _____

3. _____    6. _____

## D. POBRES ALUMNAS... POBRES CAMISAS

### VOCABULARIO NUEVO

| | |
|---|---|
| parecer/pareces un poco cansado/a | *to seem/you seem a bit tired* |
| ¡imagínate! | *imagine!* |
| los angelitos | *little angels* |
| la mecanografía | *typing* |
| conseguir | *to get* |
| mientras tanto | *meanwhile* |
| volverse/me vuelvo loco/a | *to become/I go crazy* |
| tantos/as | *so many* |
| el/la jefe/a | *boss* |
| tratar/¿Cómo te tratan? | *to treat/How do they treat you?* |
| distraerse/me distraigo | *to get distracted/I get distracted* |
| alumno/a | *pupil, student* |

Inés Torres y su vecina Beatriz están hablando un sábado en la mañana enfrente del apartamento de Inés en Bogotá.

_____

¿A quién representan estos dibujos, a Inés (I) o a Beatriz (B)?

1. _____

2. _____

3. _____

4. _____

## E. LA CARRERA DE TUS SUEÑOS

### VOCABULARIO NUEVO

| | |
|---|---|
| pasar/te pasas la vida | *to spend/you spend all your time* |
| aburrirse/me aburro | *to get bored/I get bored* |
| aunque | *even though* |
| reírse/tú te ríes | *to laugh/you laugh* |
| complacer | *to please* |
| ¡Qué pena! | *What a shame!* |
| seguir/seguir la carrera | *to pursue/to pursue the career* |
| la cartelera | *billboard* |
| el neón | *neon light* |
| el jurado | *jury* |
| el consejo | *advice* |
| soltero/a | *single (unmarried)* |
| la meta | *goal* |
| hacerse/te haces actor | *to become/you become an actor* |

Pilar Álvarez y Ricardo Sícora, el estudiante venezolano de derecho, están hablando en un café de la Gran Vía en Madrid.

———————————————

Lea todas las respuestas y luego escoja la más lógica.

1. A Ricardo le gusta Madrid...

    a. pero nunca tiene ganas de estudiar.

    b. y tiene tiempo para estar con los amigos.

    c. y nunca tiene tiempo para estudiar.

    d. pero no tiene tiempo para disfrutar de la ciudad.

2. Ricardo estudia leyes porque...

    a. le gusta mucho esa carrera.

    b. es la carrera de sus sueños.

    c. sus padres quieren tener un abogado en la familia.

    d. tiene un tío que es abogado y gana mucho dinero.

3. Pilar le dice a Ricardo que...

    a. él debe escoger la carrera que le gusta.

    b. que él debe hacer lo que sus padres quieren.

    c. los abogados ganan mucho dinero.

    d. quiere ver sus carteleras en la Gran Vía.

4. Andrés, el novio de Pilar,...

    a. no quiere casarse.

    b. estudia para dentista.

    c. gana mucho dinero.

    d. no quiere tener una carrera.

5. Pilar cree que sus padres...

    a. deben decidir lo que ella hace con su vida.

    b. no saben si quieren casarse o no.

    c. van a hacerle unos anuncios a Ricardo.

    d. están de acuerdo con[1] Andrés.

## F. UN CLIENTE CURIOSO

### VOCABULARIO NUEVO

| el regalo | *gift* |
|---|---|
| algún lugar | *some place* |

Carla Espinosa es una dependienta de una tienda de ropa en San Juan, Puerto Rico. En estos momentos está conversando con un joven cliente que tiene muchas preguntas.

_____

¿Quién está pensando esto, Carla (C) o Fernando (F) (el cliente)?

1. _____ No voy a comprar nada... no me interesan ni las blusas ni las faldas... me interesa la dependienta.

2. _____ ¡Ay, cuántas preguntas! ¿Qué quiere este cliente?

3. _____ No sé si es verdad que también quiere estudiar medicina.

4. _____ ¡Ahora sí voy a saber su nombre!

5. _____ ¡Ay, voy a tener que comprar algo!

_____

[1] de... *in agreement with*

## G. LA ESCUELA EL MODERNO

### VOCABULARIO NUEVO

| | |
|---|---|
| los/las secretarios/as | *secretaries* |
| bilingüe(s) | *bilingual* |
| los/las contadores/as | *accountants* |
| los/las operadores/as | *operators* |
| los/las programadores/as | *programmers* |
| encontrar/encuentra | *to find/you find* |
| las inscripciones | *registration* |
| asegurar/asegure | *to insure/insure* |

Y ahora en WXET, un anuncio comercial de la Escuela El Moderno, de la Ciudad de México.

---

Escoja la(s) respuesta(s) más lógica(s). ¡OJO! A veces hay más de una respuesta correcta.

1. La Escuela El Moderno tiene información importante para...

   a. los niños y los adultos.

   b. la gente moderna.

   c. los jóvenes.

   d. las escuelas.

2. La Escuela El Moderno es para las personas que...

   a. quieren un buen empleo.

   b. quieren ser profesionales.

   c. buscan una carrera interesante.

   d. quieren ser jóvenes.

3. En la Escuela El Moderno hay...

   a. cursos para secretarios bilingües.

   b. cursos para contadores.

   c. cursos para operadores y programadores de computadoras.

   d. cursos para aficionados a la escuela.

4. El lunes... la Escuela El Moderno.

   a. vamos a visitar

   b. empiezan las inscripciones en

   c. hace buen tiempo en

   d. empiezan las clases en

5. La dirección de la Escuela El Moderno...

   a. es muy buena para su futuro profesional.

   b. es la Avenida Morelos y Calle Diecisiete.

   c. es el nombre El Moderno.

   d. es el lunes en México.

## H. ¡EL PARQUE NOS ESPERA!

### VOCABULARIO NUEVO

| | |
|---|---|
| el/la bromista | *joker* |
| acompañar | *to accompany* |
| pasar por/pasen por mí | *to come or go by/come by to pick me up* |
| suponer/supongo | *to suppose/I suppose* |
| la limosina | *limousine* |
| el maquillaje | *makeup* |
| el/la atleta | *athlete* |

Son las ocho de la mañana de un sábado de primavera. Luis Ventura todavía está durmiendo cuando suena el teléfono.

_____

*¿Cierto* (C) o *falso* (F)?

1. _____ Cuando Esteban llama, Luis está durmiendo.

2. _____ Luis dice que quiere ducharse primero.

3. _____ En la casa de Luis hay solamente un baño.

4. _____ Esteban dice que no es necesario afeitarse para ir a correr.

5. _____ Luis va a estar listo en diez minutos.

6. _____ Luis dice que deben beber café en la casa de Esteban después de correr.

# Repaso del vocabulario

These are some of the words that were used in the listening passages in *Capítulo cinco*. Since they are similar to English, you will be expected to recognize them in the future. They will not be listed or defined in the chapters that follow.

el/la atleta     ordinario/a     los/las secretarios/as

Here is a list of very common new words and expressions used in the listening texts of *Capítulo cinco*. Since they will be used in subsequent chapters, you should review them carefully before going on to *Capítulo seis*.

| | | | | |
|---|---|---|---|
| A ver... | *Let's see . . .* | mientras tanto | *in the meantime* |
| acompañar | *to accompany* | ¡No me digas! | *You don't say!* |
| aconsejar | *to advise* | ¡Qué lástima! | *What a pity!* |
| conseguir | *to get* | ¡Qué pena! | *What a shame!* |
| en serio | *seriously* | el regalo | *gift* |
| ¡Es cierto! | *It's true!* | repetir | *to repeat* |
| ¡imagínate! | *imagine!* | todo el mundo | *everybody* |
| la meta | *goal* | | |

# Ejercicios de pronunciación

## I. PRONUNCIACIÓN: *p, t, c,* AND *qu*

The following consonants are pronounced very tensely: *p, t, qu* before *e* and *i,* and *c* before *a, o,* and *u.* In English these consonants are often pronounced in a more relaxed fashion and with a small explosion of air; no such explosion of air occurs in Spanish. Note also that the Spanish *t* is pronounced with the tip of the tongue touching the back of the upper teeth, while the English *t* is pronounced with the tongue further back, on the alveolar ridge.

**A.** Listen as the tape compares the following words in English and Spanish.

| ENGLISH | SPANISH | ENGLISH | SPANISH | ENGLISH | SPANISH |
|---|---|---|---|---|---|
| patio | patio | taco | taco | casino | casino |
| papa | papá | tomato | tomate | Kay | que |

**B.** Listen and then pronounce the following words tensely, avoiding any escape of extra air.

pelo, piernas, piso, pizarra, planta, pluma, puerta, pequeño, pobre, perro, padre, poco, precio, país
tema, tiza, traje, tiempo, teatro, televisión, trabajo, tocar, tomar, tenis

cabeza, castaño, corta, café, camisa, corbata, cuaderno

qué, quién, quiero, quince

**C.** Concentrate on the correct pronunciation of *p, t, c/qu* as you listen and pronounce the following sentences.

1. El pelo de Luis es muy corto.
2. La camisa de Raúl es de color café.
3. Carmen tiene un traje de tenis nuevo.
4. ¿Quién tiene una corbata nueva?
5. Nora tiene un carro pequeño.

## II. PRONUNCIACIÓN: LINKING

Words in spoken Spanish are normally not separated, but rather are linked together in phrases called breath groups.

**A.** Listen to the breath groups in the following sentence.

Voy a comer / y después / quiero estudiar / pero tal vez / si tengo tiempo / paso por tu casa.

Words within a phrase or breath group are not separated but pronounced as if they were a single word.

**B.** Notice especially the following possibilities for linking words. (C = consonant and V = vowel.)

C + V      más o menos, dos o tres, tienes el libro

V + V      él o ella, voy a ir, van a estudiar, su amigo, todo el día

**C.** Notice also that if the last sound of a word is identical to the first sound of the next word, the sounds are pronounced as one.

C + C      los sofás, el libro, hablan naturalmente

V + V      Estoy mirando a Alicia, ¡Estudie en México!, ¿Qué va a hacer?

**D.** Listen and then pronounce the following sentences. Be sure to link words together smoothly.

1. No me gusta hacer nada aquí.
2. Los niños no tienen nada en las manos.
3. El libro está aquí.
4. Linda va a hablar con Norma.
5. Mi hijo dice que son nuevos los zapatos.

# Ejercicios de ortografía

## I. THE LETTERS *c* AND *q*

The letter *c* followed by *a*, *o*, or *u*, and the letters *qu* followed by *e* and *i* are both pronounced with the sound of the letter *k*. Only foreign words in Spanish are written with the letter *k*.

Listen and write the words or phrases you hear. Be careful to use the letters *c* and *qu* correctly.

1. _____      6. _____
2. _____      7. _____
3. _____      8. _____
4. _____      9. _____
5. _____      10. _____

## II. WORD STRESS

A word that ends in a vowel and is stressed on the last syllable must carry a written accent on the last syllable. For example: *mamá*.

**A.** Listen and then write the words you hear stressed on the last syllable.

1. _____      4. _____
2. _____      5. _____
3. _____

A word that ends in the letters *n* or *s* and is stressed on the last syllable must have a written accent on the last syllable. For example: *detrás*. This includes all words ending in *-sión* and *-ción*.

**B.** Listen and write the words you hear stressed on the last syllable.

1. _____  6. _____

2. _____  7. _____

3. _____  8. _____

4. _____  9. _____

5. _____  10. _____

Words that end in an *-n* or *-s* in the singular and that are stressed on the final syllable, like *francés* or *comunicación,* do not need a written accent mark on forms with an additional syllable. This includes feminine forms, such as *francesa,* and plural forms, such as *franceses* and *comunicaciones.*

**C.** Listen and write the following pairs of words.

1. _____    _____

2. _____    _____

3. _____    _____

4. _____    _____

5. _____    _____

# ACTIVIDADES ESCRITAS

## I. LAS ACTIVIDADES EN LA CLASE DE ESPAÑOL

¡OJO! *Estudie Gramática 5.1.*

**A.** Escoja el verbo correcto para completar cada oración: *aprender, comprender, decir, empezar, enseñar, entender, escribir, escuchar, explicar, hablar, hacer, oír, preguntar, preparar, recoger, terminar.* No olvide de usar la forma apropiada de cada verbo. Usted puede usar los verbos más de una vez.

1. En la clase la profesora _____ y los estudiantes

   _____.

2. Cuando yo no _____ algo el profesor me _____.

3. Cuando mis compañeros me _____ y yo no

   _____, ellos repiten.

4. Es necesario _____ el Capítulo cinco hoy porque mañana vamos a

   _____ el Capítulo seis.

3. En la clase de español (yo) _____ a la profesora con cuidado y

   _____ casi todo lo que ella _____.

6. Todas las tardes _____ mi tarea.

7. En clase, cuando los estudiantes no _____ la gramática o el

   vocabulario, ellos le _____ a la profesora.

8. El profesor _____ la clase todas las noches.

9. El profesor _____ la tarea de los estudiantes antes de empezar las

   actividades del día.

10. La profesora _____ en la pizarra y nosotros

    _____ en nuestros cuadernos.

**B.** Termine estas mini-conversaciones con los pronombres apropiados.

MÓNICA: Oye Luis, ¿_____[1] explicas la gramática por favor?

LUIS: ¡Ay no!, Mónica. Siempre _____[2] explico y tú nunca comprendes. ¿Por qué

no _____[3] preguntas a la profesora?

MÓNICA: Tienes razón, _____[4] voy a preguntar a ella después de la clase.

ESTEBAN: Raúl, mañana Carmen y yo vamos a tener un examen difícil en la clase de español...

¿quieres ayudar_____5?

RAÚL: Sí, ¿cómo puedo ayudar_____6? ¿_____7 explico la gramática?

ESTEBAN: No, hombre. Necesitamos practicar. ¿Por qué no _____8 preguntas algo?

RAÚL: Buena idea. Yo _____9 pregunto algo en español y ustedes _____10 contestan en

inglés... así yo practico el inglés.

ESTEBAN: No, Raúl, hoy no. _____11 contestamos en español porque necesitamos practicar

mucho. Otro día _____12 ayudamos con el inglés.

ALBERTO: Profesora, ¿_____13 está escribiendo una nota a mi madre porque siempre llego tarde?

PROFESORA: No, señor Moore, _____14 estoy escribiendo una nota a usted para ayudar_____15 a

recordar la hora de la clase.

ALBERTO: Muchas gracias, profesora. También voy a decir_____16 a Esteban que debe llamar

_____17 por teléfono a las seis de la mañana. ¡No voy a llegar tarde al examen!

PROFESORA: ¿Y el resto del semestre, señor Moore?

C. Lea el párrafo de Susana Foster. Luego escriba un párrafo corto sobre lo que usted hace durante su clase de español.

Mi clase de español empieza a las nueve en punto. Unos minutos antes yo saludo a mis compañeros. Luego escucho las explicaciones de la profesora. Ella dice: «Clase, hoy vamos a leer. Señorita Foster, lea por favor». Oigo mi nombre, entonces abro mi libro y leo en voz alta. Después la profesora dice: «Contesten las preguntas». Yo saco mi cuaderno y mi lápiz y escribo las respuestas. Algunas veces termino antes y hago mi tarea de matemáticas. Finalmente, cuando es hora de salir le doy mi tarea a la profesora, les digo adiós a mis amigos y salgo.

_____

_____

_____

_____

_____

_____

_____

_____

_____

_____

## II. LAS HABILIDADES

¡OJO! *Estudie Gramática 5.2.*

**A.** Escriba oraciones sobre actividades que usted no sabe hacer pero que otras personas sí saben hacer. Piense en actividades como *patinar en el hielo, nadar, cocinar,* etc.

    MODELOS:    *Yo no sé reparar carros pero mi novio sí sabe.*
                     *Yo no sé hablar francés pero mi amiga Nicole sí sabe.*

1. _____

2. _____

3. _____

4. _____

5. _____

6. _____

**B.** Piense en cinco personas famosas y escriba una oración describiendo la actividad que saben hacer muy bien.

    MODELO:    El argentino Guillermo Vilas sabe jugar al tenis muy bien.

1. _____

2. _____

3. _____

4. _____

5. _____

**C.** ¿Puede(n) o no puede(n)? Escriba *sí* o *no* y por qué.

    MODELO:    ¿Puede usted ver la televisión y estudiar español a la vez? →
                   *Sí, porque soy muy inteligente.*

1. ¿Puede usted comer y hablar a la vez?

_____

2. ¿Puede un perro hablar inglés? ¿Y puede comprender inglés?

_____

3. ¿Puede usted escribir bien con la mano izquierda?

_____

4. ¿Pueden nadar los peces? ¿los pájaros?

_____

5. ¿Pueden los estudiantes dormir y aprender a la vez?

_____

## III. LAS CARRERAS Y LAS ACTIVIDADES DEL TRABAJO

¡OJO! *Estudie Gramática 5.3.*

A. Usted está en una fiesta y está identificando a varias personas que su amigo/a no conoce. Describa las actividades profesionales de esas personas.

MODELO: Esas señoras que están allí son *enfermeras* y trabajan en el hospital San Martín.

1. Este señor que está aquí es _____. Examina a sus pacientes en su consultorio.

2. Estas señoras que están aquí son _____ bilingües y enseñan en una escuela en Buenos Aires.

3. Este señor que está aquí enfrente es _____. Trabaja en un taller de reparaciones que está al lado del parque.

4. Esta joven que está aquí detrás corta el pelo en la Peluquería El Esplendor. Es

_____.

5. Esos señores que están allí son _____. Están construyendo un puente como el Golden Gate de San Francisco.

6. Esa señorita que está allí trabaja de _____ en el Banco Nacional de México.

7. Ese joven alto y guapo que está allí es _____. Es empleado de Iberia, la línea aérea española.

8. Aquellas señoritas que están allá cerca de la puerta cantan en el Club de Catalina. Son

_____.

9. Aquel señor que está allá es _____. Sirve las mesas en el restaurante El Patio Andaluz.

**B. Crucigrama.** Las profesiones

MODELO:   Vertical
1. La _____ contesta el teléfono y atiende al público.

HORIZONTAL

1. El señor que le atiende en un restaurante es el _____.
2. El peluquero le corta el pelo en una _____.
3. La enfermera _____ a los enfermos.
4. Los médicos y las enfermeras trabajan en un _____.
5. El mesero _____ comida en un restaurante.
6. La profesora _____ a los estudiantes.
7. El _____ trabaja en un taller y repara automóviles.

VERTICAL

2. El _____ atiende a los clientes en una tienda.
3. Los obreros industriales trabajan en una _____.
4. El piloto conduce un _____.

**C.** Escriba un párrafo sobre su trabajo o el trabajo que le gustaría tener. ¿Cuáles son sus actividades diarias? ¿Qué obligaciones tiene? ¿Le gusta su trabajo? ¿Por qué? ¿Cuáles son los aspectos positivos de su trabajo? ¿Hay algo que no le gusta? ¿Qué es?

_____

_____

_____

_____

_____

_____

_____

## IV. MI FUTURO

¡OJO! *Estudie Gramática 5.4–5.5.*

**A.** Escoja algunas actividades de esta lista o piense en otras y luego exprese sus planes para el futuro usando frases como *voy a, quiero, pienso, tengo ganas de, me gustaría, quisiera.*

*comprar un carro, pasar más tiempo con mi familia, vivir en la playa, comprar mi propia casa, buscar un buen empleo, viajar a Sudamérica, escribir una novela, leer todos los libros que no puedo leer*

MODELO:    Durante el verano quisiera viajar a Europa.

1. _____
   _____

2. _____
   _____

3. _____
   _____

4. _____
   _____

5. _____
   _____

**B.** Piense en su futuro. ¿Qué va a hacer? ¿Qué le gustaría hacer después de graduarse? ¿Tiene ganas de descansar unos meses o piensa buscar empleo inmediatamente? ¿Quisiera viajar? ¿Adónde? ¿Qué otras cosas piensa hacer?

_____

_____

_____

_____

_____

_____

_____

_____

**C.** Escriba un párrafo corto para narrar lo que hacen estas personas. Use estas palabras para expresar el orden de las actividades de cada persona: *primero, luego, entonces, después, antes, finalmente.*

MODELO: Alberto no puede despertarse. →

*Primero se levanta. Luego bebe café. Después se ducha y finalmente se despierta.*

1. Mónica va a la universidad.

_____

_____

2. Luis quiere llegar a tiempo a clase.

_____

_____

3. Esteban trabaja en un restaurante.

_____

_____

_____

**D.** Mire los dibujos y describa lo que hacen estas personas.

MODELO:  En este momento Ernesto está *despertándose*.
Después va a *levantarse*.

1. Ahora Ernesto está _____.

   Después va a _____.

2. Y ahora Ernesto está _____.

   Después va a _____.

3. Son las 8:00 A.M. Después de _____,

   Ernesto piensa _____.

4. Finalmente, Ernesto va a _____

   antes de _____.

# LECTURAS ADICIONALES

## Los amigos hispanos: Las actividades de Carlos Padilla

Carlos Padilla estudia arquitectura en la UNAM, la Universidad Nacional Autónoma de México.[1] Ahora está en el camión° que todos los días de la semana lo lleva a la Ciudad Universitaria.° Va acompañado de su novia, Silvia Bustamante, quien también estudia en la UNAM.

    Carlos se levanta diariamente a las seis, se ducha, se viste, toma un poco de café con pan dulce° y repasa° su tarea brevemente; luego va a la parada del camión, donde lo espera Silvia. En la mañana, antes de sus clases, muchas veces piensa en sus padres, que todavía viven en Ayapango, un pueblecito en las afueras de México.

    Carlos extraña° la vida tranquila de Ayapango, las tortillas calientitas amasadas° por su madre y especialmente la vista impresionante de los dos volcanes, Ixtaccíhuatl y Popocatépetl.[2] Carlos recuerda que cuando era° niño todas las mañanas saludaba° a Popo y a Ixta desde la ventana de su casita en Ayapango. ¡Qué suerte vivir tan cerca de esos dos enormes volcanes!

    Carlos llega a la Ciudad Universitaria a las ocho y media cada mañana. Le gustan mucho sus clases. La primera empieza a las nueve y la última termina a las doce. Durante la semana, en las

*bus* (Mex.)
Ciudad... *University campus*

pan... *sweet rolls | he reviews*

*misses*
*rolled*

*he was | he greeted*

_____

[1] UNAM... *National Autonomous University of Mexico*, la universidad más grande de México

[2] Los dos volcanes pueden verse desde la capital de México. El Ixtaccíhuatl ya no es activo, pero el Popocatépetl hace erupción todavía.

tardes, Carlos trabaja de chofer de taxi. Pero los fines de semana le gusta divertirse. Sale a pasear con sus amigos por la tarde y por la noche va a bailar o va al cine con Silvia.

## Comprensión

¿Qué hace Carlos Padilla...

1. _____ a las seis de la mañana?
2. _____ a las ocho y media de la mañana?
3. _____ a las nueve de la mañana?
4. _____ a las doce?
5. _____ en las tardes, durante la semana?
6. _____ los fines de semana?

a. Sale de su última clase.
b. Va a bailar o va al cine.
c. Trabaja de chofer.
d. Va a su primera clase.
e. Llega a la Ciudad Universitaria.
f. Se levanta.

## ¿Y usted?

¿Es semejante o diferente la vida de usted, un estudiante norteamericano, de la vida de Carlos, un estudiante mexicano?

# Los amigos hispanos: Silvia Bustamante

cuando... *when we get married*

Me llamo Silvia Bustamante Morelos. Soy de Morelia pero ahora vivo en la Ciudad de México con mis tíos. Éste es mi segundo año de estudios en la UNAM. Quiero ser doctora. Mi novio Carlos Padilla también estudia allí. Carlos es estudiante de arquitectura. Dice que un día, cuando nos casemos,° va a construir una casa en las Lomas de Chapultepec.[1] De lunes a jueves Carlos y yo vamos juntos en camión a la universidad. En el camión nos gusta conversar y observar a la gente, pero muchas veces tenemos que repasar nuestros apuntes para las clases y terminar las tareas.

Me gusta vivir en el D. F.[2] con mis tíos, aunque la verdad es que son muy estrictos. ¡Más estrictos aún que mis padres! Dicen que solamente tengo diecinueve años y que la capital es un lugar

---

[1] un vecindario (*neighborhood*) muy elegante en la Ciudad de México

[2] Distrito Federal, la capital del país; comparable con Washington, D.C. (Distrito de Columbia)

peligroso° para una mujer joven. Al principio no me dejaban° salir
sola con Carlos, pero después él se ganó° la confianza° de toda la
familia. Ahora mis tíos están convencidos de que Carlos es todo un
caballero.°

*dangerous* / no... *they didn't let me*
*earned* / *trust*

*gentleman*

## Comprensión

1. ¿Dónde y con quién vive Silvia?

   _____

2. ¿Qué hacen Silvia y Carlos en el camión?

   _____

3. ¿Cómo describe Silvia a sus tíos? ¿Por qué se preocupan por ella?

   _____

## ¿Y usted?

1. ¿Tiene usted padres estrictos?

   _____

2. ¿Es peligrosa la zona donde usted vive? ¿Puede salir solo/a de noche?

   _____

# Capítulo seis

## ACTIVIDADES DE COMPRENSIÓN

### A. LA TELENOVELA «LOS VECINOS»: EPISODIO «¡QUÉ MAL GUSTO!»[1]

**VOCABULARIO NUEVO**

| | |
|---|---|
| estrecho/a | *tight* |
| transparente | *transparent* |
| los cojines | *cushions* |
| ¡Dios mío! | *Good heavens!* |
| el estilo | *style* |
| de segunda mano | *used* (*second-hand*) |
| fíjese | *look, notice* |
| el televisor | *television set* |
| la pantalla | *screen* |
| enorme | *enormous* |
| seguramente | *most likely* |

Hoy la familia Durán se muda[2] a un barrio nuevo. Dos vecinas, doña Rosita y doña Lola, están mirando por la ventana de la casa de doña Lola.

Escoja la mejor respuesta.

1. ...lleva unos pantalones rojos y una blusa transparente.

   a. Doña Rosita

   b. El señor Durán

   c. La señora Durán

   d. Doña Lola

2. ...tiene las piernas flacas y lleva unos pantalones cortos.

   a. Doña Rosita

   b. El señor Durán

   c. La señora Durán

   d. Doña Lola

3. Para... los Durán tienen muebles de color morado y amarillo.

   a. la sala

   b. la cocina

   c. el dormitorio

   d. el comedor

4. Para... los Durán tienen muebles muy bonitos de estilo francés.

   a. el baño

   b. la cocina

   c. el dormitorio

   d. el comedor

---

[1]¡Qué... *What bad taste!*
[2]se... *is moving*

5. Las dos amigas creen que los Durán... porque su televisor tiene una pantalla muy grande.

    a. no saben que son las dos      c. ven la televisión mucho

    b. no tienen refrigerador      d. tienen muebles de segunda mano

## B. ANUNCIOS COMERCIALES EN WXET

**VOCABULARIO NUEVO**

**Limpieza a domicilio Espinosa**

| | |
|---|---|
| la limpieza | *cleaning (noun)* |
| el domicilio | *residence* |
| el precio | *price* |
| el equipo | *equipment* |
| el tiempo libre | *free time* |
| el hogar | *home* |
| hoy mismo | *today* |

¡Disfrute de su Tiempo Libre!

Ahora WXET les presenta un mensaje comercial de sus amigos en Limpieza a domicilio Espinosa.

_____

**Busque la información.**

Limpieza a domicilio Espinosa

1. Limpian con el equipo más _____.

2. Limpian toda la casa por $_____.

3. El número de teléfono es _____.

**VOCABULARIO NUEVO**

**Tienda de Muebles La Habanera**

| | |
|---|---|
| ofrecer/ofrece | *to offer/offers* |
| los juegos | *sets (furniture)* |
| incluir/incluyen | *to include/they include* |
| perder/no pierda | *to lose, miss/don't miss* |
| recordar/recuerde | *to remember/remember* |

LA HABANERA

Y ahora un mensaje comercial de la Tienda de Muebles La Habanera.

_____

**Busque la información.**

Tienda de Muebles La Habanera

4. La Tienda de Muebles La Habanera está en la ciudad de _____.

5. Hay juegos de muebles para su dormitorio desde $_____.

6. La tienda está en la Calle _____, número _____.

7. Abren desde las _____ hasta las _____.

## C. LA TELENOVELA «LOS VECINOS»: EPISODIO «POBRE ERNESTITO»

### VOCABULARIO NUEVO

| | |
|---|---|
| el tiempo | *time* |
| el desorden | *mess* |
| el poder mágico | *magic power* |
| mover | *to move* |
| ¡Caray! | *Gee! (Mex.)* |
| pobre | *poor* |
| entre los dos | *between the two of us* |

Es un sábado por la mañana. Ernestito está limpiando su cuarto cuando recibe una visita de su amigo extraterrestre, Eeer.

Ponga las frases en orden lógico.

_____ Ernestito pregunta si Eeer puede limpiar el cuarto con su poder mágico.

_____ Ernestito dice: «Hoy no tengo galletitas, solamente trabajo».

_____ Eeer le dice adiós a Ernestito.

_____ Eeer dice que no tiene poder mágico para limpiar.

_____ Eeer llega a visitar a Ernestito.

## D. ANUNCIO COMERCIAL DE CONDOMINIOS EL PARAÍSO[1]

### VOCABULARIO NUEVO

| | |
|---|---|
| pagar | *to pay* |
| el/la dueño/a | *owner* |
| la residencia | *residence* |
| la oportunidad | *opportunity* |
| cómodo/a | *comfortable* |
| el balcón | *balcony* |
| privado/a | *private* |

Y ahora WXET le presenta un mensaje de Condominios El Paraíso.

_____

Complete los espacios en blanco.

¿Está cansado de pagar el _____[1] cada mes? ¿No le gustaría ser dueño

de su residencia? Condominios El Paraíso le ofrece la oportunidad que usted busca. Nuestros

_____[2] son grandes y cómodos, con tres _____,[3] dos

_____

[1] El... *paradise*

baños y una gran _____4 con balcón privado. Tienen una

_____5 moderna y comedor separado. Venga a vernos. Estamos en la Avenida

Mirador del Sur, número _____,6 aquí en Miami. Recuerde, Condominios El

Paraíso le ofrece la oportunidad de disfrutar de su propio hogar.

## E. A LA ABUELA LE GUSTA EL FÚTBOL

### VOCABULARIO NUEVO

| | |
|---|---|
| dar/darme las gracias | *to give/to thank me* |
| ¡qué va! | *no way* |
| el campeonato | *championship* |
| sorprender/usted me sorprende | *to surprise/you surprise me* |
| poder/¿podría? | *to be able to/could I?* |
| emocionante | *exciting* |
| mete goles | *scores goals* |

Raúl Saucedo está visitando a su abuela en Arenal, un pueblo cerca de Guadalajara.

_____

¿Quién(es) diría(n) esto, la abuela (A) o Raúl (R)?

1. _____ ¡Ahhh, ni en el restaurante más elegante de San Antonio puedo comer tan bien!

2. _____ Mi abuela debe estar cansada y después de hacer esta cena tan deliciosa yo voy a lavar los platos.

3. _____ Probablemente va a ver una telenovela con uno de esos actores guapos pero no muy buenos.

4. _____ ¡Qué sorpresa tan agradable, le gusta el mismo equipo que a mí!

5. _____ ¿No quieres ver el partido conmigo?

## F. EL VERANO CON LA ABUELA

### VOCABULARIO NUEVO

| | |
|---|---|
| divertirse/me divertí mucho | *to have fun/I had a lot of fun* |
| ir/fuimos | *to go/we went* |
| el/la aficionado/a | *fan* |
| increíble | *unbelievable, incredible* |
| incluso | *even* |

Raúl Saucedo está en la cafetería de la Universidad de Texas en San Antonio. Conversa con su amigo Luis Ventura de sus actividades del verano.

_____

Diga si es *cierto* (C) o *falso* (F) lo que expresan los dibujos.

1. _____
2. _____
3. _____
4. _____
5. _____
6. _____

## G. LAS APARIENCIAS ENGAÑAN[1]

### VOCABULARIO NUEVO

| | |
|---|---|
| despacio | *slowly* |
| perfectamente | *perfectly* |
| ¿De veras? | *Really?* |
| el/la guía de turistas | *tour guide* |
| saber/no sabías | *to know/you didn't know* |
| chau | *bye* |
| olvidar/no olvides | *to forget/don't forget* |

Raúl Saucedo está almorzando en la cafetería de la universidad. Esteban llega a su mesa con una amiga rubia que Raúl no conoce.

_____

Complete los espacios en blanco.

1. Raúl habla despacio porque no sabe que Cynthia _____

2. Cynthia aprendió español _____

3. Cynthia estudia en _____ pero en el verano va a _____

4. Raúl invita a Cynthia y a Esteban a _____

5. Esteban quiere llevar a Cynthia a conocer _____

_____

[1] Las... *Appearances are deceiving.*

# H. OTRO «DON JUAN»[1]

## VOCABULARIO NUEVO

| | |
|---|---|
| el bailarín/la bailarina | *dancer* |
| a tus órdenes | *at your service* |
| la competencia | *competition* |
| enamorarse de/me enamoré de | *to fall in love with/I fell in love with* |
| contar | *to tell* |
| hacer/hiciste | *to do/you did* |
| con permiso | *excuse me* |

### Lugares mencionados

| | |
|---|---|
| Barcelona | *ciudad en el nordeste de España* |
| El barrio gótico | *zona en Barcelona donde hay muchos edificios de estilo gótico* |
| El Parque Güell | *parque en Barcelona con muchas obras del famoso arquitecto Gaudí* |
| La iglesia de la Sagrada Familia | *famosa iglesia de Gaudí* |
| Sagunto | *ciudad al sur de Barcelona que tiene ruinas romanas* |
| Valencia | *ciudad en la costa este de España* |

Alfredo Gil es un joven uruguayo que estudia arquitectura en la Universidad Autónoma de México. Carlos Padilla, que támbien estudia arquitectura, conoció a Alfredo en la librería de la universidad y lo invitó a una fiesta en su casa.

---

¿A quiénes corresponden estas descripciones?

| | | |
|---|---|---|
| 1. _____ | Estudia arquitectura. | a. Jorge Ávalos |
| | | b. Alfredo Gil |
| 2. _____ | Invitó a Alfredo a la fiesta. | c. Miguel Hernández |
| | | d. Carlos Padilla |
| 3. _____ | Baila muy bien. | e. Maribel Sosa |
| 4. _____ | Es un don Juan. | |
| 5. _____ | Es de España. | |
| 6. _____ | Canta y toca la guitarra. | |
| 7. _____ | Visitó a Barcelona el año pasado. | |
| 8. _____ | Tomó muchas fotos. | |
| 9. _____ | Le presentó sus amigos a Alfredo. | |

---

[1] «don... *"Casanova," ladies' man*

# Repaso del vocabulario

These are some of the words that were used in the listening passages in *Capítulo seis*. Since they are similar to English, you will be expected to recognize them in the future. They will not be listed or defined in the chapters that follow.

| | | | |
|---|---|---|---|
| el balcón | increíble | perfectamente | la residencia |
| enorme | la oportunidad | privado/a | transparente |

Here is a list of very common new words and expressions used in the listening texts of *Capítulo seis*. Since they will be used in subsequent chapters, you should review them carefully before going on to *Capítulo siete*.

| | | | |
|---|---|---|---|
| a tus órdenes | *at your service* | estrecho/a | *tight* |
| cómodo/a | *comfortable* | incluso | *even* |
| con permiso | *excuse me* | mover | *to move* |
| despacio | *slowly* | olvidar | *to forget* |
| ¿De veras? | *Really?* | pagar | *to pay* |
| el/la dueño/a | *owner* | pobre | *poor* |
| emocionante | *exciting* | el precio | *price* |
| enamorarse de | *to fall in love with* | sorprender | *to surprise* |
| el equipo | *team; equipment* | el tiempo | *time* |

# Ejercicios de pronunciación

## I. PRONUNCIACIÓN: *g* AND *gu*

The letter *g* is usually pronounced soft in Spanish, that is, the back of the tongue is near the roof of the mouth, but never completely closes it off, as it does in the pronunciation of English *g*. Remember that the *u* in the combinations *gui* and *gue* is never pronounced.

**A.** Listen and repeat the following words, concentrating on a soft pronunciation of the letter *g*.

diga, estómago, abrigo, traigo, amiga, portugués, elegante, lugar, jugar, pregunta, llegar, hamburguesa, regular

When the letter *g* is preceded by the letter *n,* it may be pronounced hard as in the English letter *g* in the word go.

**B.** Listen and repeat the following words with *ng,* concentrating on a hard pronunciation of the letter *g*.

tengo, pongo, vengo, domingo

**C.** Listen and then repeat the following sentences, concentrating on the correct pronunciation of the letter *g*.

1. Tengo un estómago muy delicado.
2. El domingo vamos a un lugar muy elegante para comer.
3. Yo me pongo el abrigo cuando hace frío.
4. Mañana traigo mi libro de portugués.
5. A Gustavo le gusta jugar al tenis.
6. Si vas a tocar la guitarra el domingo, no vengo.

## II. PRONUNCIACIÓN: *s*

The letter *s* between vowels is always pronounced with the hissing sound of *s*, never with the buzzing sound of *z*.

Listen and pronounce the following words. Be sure to avoid the *z* sound.

José, Su̲sana, va̲so, I̲sabel, Ro̲sa, Lui̲sa

# Ejercicios de ortografía

## I. THE COMBINATIONS *gue* AND *gui*

Remember that the letter *g* is pronounced like *j* before the letters *e* and *i*, as in *gente, página*. In order for the letter *g* to retain a hard pronunciation before these vowels, the letter *u* is inserted, as in *portuguesa* and *guitarra*.

Listen and write the following words with *gue* and *gui*.

1. _____     3. _____

2. _____     4. _____

# ACTIVIDADES ESCRITAS

¡OJO! *Estudie Gramática 6.1 y 6.2.*

## I. LA CASA, LOS CUARTOS Y LOS MUEBLES

**A.** Haga comparaciones.

MODELO:

Alberto    Esteban    Luis

(más alto que/el más alto de) →
*Alberto es más alto que Esteban.*
*Esteban es más alto que Luis.*
*Alberto es el más alto de los tres.*

1.

el sofá    el sillón    la mesita

(más grande o más pequeño/a que / el/la más grande o más pequeño/a de)

_____

_____

_____

2.

el abuelo    el hombre    el joven

(mayor o menor que / el mayor o menor de)

_____

_____

_____

3.

el carro   la casa   la bicicleta

(más caro/a o más barato/a que / el/la más caro/a o más barato/a de)

_____

_____

_____

4.

Amanda        Graciela    Ernestito
$1,000        $1,000        $50

(tanto dinero como / no tanto dinero como)

_____

_____

_____

5.

la casa de    la casa de    la casa de
los Ruiz      los Ramírez   los Rivero

(tantas ventanas como / no tantas ventanas como)

_____

_____

_____

6.

el edificio Torres   el edificio Echeverría   el edificio Gonzaga

(tan moderno como / no tan moderno como)

_____

_____

_____

**B.** Haga comparaciones usando *más/menos... que*, *(no) tan... como*, *(no) tanto(s)/tanta(s)... como*

MODELO:   mi jardín / el jardín de mi madre / flores →
*Mi jardín no tiene tantas flores como el jardín de mi madre.*

1. mi casa / la casa de mis padres / muebles

_____

_____

2. mi casa / la casa de Michael Jackson / cuartos

_____

_____

3. los muebles de mi dormitorio / los muebles del dormitorio de mi mejor amiga / caros

_____

_____

4. nuestro refrigerador / el refrigerador de nuestro restaurante favorito / grande

_____

_____

5. nuestra sala / la sala de la Casa Blanca (Washington, D.C.) / elegante

_____

_____

**C.** Describa el cuarto donde usted duerme. ¿Cómo es el cuarto? ¿Qué muebles hay? ¿Qué le gusta hacer en su cuarto?

_____

_____

_____

_____

_____

_____

## II. LA CASA Y EL VECINDARIO

**A.** ¿Qué hacemos en estos lugares?

     MODELO:    En una discoteca *bailamos*.

1. En una piscina _____.

2. En un café _____.

3. En un balcón _____.

4. En una farmacia _____.

5. En una lavandería _____.

6. En una gasolinera _____.

7. En un centro comercial _____.

8. En un parque _____.

**B.** Describa un día típico en su casa y en su vecindario con su familia. ¿Qué hace usted con sus padres? ¿con sus hermanos? ¿con sus hijos? ¿Qué hacen juntos los fines de semana?

_____

_____

_____

_____

_____

_____

**C. Crucigrama.** La casa

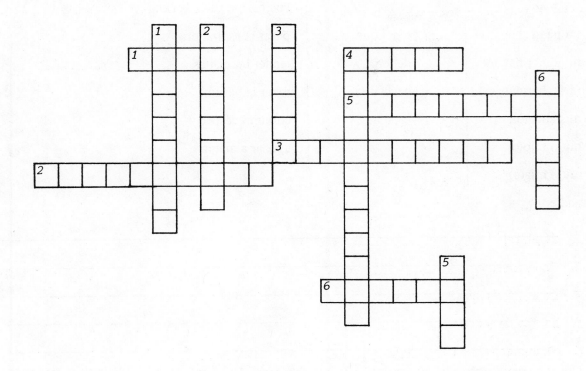

HORIZONTAL

1. Después de levantarnos, tendemos la _____.
2. El cuarto donde dormimos es el _____.
3. Cuando necesitamos limpiar la alfombra, pasamos la _____.
4. Si las plantas o el césped necesitan agua debemos _____los.
5. Está en la cocina. Es para lavar las legumbres, los platos, etcétera. Es el _____.
6. Preparamos la comida en la _____.

VERTICAL

1. Ponemos los platos, las tazas y la comida en los _____.
2. Preparamos café en una _____.
3. Usamos la _____ para cocinar la comida.
4. Ponemos la carne y la comida que necesita estar fría en el _____.
5. Nos bañamos, nos peinamos y nos lavamos los dientes en el _____.
6. Ponemos la ropa (pantalones, pantalones cortos, camisas) en una _____ en el dormitorio.

## III. LAS ACTIVIDADES EN CASA

¡OJO! *Estudie Gramática 6.3.*

**A.** Escriba cinco oraciones diciendo quién en su familia tiene la obligación o el deber de hacer estos quehaceres domésticos.

MODELO:    mi hijo / tener que / lavar el carro → *Mi hijo tiene que lavar el carro.*

| yo | | limpiar la casa |
| mi madre | | cocinar/preparar la cena |
| mi padre | tener que | pasar la aspiradora |
| mi(s) hermano(s) | deber | tender las camas |
| mi(s) hermana(s) | necesitar | sacar la basura |
| mis abuelos | | cortar el césped |
| mi(s) hijo(s) | | ayudar a mamá |
| mi(s) hija(s) | | |
| nadie | | |

1. _____

2. _____

3. _____

4. _____

5. _____

**B.** Diga con qué frecuencia hay que hacer estos quehaceres. Use *hay que* y *es necesario* para indicar obligación; use estas expresiones para indicar la frecuencia: *todos los días, cada noche, cada semana, todos los fines de semana, diariamente, a veces, nunca, muchas veces, a menudo, frecuentemente.* Quehaceres: *barrer el patio, regar las plantas, sacudir los muebles, hacer las compras, bañar el perro*

     MODELO:    lavar el carro → *Hay que lavar el carro cada semana.*

_____

_____

_____

_____

_____

_____

_____

_____

## IV. EL VECINDARIO Y LOS AMIGOS

¡OJO! *Estudie Gramática 6.4.*

**A. Los recuerdos.** Diga si hizo estas actividades o no en su último cumpleaños.

> MODELO: ¿Bailó? → *Sí, bailé mucho en una fiesta en mi casa.*

1. ¿Se levantó temprano? _____

2. ¿Asistió a clases o se quedó en casa? _____

3. ¿Estudió para su clase de español? _____

4. ¿Visitó a amigos o a parientes? _____

5. ¿Limpió su casa? _____

6. ¿Recibió regalos? _____

7. ¿Cenó en su restaurante favorito? _____

8. ¿Comió algo especial? _____

**B. Las actividades de los sábados.** Describa lo que usted hizo el sábado pasado. Trate de usar por lo menos seis de estos verbos y escriba otra información pertinente.

*levantarse, bañarse, lavarse el pelo, desayunar, estudiar, leer, escuchar música, pasar la aspiradora, sacudir los muebles, escribir cartas, hablar por teléfono, correr, ver televisión, preparar la cena*

_____

_____

_____

_____

_____

_____

_____

_____

_____

## V. LAS PRESENTACIONES

¡OJO! *Estudie Gramática 6.5–6.6.*

**A.** Complete el diálogo presentándole un amigo a una amiga.

YO: Elena, _____ a mi amigo Marcos.

MARCOS: _____, Elena.

ELENA: _____.

**B.** Escriba un pequeño diálogo presentándole un/a nuevo/a amigo/a a su abuelo/a.

_____

_____

_____

_____

_____

# LECTURAS ADICIONALES

## Nota cultural: Las posadas

Un día después de los exámenes finales Raúl Saucedo invita a su amigo Esteban Brown a pasar las vacaciones de Navidad en Arenal, con su familia. Raúl le explica que podrían° ver las posadas.  *they could*

—¿Las posadas? —pregunta Esteban.

—Sí, es una fiesta religiosa muy popular en México.

—¿Cómo es esa fiesta?

—Mira, la tradición empezó con José y María, cuando los dos buscaban alojamiento,° porque el niño Jesús pronto iba a nacer.° Cada noche, empezando el dieciséis de diciembre, los niños llevan velas y cantan una letanía° mientras van tocando de puerta en puerta pidiendo hospedaje.°  *buscaban... looked for lodging / iba... was going to be born / litany / lodging*

—¿De puerta en puerta?

—Sí, van de casa en casa por la vecindad, como lo hicieron los padres de Jesucristo. Cada noche entran en una casa seleccionada con anterioridad;° allí se les ofrece refrescos, tamales, buñuelos,° dulces, y a veces rompen una piñata...  *seleccionada... previously selected / fritters*

—Mmmm... me está gustando° la idea...  *me... I'm beginning to like*

—Esteban, tienes que venir conmigo. No vamos a gastar mucho dinero y ¡cómo nos vamos a divertir! Podemos quedarnos en casa de mi abuela. ¿Te acuerdas de ella?

—¡Claro! Me has contado° mucho de ella.  *Me... You've told me*

—No hay persona más alegre en las fiestas. Me gusta mucho pasar las Navidades con ella. Siempre cantamos villancicos° y ella  *Christmas carols* prepara turrón,° rompope,[1] buñuelos, todas esas cosas ricas que se hacen para la Navidad. Mi abuela es una mujer muy moderna...  *nougat candy*

—¡Ya lo sé!

—Sí, pero en los días de Navidad ella es la más tradicional de las abuelas mexicanas... En fin, ¿qué dices, Esteban? ¿Aceptas la invitación?

—¡Claro que la acepto!

### Comprensión

Describa la tradición de las posadas usando estas palabras: *velas, cantar, tocar, hospedaje, tamales, piñata*.

_____

_____

_____

_____

### ¿Y usted?

1. ¿Pasa usted la Navidad con sus parientes?

_____

2. ¿Qué cosas tradicionales hacen en su casa para la Navidad?

_____

# La telenovela «Los vecinos»: Los «grandes» problemas de Ernestito

Ernestito está cansado de obedecer° a sus padres. «Siempre me están dando órdenes», protesta el niño. Por eso, a veces, prefiere escaparse a un mundo imaginario y hablar con su amigo extraterrestre, Eeer. Le gusta imaginarse volando° con el extraterrestre a Eeerlandia y a otros planetas en una enorme nave espacial,° sin tener que escuchar las órdenes de su mamá.  *to obey*  *flying*  *nave... spaceship*

—¡Ernestito! ¿Dónde estás, Ernestito? ¡Levántate ahora mismo! ¡Vas a llegar tarde a la escuela! ¡Ándale!° Tienes que recoger tus juguetes. No dejes° tu ropa en el piso. ¡Ernestito! ¿Dónde estás, Ernestito?  *Hurry up!* (Mex.)  *No... Don't leave*

Por suerte, su amigo Eeer escucha todas las quejas° del niño y le ofrece consejos.° Esta noche los dos están conversando sobre los «grandes problemas» de Ernestito.  *complaints*  *advice*

_____

[1] bebida típica de México, hecha con huevos y ron; comparable al *eggnog*

—Eeer, mi madre no me comprende. Tengo solamente ocho años, pero ya° quiero hacer mis propios planes, vivir mi propia vida. ¿En tu planeta los niños tienen que obedecer a sus padres, como aquí en la Tierra?

—Claro, así es en todos los planetas.

—¡No es justo, pues! —protesta Ernestito—. Yo también tengo problemas, como los adultos, y quiero que me traten de igual a igual.°

—¿Y qué problemas tienes? —pregunta Eeer, masticando° galletitas, su comida favorita.

—Pues... —Ernestito se concentra— no comprendo las matemáticas y no me gusta hacer tarea. Luego la maestra se disgusta° conmigo porque no estudio. Y porque a veces sueño despierto.° Y yo me pregunto, Eeer, ¿qué tiene de malo soñar°?

—No tiene nada de malo soñar, pero...

—¡Caramba! Ernestito esto, Ernestito aquello. Ernestito, saca la basura, limpia tu recámara, alimenta° a Sultán y a Manchitas. Ernestito, ¿dónde estás? A veces me gustaría ser invisible como tú, Eeer.

—¡Ernestito! —es la voz de Estela.

—¿Ves? ¡Ya me llama mi madre!— Ernestito abre la puerta de su cuarto y entra Estela.

—Ernestito, ¿ya hiciste tu tarea? Mira este cuarto cómo está sucio. °Es tarde, Ernestito. Prepárate para la cama. Mañana, después de las clases, vas a ir de compras conmigo. Tenemos que comprar un regalo de cumpleaños para mi amiga Margarita. Por la tarde, si quieres, puedes ver una hora de televisión. ¡Pero nada más! Y ahora a la cama, chamaquito.°

Ernestito se acuesta. Su madre lo arropa,° le da un beso y sale. Ernestito le guiña° un ojo a Eeer, su amigo invisible, y le dice:

—¡Caramba!° A veces me gustaría tener otro nombre o hacerme el sordo.° Un día les voy a decir a mis padres ¡basta!° y voy a iniciar el Movimiento de la liberación de los niños oprimidos.°

Antes de quedarse dormido,° Ernestito escucha las palabras irónicas de Eeer.

—¡Ah! ¡Qué grandes problemas tienes, Ernestito!

*already*

*de... as an equal*

*chewing*

*se... is displeased*
*sueño... I daydream*
*to dream*

*feed*

*dirty*

*little boy* (Mex.)
*lo... tucks him in*
*winks*
*Darn!*
*hacerme... pretend to be deaf / enough!*
*oppressed*
*quedarse... to fall asleep*

## Comprensión

¿Quién dice lo siguiente, Ernestito (ER), Estela (ES) o Eeer (EE)?

1. _____ En todos los planetas los niños obedecen a sus padres.

2. _____ Yo también tengo problemas.

3. _____ No me gusta hacer tarea.

4. _____ Tenemos que ir de compras.

5. _____ ¡Ahora a la cama!

## ¿Y usted?

1. En su opinión, ¿son «grandes» los problemas de Ernestito?

   _____

2. ¿Tuvo problemas similares de niño/a?

   _____

# Capítulo siete

## ACTIVIDADES DE COMPRENSIÓN

### A. CON LA ABUELA TODO ES POSIBLE

**VOCABULARIO NUEVO**

| | |
|---|---|
| terminar/terminó | *to end/it ended* |
| el/la invitado/a | *guest* |
| larga distancia | *long distance* |

Raúl Saucedo está en la Ciudad de México para pasar las vacaciones de Semana Santa con su familia. Decide llamar a su abuela en Arenal para saludarla.

_____

Conteste las preguntas según el diálogo.

1. ¿Qué hizo la abuela de Raúl anoche?

_____

2. ¿A qué hora salió la abuela de su casa?

_____

3. ¿A qué hora terminó la fiesta en casa de don Enrique?

_____

4. ¿Qué hizo la abuela después de la fiesta?

_____

5. ¿Por qué está cansada la abuela?

_____

### B. LA TELENOVELA «LOS VECINOS»: EPISODIO «¡QUÉ FIN DE SEMANA!»

**VOCABULARIO NUEVO**

| | |
|---|---|
| la tragedia | *tragedy* |
| sin permiso | *without permission* |
| el golpe | *the blow* |
| chocar/choqué | *to crash/crashed* |
| ponerse/se puso furioso | *to become/became furious* |
| el daño | *damage* |
| ¡Qué susto! | *What a scare!, How frightening!* |

| la gota | *drop* |
| el/la desconsiderado/a | *inconsiderate, thoughtless person* |
| arruinar/arruinó | *to ruin/ruined* |
| ¡Pobre de ti! | *You poor thing!* |
| celoso/a | *jealous* |
| dejar/te dejó plantado/a | *to stand someone up/stood you up* |

En el episodio de hoy, escuchamos a Amanda hablando por teléfono con su amiga Graciela. Es un domingo en la noche.

---

Escoja la(s) mejor(es) respuesta(s). ¡OJO! A veces hay más de una respuesta correcta.

1. El padre de Amanda está furioso porque...

   a. Amanda manejó el carro sin permiso.

   b. el daño al carro fue muy serio.

   c. Amanda chocó contra la pared con el carro de su papá.

   d. cuando se duchó no encontró ni una gota de champú.

2. Otros problemas de Amanda son...

   a. no pudo lavarse el pelo.

   b. el gato arruinó su mejor vestido.

   c. su novio la dejó plantada.

   d. Graciela no usó su imaginación.

3. Roberto...

   a. le escribió una carta a Amanda.

   b. a veces llama a Amanda.

   c. también está enojado con Amanda.

   d. encontró la carta.

4. Probablemente Ramón...

    a. es gordo.

    b. está celoso.

    c. es tímido.

    d. está enfermo.

## C. ENTREVISTA CON LILIA SANTOS

### VOCABULARIO NUEVO

| | |
|---|---|
| filmar/filmamos | *to film/we filmed* |
| animarse/nos animamos | *to feel enthused/we felt enthused* |
| caer/se le cayó | *to fall/it fell out of his hands* |
| las papas | *potatoes* |
| la salsa de tomate | *tomato sauce* |
| el accidente | *accident* |
| cómico/a | *funny* |
| la escena | *scene* |
| complacer/¿nos complacerá? | *to delight/will you delight us?* |

Aquí en SIB, su amigo Julio Delgado con una entrevista muy especial con Lilia Santos, la famosa cantante venezolana que está visitando nuestros estudios del programa «Domingo Latino».

_____

Complete las frases con la información correcta.

1. Lilia Santos filmó un programa de variedades en varias ciudades de _____.

2. En Bogotá Lilia _____ una canción muy popular en _____

    _____.

3. En México filmaron a Lilia en un restaurante. El mesero estaba muy _____

    y se le cayó _____ _____.

4. Lilia y los técnicos decidieron _____ _____ _____

    en el programa.

## D. UNA CUESTIÓN DE BUEN GUSTO[1]

### VOCABULARIO NUEVO

| | |
|---|---|
| el terror | *terror* |
| la heladería | *ice cream parlor* |
| encontrarse/nos encontramos | *to meet/we met* |
| te ves preocupado | *you look worried* |
| pasar/¿Te pasa algo? | *to happen/Is something wrong?* |

_____

[1] buen... *good taste*

Silvia Bustamante está a la puerta de la librería de la UNAM, esperando a su novio, Carlos Padilla. Conversa con Alfredo Gil, un amigo uruguayo que tiene fama de «don Juan».

_____

¿Con quién asocia usted esta información, con Alfredo (A), con Silvia (S) o con Maribel (M)?

1. _____ No estuvo en casa ayer.

2. _____ Estudió casi todo el día.

3. _____ Fue al cine.

4. _____ No le gustó la película.

5. _____ Se durmió en el cine.

6. _____ Estuvo en la heladería.

7. _____ Tiene muy buen gusto, según Silvia.

8. _____ Se preocupó cuando oyó que Maribel es «amiga» de Jorge.

## E. VIVITA Y COLEANDO[1]

### VOCABULARIO NUEVO

| | |
|---|---|
| tibio/a | *warm* |
| salvar/salvó | *to save/saved* |
| ahogarse/ahogándome | *to drown/drowning* |
| la tontería | *foolishness* |
| la ola | *wave* |
| volcar/me volcó | *to overturn/it overturned me* |
| perder/perdí conciencia | *to lose/I lost consciousness* |
| tragar/tragaste | *to swallow/you swallowed* |

**Lugar mencionado**

Condado    *playa muy popular en una zona turística de San Juan, Puerto Rico*

Es domingo y son las diez de la mañana en Puerto Rico. Carla Espinosa está hablando con su amigo Rogelio.

_____

¿*Cierto* (C) o *falso* (F)? Si es falsa, escriba una oración correcta.

1. _____ Ayer Rogelio no habló con Carla porque él pasó todo el día en la playa.

_____

2. _____ En la playa hizo muy mal tiempo y el agua estaba fría.

_____

_____

[1] Vivita... *Alive and kicking*

3. _____ Carla no entró en el agua porque no sabe nadar.

_____

4. _____ Un amigo de Jorge sacó a Carla del agua porque ella estaba enferma.

_____

## F. ESTELA NECESITA UN MÉDICO

**VOCABULARIO NUEVO**

| | |
|---|---|
| el desorden | *mess* |
| tampoco | *neither* |
| ensuciar/ensuciaron | *to get dirty/got dirty* |
| el castigo | *punishment* |
| merecer/merece | *to deserve/deserve* |
| las patas | *paws* |
| lleno/a | *full* |
| el lodo | *mud* |
| tumbar/tumbaron | *to knock down/knocked down* |

Hace tres días Estela Ramírez tuvo que ir a Guadalajara, a ver a su madre enferma. Anoche Estela regresó a casa muy tarde y se acostó inmediatamente. Hoy, temprano en la mañana del domingo, Estela está en la cocina, con su familia.

_____

¿Cuál es la escena verdadera?

1. _____ El sábado en la noche.

2. _____ El viernes en la mañana.

3. _____ El viernes en la tarde.

4. _____ También el viernes en la tarde.

5. _____ Domingo en la mañana.

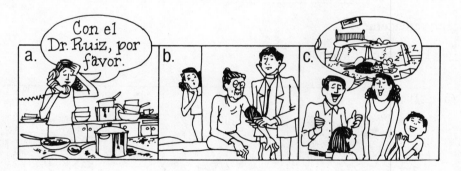

# G. ASALTO[1] AL BANCO LATINOAMERICANO

## VOCABULARIO NUEVO

| | |
|---|---|
| acercarse/se acercó | to approach/approached |
| pedir/pidiendo | to ask for/asking for |
| a mano | on hand |
| el/la gerente | manager |
| disparar/disparó | to shoot/shot |
| echarse/me eché | to throw oneself/I threw myself |
| esquivar | to dodge |
| ileso/a | unharmed |
| el/la herido/a | wounded person |
| el/la asaltante | assailant |
| el fracasado robo | foiled robbery |
| la cárcel | prison |

---
[1] *Attack, Hold up*

Y ahora, en SIB, un reportaje en vivo[1] con Julio Delgado, desde el Banco Latinoamericano aquí en Miami.

_____

Reconstruya el reportaje poniendo estos dibujos en orden cronológico.

## H.  NOTICIAS DEL MUNDO

### VOCABULARIO NUEVO

| | |
|---|---|
| estallar/estalló | *to explode/exploded* |
| resultar/resultaron | *to result/resulted* |
| dañado/a | *damaged* |
| las autoridades | *authorities* |
| declarar/declararon | *to declare/they declared* |
| al aire libre | *outdoors* |
| el festival | *festival* |
| el éxito | *success* |
| destacarse/se destaca | *to stand out/stands out* |
| inaugurarse/se inauguró | *to inaugurate/was inaugurated* |
| la exposición | *exhibit* |

Aquí Julio Delgado para SIB con las noticias del día de hoy, 15 de agosto.

_____

Complete los espacios en blanco.

Esta tarde en Bogotá, capital de Colombia, estalló una _____[1] en un

popular _____[2] del centro de la ciudad. Varios

_____[3] y carros estacionados enfrente del _____[4]

_____

[1] reportage... *live report*

resultaron dañados. Afortunadamente no hubo _____5 heridas. Las autoridades

declararon a los narcotraficantes _____6 de este acto, y dijeron que no van a

_____7 hasta encarcelarlos.

El Papa Juan Pablo II _____8 esta mañana a Costa Rica para una visita de

tres días. A su llegada, el Papa celebró una _____9 al aire libre. Más de 25.000

personas _____10 a la ceremonia.

Hoy _____11 en Madrid el Primer Festival de Cine Iberoamericano. El

cine español está teniendo un gran _____12 en todo el mundo; entre sus

jóvenes _____13 se destaca Pedro Almodóvar, director de la divertida

_____14 «Mujeres al borde de un ataque de nervios».

También en Madrid, se inauguró hoy en el Museo del Prado la _____15

«Reliquias del Descubrimiento»[a] . La _____16 exposición recoge, entre otras

cosas, objetos y diarios que documentan los _____17 que

_____18 Cristóbal Colón[b] y Hernán Cortés[c] al Nuevo Mundo.

Y éstas son las _____19 del mundo hispano de hoy. Escúchenos mañana a

la _____20 hora. _____21 su amigo, Julio Delgado de

SIB.

# RADIODRAMA: UN VIAJE AL GRAN CAÑÓN

# Parte I

### VOCABULARIO NUEVO

| | |
|---|---|
| sonreír/¡Sonría! | *to smile/Smile!* |
| el/la explorador(a) | *explorer* |
| bajar/¿Quién baja conmigo? | *to go down/Who is going down with me?* |
| el fondo | *bottom* |
| angosto/a | *narrow* |
| demostrar | *to demonstrate* |
| traer/¡Que traigan ese burro! | *to bring/Let them bring that donkey!* |
| criar/me crié | *to bring up/I was brought up* |
| caerse/¡Se va a caer! | *to fall down/You are going to fall down!* |
| la expedición | *expedition* |
| la bolsa de dormir | *sleeping bag* |
| descansar/Que descanse. | *to rest/May you rest.* |
| merecer/¡Se lo merece! | *to deserve/You deserve it!* |

---

[a] Reliquias... *Relics from the Discovery (of America)*
[b] Cristóbal... *Christopher Columbus*
[c] Spanish conquerer of Mexico

**Personajes**

Raúl Saucedo
doña María, su abuela
Javier Saucedo, su padre
Marisa y Clarisa, sus hermanas gemelas
Dora, su madre

Es un día de sol en Arizona. Frente a nosotros: el Gran Cañón. Vemos a Raúl Saucedo, a sus padres, a su abuela y a sus hermanas. Están todos de vacaciones en los Estados Unidos. En este momento Raúl le está tomando una foto a la abuela.

———————————————————

Ponga estas frases en orden cronológico para formar un resumen del radiodrama.

_____ Prepararon sus bolsas de dormir y se acostaron.

_____ La abuela y Javier regresaron muy cansados del viaje al fondo del cañón.

_____ Raúl dijo: «sonría» y le tomó una foto a su abuela.

_____ La abuela y Javier bajaron solos al fondo del Gran Cañón.

_____ Comieron.

# Parte II

### VOCABULARIO NUEVO

| | |
|---|---|
| la luna llena | *full moon* |
| el coyote | *coyote* |
| roncar/ronca | *to snore/he/she snores* |
| morder | *to bite* |
| gritar/gritando | *to yell/yelling* |
| la arruga | *wrinkle* |

Más tarde todos están durmiendo, excepto Raúl.

———————————————————

Ponga las frases en orden cronológico.

_____ Raúl tuvo miedo cuando vio al coyote acercarse a la abuela.

_____ Raúl oyó el aullido de un coyote.

_____ La familia no creyó la historia del coyote.

_____ Raúl se quedó despierto disfrutando de la luna llena.

_____ El coyote se fue.

# Repaso del vocabulario

These are some of the words that were used in the listening passages in *Capítulo siete*. Since they are similar to English, you will be expected to recognize them in the future. They will not be listed or defined in the chapters that follow.

| | | | |
|---|---|---|---|
| el accidente | demostrar | la exposición | el terror |
| el coyote | la expedición | el festival | |

Here is a list of very common new words and expressions used in the listening texts of *Capítulo siete*. Since they will be used in subsequent chapters, you should review them carefully before going on to *Capítulo ocho*.

| | | | |
|---|---|---|---|
| celoso/a | *jealous* | gritar | *to yell* |
| chocar | *to collide, hit* | la heladería | *ice cream parlor* |
| el daño | *damage* | larga distancia | *long distance* (telephone call) |
| dañado/a | *damaged* | lleno/a | *full* |
| el éxito | *hit, success* | ¡Qué susto! | *What a scare!, How frightening!* |

# Ejercicios de pronunciación

## I. PRONUNCIACIÓN: *z, ce, ci*

Most Spanish speakers pronounce the letter *z* and the letter *c* before *e* and *i* exactly as they pronounce the letter *s*.

**A.** Listen and pronounce the following words. Avoid any use of the sound of the English *z*.

cabeza, brazos, luz, azul, zapatos, tiza, diez, trece, edificio, independencia, recepcionista

In some areas of Spain, the letter *z* and the letter *c* before *e* and *i* are distinguished from the letter *s* by pronouncing *z* and *c* with a sound similar to the English sound for the letters *th* in <u>thin</u> and <u>thick</u>.

**B.** Listen to a speaker from Spain pronounce these words.

cabeza, brazos, luz, azul, zapatos, tiza, diez, trece, edificio, independencia, recepcionista

## II. PRONUNCIACIÓN: *l*

In Spanish the letter *l* is pronounced almost the same as the English *l* in <u>leaf</u>, but it is not at all similar to the American English *l* at the end of <u>call</u>.

**A.** Listen and pronounce the following words. Concentrate on the correct pronunciation of the letter *l*.

color, fútbol, tradicional, español, malo, abril, hospital, legal, aquel, papeles

**B.** Listen and pronounce the following sentences. Pay special attention to the correct pronunciation of the letter *l*.

1. ¿Vas a ir al hospital a ver a Miguel?
2. Mi automóvil está al lado de aquel edificio.
3. En abril no hace mal tiempo aquí.
4. ¿Cuál es tu clase favorita, el español?
5. ¿Quieres comprar papel azul o blanco?
6. Este edificio es muy moderno; aquél es más tradicional.

# Ejercicios de ortografía

## I. THE LETTERS *s* AND *z*; THE COMBINATIONS *ce* AND *ci*

The letters *s, z* and the letter *c* before the letters *e* and *i* are pronounced identically by most speakers of Spanish. When writing, it is necessary to know which of these letters to use.

**A.** Practice writing the words you hear with the letter *s*.

1. _____ 4. _____

2. _____ 5. _____

3. _____

**B.** Practice writing the words you hear with the letter *z*.

1. _____ 4. _____

2. _____ 5. _____

3. _____

**C.** Practice writing the words you hear with the letter *c*.

1. _____ 4. _____

2. _____ 5. _____

3. _____

## II. SEPARATING DIPHTHONGS

If the ending of a word rhymes with *María* or *frío,* an accent mark must be written on the *i*.

Listen and write the following words with an accent mark on *i*.

1. _____ 5. _____

2. _____ 6. _____

3. _____ 7. _____

4. _____ 8. _____

## III. STRESS ON PRETERITE VERB FORMS

Two of the preterite verb forms (the form indicating <u>I</u> and the form indicating <u>he</u>/<u>she</u>/<u>it</u>/<u>you</u>) carry a written accent mark on the last letter. The accent mark is needed because these forms end in a stressed vowel.

**A.** Listen to the following past tense verbs and write each correctly with an accent mark.

1. _____        6. _____

2. _____        7. _____

3. _____        8. _____

4. _____        9. _____

5. _____       10. _____

None of the forms of preterite verbs with irregular stems are stressed on the last syllable and consequently they are not written with an accent mark.

**B.** Listen and write the following past tense verbs.

1. _____        5. _____

2. _____        6. _____

3. _____        7. _____

4. _____

## IV. ORTHOGRAPHIC CHANGES IN THE PRETERITE

Some verbs have a spelling change in certain past tense forms.

In verbs that end in *-car, c* changes to *qu* in the past tense forms that end in *-e* in order to maintain the *k* sound of the infinitive. Common verbs in which this change occurs are *sacar* (to take out), *buscar* (to look for), *tocar* (to touch; to play an instrument), *comunicar* (to communicate), *explicar* (to explain), *secar* (to dry). Compare these verb forms:

| | | | |
|---|---|---|---|
| yo saqué | yo busqué | yo toqué | yo sequé |
| él sacó | él buscó | él tocó | él secó |

In verbs that end in *-gar, g* changes to *gu* in the past tense forms that end in *-e* in order to maintain the *g* sound of the infinitive. Common verbs in which this change occurs are *entregar* (to hand in), *jugar* (to play), *llegar* (to arrive), *navegar* (to sail), *obligar* (to oblige), *pagar* (to pay), *apagar* (to turn off), *regar* (to water [plants]). Compare these verb forms:

| | | | |
|---|---|---|---|
| yo pagué | yo jugué | yo llegué | yo obligué |
| él pagó | él jugó | él llegó | él obligó |

In verbs that end in *-zar, z* changes to *c* before *e*. Common verbs in which this change occurs are *abrazar* (to embrace), *almorzar* (to have lunch), *comenzar* (to begin), *cruzar* (to cross), *empezar* (to begin), *rechazar* (to reject), and *rezar* (to pray). Compare these verb forms:

| | | | |
|---|---|---|---|
| yo crucé | yo almorcé | yo empecé | yo comencé |
| él cruzó | él almorzó | él empezó | él comenzó |

Note that in the verb *hacer,* the *c* changes to *z* before o in order to maintain the same sound as in the infinitive.

yo hi*ce*        él hi*zo*

In verbs that end in *-uir* (but not *-guir*), *i* changes to *y* whenever it is unstressed and between vowels. Common verbs in which this change occurs are *concluir* (to conclude), *construir* (to construct), *destruir* (to destroy), *distribuir* (to distribute), *huir* (to flee), *incluir* (to include). Compare these verb forms:

| yo | construí | concluí | distribuí |
| él | construyó | concluyó | distribuyó |
| ellos | construyeron | concluyeron | distribuyeron |

Note the same change in the verbs *caer*, *creer*, and *leer*.

| yo | caí | creí | leí |
| él | cayó | creyó | leyó |
| ellos | cayeron | creyeron | leyeron |

**A.** Listen to the sentences and write them correctly. Pay close attention to the spelling of past tense verbs and to the correct use of accent marks.

1. _____

2. _____

3. _____

4. _____

5. _____

6. _____

7. _____

8. _____

9. _____

10. _____

**B.** Now listen to a mixture of past tense verbs and write them correctly using a written accent when needed.

1. _____     6. _____     11. _____

2. _____     7. _____     12. _____

3. _____     8. _____     13. _____

4. _____     9. _____     14. _____

5. _____     10. _____     15. _____

# ACTIVIDADES ESCRITAS

## I. MIS EXPERIENCIAS

¡OJO! *Estudie Gramática 7.1–7.2.*

**A.** Un compañero (Una compañera) de su clase de español le pregunta si usted va a hacer estas cosas. Dígale que usted ya las hizo *ayer* (*anteayer, anoche, la semana pasada,* etcétera).

> MODELO:   ¿Vas a hacer tu tarea de español esta noche? → *No. Ya hice mi tarea ayer.*

1. ¿Vas a estudiar esta noche?

   _____

2. ¿Vas a ver una película mañana en la noche?

   _____

3. ¿Vas a visitar a tus padres este fin de semana?

   _____

4. ¿Vas a hacer ejercicio conmigo ahora?

   _____

5. ¿Vas a ir de compras el sábado?

   _____

**B.** Escriba una lista de las cosas que usted hizo ayer, desde que se levantó por la mañana hasta que se acostó por la noche.

> MODELO:   Me desperté a las 7:30. Me levanté 10 minutos más tarde. Luego me bañé y me puse la ropa. Entonces...

_____

_____

_____

_____

_____

**C.** Piense en el fin de semana pasado. Escriba lo que usted hizo y el lugar donde hizo estas actividades.

> MODELO:   Visité a mi hermano/a y jugué con mis sobrinos en el parque. Luego...

_____

_____

_____

_____

_____

_____

## II.  LAS EXPERIENCIAS CON OTROS

¡OJO! *Estudie Gramática 7.3–7.5.*

**A.**  ¿Qué actividades hicieron estas personas ayer? Incluya por lo menos tres actividades.

> MODELO:    Mi mamá → *Mi mamá trabajó en su oficina, leyó el periódico y preparó la cena.*

1.  mi hermano/a

_____

2.  mi mejor amigo/a

_____

3.  Julio Iglesias

_____

4.  mis padres/hijos

_____

5.  mi profesor/a de español

_____

**B.**  Cuente lo que hizo un buen amigo (una buena amiga) el fin de semana pasado.

_____

_____

_____

_____

_____

_____

_____

_____

_____

**C.** Usted está hablando con Adriana Bolini. Ella acaba de llegar de un viaje a San Francisco, Seattle, Chicago, Atlanta, Nueva York y Miami. Hágale preguntas acerca de su viaje a los Estados Unidos. Use los verbos *ver, visitar, comer, hacer, tomar fotos, acampar, nadar, hablar, pasear, ir.*

    MODELO:    ¿Viste las cataratas del Niágara?

_____

_____

_____

_____

**D.** Supongamos que usted y su esposo/a tuvieron que viajar fuera de la ciudad. Su hijo de dieciséis años se quedó solo en casa. Son las diez de la noche y usted está preocupado/a. Lo llama por teléfono y le hace muchas preguntas. Hágale preguntas a su hijo para saber qué hizo todo el día; si asistió a la escuela, si hizo su tarea, etc. Use verbos como *asistir, estudiar, hacer, almorzar, tender la cama, sacar la basura, practicar, ir a trabajar.*

    MODELO:    ¿Llegaste a tiempo a la escuela?

_____

_____

_____

_____

_____

_____

**E.** Describa una fiesta que le gustó contestando estas preguntas. ¿Cuándo fue? ¿Con quién fue? ¿Qué hizo allí? ¿Qué comió? ¿Conoció a muchas personas? ¿Qué hizo usted con los otros invitados?

_____

_____

_____

_____

**F.** Escriba sobre algo que hizo con otra(s) persona(s). Piense, por ejemplo, en un día especial, un día en el que se divirtió mucho con otra(s) persona(s). ¿Por qué fue especial? ¿Con quién(es) lo pasó? ¿Qué hicieron?

_____

_____

_____

_____

_____

_____

_____

_____

_____

_____

## III.  LOS HECHOS DEL PASADO

¡OJO! *Estudie Gramática 7.6.*

**A.**  Describa sus actividades pasadas.

> MODELO:    hace tres minutos → *Terminé mi examen de biología hace tres minutos.*

1.  hace dos semanas

_____

2.  hace tres horas

_____

3.  hace un año

_____

4.  hace una semana

_____

**B.**  Piense en sus compañeros de clase. ¿Qué actividades hicieron ellos?

> MODELO:    hace diez días → *Elena fue a visitar a sus padres hace diez días.*

1.  hace dos días

_____

2.  hace tres años

_____

3.  hace diez años

_____

4. hace treinta segundos

_____

5. hace una semana

_____

**C. Crucigrama.** El pretérito (pasado)

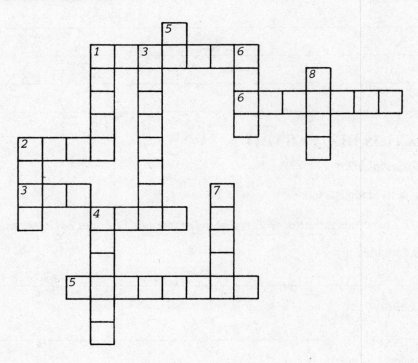

HORIZONTAL

1. tener (nosotros)
2. poner (yo)
3. dar (usted)
4. venir (yo)
5. traer (nosotros)
6. poder (tú)

VERTICAL

1. traer (yo)
2. poder (él)
3. venir (ustedes)
4. ver (ellos)
5. ver (yo)
6. saber (ella)
7. querer (él)
8. hacer (usted)

# LECTURAS ADICIONALES

## Nota cultural: Los piropos°

*compliments, flirtatious remarks*

Esteban Brown está de visita en Arenal, pasando las vacaciones de
Navidad con la familia de Raúl Saucedo. Hoy Raúl y Esteban
pasean por el zócalo.° Esteban observa que cada vez que pasa una
muchacha o un grupo de muchachas, Raúl les dice algo como:
«¡Hola, preciosa!», «¿Adónde vas con tanta prisa, guapa?» Esteban
se queda en silencio, sin saber qué decir.

    —¿Por qué no les dices nada a las chavas,° Esteban? —le
pregunta Raúl.

    —¿Qué, por ejemplo?

    —Cualquier cosa,° tírales flores.

    —¿Flores? —pregunta Esteban, un tanto° confundido—, ¡Yo
no tengo flores!

    —No me refiero a flores reales, Esteban; flores en México
quiere decir piropos.

    —¿Piropos? —pregunta Esteban, todavía sin entender.

    —Sí, frases de halago° que los muchachos dedican a sus
enamoradas, o a las muchachas que pasan por la calle.

    —¿Y esas frases no ofenden a las muchachas?

    —Bueno, hay piropos que son de mal gusto° y sí las ofenden.
A mí no me gustan ésos. Lo importante es decir siempre cosas
agradables, no ofensivas.

    En ese momento Raúl y Esteban ven dos muchachas que se
acercan.

    —¡Ándale, Esteban! ¡Diles algo!

    —¡¿Qué?! ¡¿Qué les digo?! —pregunta Esteban, nervioso.

    —¡Cualquier cosa, hombre!

    Y Esteban, tenso pero entusiasmado, les dice a las muchachas
simplemente:

    —¡Hola!

Una de ellas, sonriendo se voltea° y responde:

    —¡Hola!— y sigue su camino.°

    —¿Ves? —le dice Raúl—. ¡Te sonrió! ¡El próximo paso es
buscarte una novia mexicana!

*plaza (Mex.)*

*muchachas (Mex.)*

*Cualquier... Anything*
*un... un poco*

*flattery, praise*

*de... in poor taste*

*se... turns around*
*sigue... continues on her way*

## Comprensión

1. ¿Cuáles son los piropos que no le gustan a Raúl?

   _____

2. ¿Qué les dice a las muchachas Esteban? ¿Es realmente un piropo? _____

   _____

## ¿Y usted?

1. ¿Tienen la costumbre de decir piropos los hombres que usted conoce? _____

   _____

2. ¿Qué opina usted de los piropos? ¿Qué opinan las muchachas norteamericanas? ¿Qué crees que

   opinan los hispanos? _____

   _____

# La telenovela «Los vecinos»:
# Pedro Ruiz, el escritor

Pedro Ruiz está de gira° por varias universidades de los Estados Unidos, dando a conocer su obra.° Este año ganó el Premio Mexicano de Literatura por su último libro de cuentos° y fue invitado a participar en la Feria° Internacional del Libro, que tuvo lugar en Miami. Durante su estadía° en la Florida, Pedro fue entrevistado por Julio Delgado para el programa «Hispanidad» del Canal 24. La entrevista, que incluimos a continuación,° fue publicada después en el *Diario de Miami*.

de... *on tour*
dando... *making his work known*
*stories*
*Fair*
*stay*

a... *below*

---

*JD:* Ésta no es la primera vez que usted visita los Estados Unidos, señor Ruiz.
*PR:* No, no, he venido varias veces; tengo parientes en Los Ángeles, pero sí es mi primera visita a Miami.
*JD:* Pues, bienvenido. ¿Qué impresión tiene de nuestra Feria del Libro?
*PR:* Muy buena. He conocido a mucha gente, especialmente autores hispanos de los Estados Unidos, como Rolando Hinojosa.[1]
*JD:* A propósito, ¿qué piensa usted de la educación bilingüe en los Estados Unidos? ¿es valiosa?

---

[1] famoso novelista mexicoamericano

*PR:* ¡Claro que sí! Y necesaria. En México los colegios bilingües son muy populares. Yo entiendo que el propósito° principal de los programas bilingües es la enseñanza del inglés, pero a la vez el niño de ascendencia° hispana tiene la oportunidad de mantener el español. Además, si un niño hispano se siente orgulloso de su lengua, aprende con más rapidez el inglés y se incorpora más fácilmente a la sociedad norteamericana.

*purpose*
*ancestry, background*

*JD:* Estoy de acuerdo con usted. Aquí en Miami tenemos unos programas bilingües excelentes. Pasemos ahora a un plano más personal... En una entrevista que le hicieron en México, usted habla del «arreglo doméstico»° que tiene con su esposa Margarita Rivero de Ruiz. ¿Quiere usted explicarnos algo más al respecto?

*«arreglo... domestic arrangement*

*PR:* Nuestra situación es un tanto especial, porque yo me quedo en casa y Margarita trabaja fuera. Oficialmente ella es lo que aquí llaman *bread winner.* Margarita es presidenta de la Compañía de Juguetes Mariola y le gustan los negocios.° Yo, en cambio, prefiero quedarme en casa y escribir.

*business*

*JD:* Es un «arreglo» no muy común en México, ¿verdad?

*PR:* Tiene usted razón, pero las cosas están cambiando. En mi opinión, la mujer no debe quedarse en casa cuando tiene talentos que quiere desarrollar° profesionalmente.

*to develop*

*JD:* Yo creo que esa actitud empieza a ser más y más aceptada en nuestra comunidad hispana. ¿Cuántos hijos tienen ustedes, Sr. Ruiz?

*PR:* Dos: Amanda, que tiene dieciséis años, y Guillermo, que tiene doce.

*JD:* ¿Tiene usted una rutina diaria para escribir, o prefiere hacer las cosas en forma menos estructurada?

*PR:* La verdad es que soy muy metódico. Me levanto todos los días con Margarita a eso de las seis, desayunamos juntos; mi esposa se va al trabajo y yo despierto a los muchachos y los llevo al colegio. Cuando regreso a casa escribo un poco. Por la tarde escribo otro poco.

*JD:* Sr. Ruiz, usted acaba de ganar el Premio Mexicano de Literatura. Es un gran honor. ¿Cómo se siente?

*PR:* Pues... muy contento, emocionado, sorprendido...

*JD:* Y su esposa, ¿qué dice?

*PR:* Está muy orgullosa y muy feliz.

*JD:* Bueno, Sr. Ruiz, muchas gracias por la entrevista. Espero° que disfrute de su gira, ¡y felicitaciones!

*I hope*

*PR:* Gracias a ti, Julio, por esta invitación.

## Comprensión

1. ¿Qué opina Pedro Ruiz de la educación bilingüe? ¿Está usted de acuerdo con su opinión?

   _____

   _____

2. Describa el «arreglo doméstico» de los Ruiz. ¿Es un «arreglo» común en los Estados Unidos?

   _____

   _____

# Capítulo ocho

## ACTIVIDADES DE COMPRENSIÓN

### A. NAVIDAD CON LA ABUELA

¡Bienvenido a la casa de tu abuela!

**VOCABULARIO NUEVO**

| | |
|---|---|
| venir/ven acá | *to come/come here* |
| el abrazo | *hug* |
| los demás | *the others* |
| bienvenido/a | *welcome* |
| el mole | *sauce made with chocolate* |
| reírse/¿De qué se ríe? | *to laugh/What are you laughing about?* |
| la broma | *joke* |

Raúl llega a Arenal para pasar las vacaciones de Navidad con su abuela.

_____

Estas afirmaciones son incorrectas; corríjalas.

1. La abuela está contenta porque llegaron su hijo y sus nietos a pasar la Navidad con ella.

   _____

2. A Raúl no le gusta la comida que prepara su abuela; prefiere comer en un restaurante.

   _____

3. Raúl dice que él invita porque es mala idea comer en casa durante las vacaciones.

   _____

4. La abuela dice que preparar los platos favoritos de Raúl toma mucho tiempo y cuesta mucho trabajo.

   _____

### B. ANUNCIOS COMERCIALES

**VOCABULARIO NUEVO**

**Queso Sinaloa[1]**

| | |
|---|---|
| intenso/a | *intense* |
| refrescante | *refreshing* |
| puro/a | *pure* |
| los manantiales | *springs (of water)* |
| cremoso/a | *creamy* |
| sano/a | *wholesome, healthy* |
| pedir/Pídalo así. | *to ask for/Ask for it this way.* |

_____

[1]Queso... nombre del queso y del estado de México en la costa del Océano Pacífico

Escuchemos ahora unos mensajes comerciales aquí en su estación WXET, la favorita de México.

_____

Complete los espacios en blanco.

1. ¿Cómo es Sinaloa?

   a. El color de su océano es de un _____ intenso.

   b. Sus montañas tienen una _____ refrescante.

   c. Tiene manantiales de _____ pura.

2. ¿Cómo es el queso Sinaloa?

   a. Es el queso más fresco y _____ de México.

   b. Tiene un sabor cremoso y _____.

   c. Es perfecto en una torta de _____ y _____.

## VOCABULARIO NUEVO

**Flan Rico**

| hecho/a | *made* |
| la bolsa | *bag* |
| el caramelo | *caramel* |
| requerir/requieren | *to require/require* |
| la calidad | *quality* |

_____

Complete los espacios en blanco.

1. Probablemente a la mayoría de las madres/amas de casa les gusta preparar Flan Rico para su familia porque...

   a. es _____ de preparar.

   b. sólo hay que agregar _____.

   c. ahorran _____ y _____.

2. A los niños probablemente les gusta comer Flan Rico porque es un postre de sabor

   _____.

## C.  UNA QUESADILLA PARA EEER

### VOCABULARIO NUEVO

caerse/te vas a caer/nunca me caigo    *to fall down/you are going*
*to fall down/ I never fall down*

el apetito    *apetite*
prometer/lo prometo    *to promise/I promise it*
convencido/a    *convinced*
concentrarse/concentrarme    *to concentrate oneself/to*
*concentrate myself*
tapar/se tapa    *to cover/it is covered*

Es sábado temprano en la tarde. Ernestito tiene hambre y va a la cocina para prepararse algo.

_____

Primero, mire los dibujos y decida qué escenas no deben estar aquí. Después, ponga las escenas en orden cronológico según el diálogo.

## D. CARLOS Y SILVIA SALEN A CENAR

### VOCABULARIO NUEVO

| | |
|---|---|
| Dos Equis | *brand of Mexican beer* |
| enseguida | *immediately* |
| recomendar/te recomiendo | *to recommend/I recommend (to you)* |
| pálido/a | *pale* |
| no hay que desesperarse | *no need to despair* |

Carlos Padilla y su novia Silvia Bustamante están cenando en un restaurante en la Zona Rosa[1] de la Ciudad de México.

_____

Escoja la respuesta más lógica según el diálogo.

1. Antes de pedir la comida en el restaurante, Carlos y Silvia...

    a. leen el menú y piden las bebidas.

    b. dejan una propina.

    c. salen pero vuelven enseguida.

    d. comen muy bien.

2. Silvia y Carlos piden... para los dos.

    a. coctel de camarones y langosta

    b. langosta y ensalada

    c. coctel, langosta y sopa

    d. sopa y langosta

3. Según Carlos y Silvia...

    a. la comida en el restaurante no es muy buena.

    b. la comida cuesta mucho.

    c. la comida estuvo deliciosa.

    d. el mesero nunca les trajo la cuenta.

4. Carlos está pálido porque...

    a. la comida estuvo deliciosa.

    b. ve que no tiene suficiente dinero para pagar.

    c. Silvia le dice que ella no quiere pagar.

    d. Silvia le dice que es muy bromista.

_____

[1] una zona elegante de tiendas, hoteles y restaurantes

5. Al final sabemos que Silvia y Carlos...

   a. tuvieron que lavar muchos platos.

   b. llevaban bastante dinero para la propina.

   c. salieron del restaurante sin pagar.

   d. pagaron con la tarjeta de crédito de Silvia.

## E. ANUNCIOS COMERCIALES

**VOCABULARIO NUEVO**

**Supermercado Calimax**

| | |
|---|---|
| el surtido | *assortment, selection* |
| a su gusto | *to your liking* |
| el carnicero | *butcher* |
| especializados/as | *specialized, expert* |
| las superofertas | *super specials* |
| la sección | *section* |
| la canasta | *basket* |

Y ahora, aquí en WXET para usted que busca precios bajos y alta calidad, un mensaje importante de sus supermercados favoritos, Calimax.

_____

Escuche el anuncio del Supermercado Calimax y escriba los precios al lado izquierdo de cada cosa en su lista que está de oferta en Calimax. Cuidado, no todas las cosas que hay en su lista están en oferta.

- ___ leche
- ___ queso
- ___ 1 Kg carne molida
- ___ 2 Kg chuletas
- ___ ½ Kg jamón
- ___ 1 Kg camarones
- ___ 4 Kg azúcar
- ___ pan
- ___ ajo (una cabeza)

- ___ manzanas
- ___ 1 lechuga
- ___ 3 Kg naranjas
- ___ plátanos
- ___ fresas (una canasta)
- ___ duraznos
- ___ 2 Kg uvas
- ___ 1 Kg tomates
- ___ 2 cebollas

## VOCABULARIO NUEVO

**Restaurante Tres Estrellas**

| | |
|---|---|
| el local | *location* |
| esquina con | *corner of* |
| conocido/a | *(well-) known* |
| la bahía | *bay* |
| saborear/saborean | *to savor/savor* |
| inolvidable | *unforgettable* |
| primera categoría | *first rate* |

Desde Acapulco, un mensaje del Restaurante Tres Estrellas, el restaurante que todos preferimos.

---

Usted tiene un viejo anuncio del periódico del restaurante Tres Estrellas. Escuche el anuncio del radio y cambie la información en el anuncio del periódico si es diferente.

> El Restaurante Tres Estrellas los invita a disfrutar de su comida deliciosa y variada aquí en el centro de Acapulco, Avenida Juárez, número 514. Les ofrece la hospitalidad de siempre y una vista de sus hermosos jardines. Los sábados y domingos disfruten de los éxitos del momento con el conjunto de Roberto Mariles. Abierto todas las nochas desde las 7:00 hasta las 5:00 de la mañana. Para hacer reservaciones llame al 2-15-21-12. Recuerde, ¡a comer y a bailar en Tres Estrellas!

## F. LA TELENOVELA «LOS VECINOS»: EPISODIO «EL RESTAURANTE FRANCÉS»

### VOCABULARIO NUEVO

| | |
|---|---|
| el mantel | *tablecloth* |
| las rosas | *roses* |
| la copa | *wine glass* |
| la salsa blanca | *white sauce* |
| el chef | *chef* |
| el/la gerente | *manager* |
| suceder/no ha sucedido nunca | *to happen/has never happened* |
| las quejas | *complaints* |
| querer/quería decir | *to want/wanted to say* |
| poder/no podía comer | *to be able/couldn't eat* |
| el cuchillo | *knife* |

Daniel Galván conoció a Yolanda en el trabajo y la invitó a cenar en un restaurante francés que se encuentra en una zona elegante de la ciudad.

_____

¿Quién dijo estas oraciones, Yolanda (Y), Daniel (D) o uno de los empleados del restaurante (E)?

1. _____ Este lugar es muy elegante.

2. _____ Es uno de los mejores restaurantes de la ciudad.

3. _____ Tengo un pequeño problema.

4. _____ Está exactamente como usted la pidió.

5. _____ Servimos el mejor bistec de toda la ciudad.

6. _____ No me dejan hablar.

7. _____ No me trajeron un cuchillo.

## G. LA TELENOVELA «LOS VECINOS»: EPISODIO «UNA DECISIÓN DIFÍCIL»

### VOCABULARIO NUEVO

| | |
|---|---|
| parecer/¿Qué les parece? | *to seem/What do you think?* |
| engordar/engorda | *to fatten; to get fat/makes one gain weight* |
| satisfacer/no me satisface | *to satisfy/doesn't satisfy me* |
| al rato | *in a little while* |
| tacaño/a | *stingy* |
| la torta | *type of Mexican sandwich* |
| ¡Qué idea genial! | *What a great idea!* |

*¡Vamos a La Torta Ahogada!*

### Lugares mencionados

| | |
|---|---|
| Sanborn's | *a chain of coffee shops in Mexico* |
| La Casa de Donatelli | *un restaurante italiano* |
| La Torta Ahogada | *a fast-food restaurant specializing in Mexican sandwiches* |

En el episodio de hoy, Ernesto y Estela Ramírez van a salir a cenar con sus hijos Ernestito, Paula y Andrea. Ahora tratan de decidir qué tipo de comida prefieren.

_____

Escuche la conversación y luego decida quién está pensando esto, Ernesto (ER), Estela (ES) o los niños (N).

1. _____ ¡Ay! ¡Qué hambre! Siempre es lo mismo cuando vamos a salir a comer. ¿Por qué tantos problemas para decidir adónde ir?

2. _____ Probablemente quiere ir al restaurante francés pero... ¡cinco personas con esos precios tan altos! ¡NO!

3. _____ Si no puede decidirse, yo voy a preparar algo rápido para los niños y para mí.

4. _____ ¡Ay! ¿Por qué no acepté ir a Sanborn's? Aquí vamos a estar toda la tarde.

5. _____ ¡Mmm, mm! ¡Tortas, qué rico!

# RADIODRAMA: EL CUMPLEAÑOS DE ESTELA

## VOCABULARIO NUEVO

| | |
|---|---|
| dar/me da la impresión | *to give/it gives me the impression* |
| recordar/recuerda | *to remember/he/she remembers* |
| sugerir/sugirió | *to suggest/he/she suggested* |
| agarrar/¡A que no me agarras! | *to catch/I dare you to catch me!* |
| el pastel de cumpleaños | *birthday cake* |
| al anochecer | *at nightfall* |
| proponer/propuso | *to propose/he/she proposed* |
| las velas (velitas) | *(little) candles* |
| importar/lo que importa | *to matter/what matters* |
| inolvidable | *unforgettable* |
| cumplir años/¿Cuántos años cumples? | *to be (turn) a certain age/How old are you today?* |

### «LAS MAÑANITAS»[1]

Éstas son las mañanitas
que cantaba el rey David.
A las muchachas bonitas
se las cantamos así...
Despierta mi bien, despierta.
Mira que ya amaneció.
Ya los pajarillos cantan.
La luna ya se metió...

## Lugares mencionados

El Parque Chapultepec
El restaurante La Fonda

## Personajes

La familia Ramírez: Ernesto, Estela, Ernestito, Andrea y Paula

Es muy temprano, un sábado en la mañana en la Ciudad de México. Estamos en la casa de la familia Ramírez. Estela Ramírez se despierta pensando en el día especial que va a pasar con su esposo y sus hijos. ¡Hoy es su cumpleaños!

———————————————

Responda brevemente.

1. Piense en el diálogo entre Ernesto y Estela cuando los dos se despiertan. ¿Qué piensa hacer Ernesto hoy? ¿Qué deciden hacer finalmente? _____

_____

2. ¿Por qué piensa Estela que Ernesto se olvidó de su cumpleaños? _____

_____

———————————
[1] canción típica de cumpleaños

3. ¿Qué hace la familia en el parque? _____

_____

4. ¿Qué espera recibir Estela en el restaurante después de la cena? _____

_____

5. ¿Qué ocurrió cuando la familia llegó a casa? _____

_____

# Repaso del vocabulario

These are some of the words that were used in the listening passages in *Capítulo ocho*. Since they are similar to English, you will be expected to recognize them in the future. They will not be listed or defined in the chapters that follow.

el apetito    cremoso/a    el chef    intenso/a    puro/a    la sección

Here is a list of very common new words and expressions used in the listening texts of *Capítulo ocho*. Since they will be used in subsequent chapters, you should review them carefully before going on to *Capítulo nueve*.

| | | | |
|---|---|---|---|
| el abrazo | *hug* | los demás | *the others* |
| a su gusto | *to your liking* | engordar | *to fatten, to get fat* |
| al rato | *in a little while* | enseguida | *immediately* |
| bienvenido/a | *welcome* | prometer | *to promise* |
| la broma | *joke* | recomendar | *to recommend* |
| la calidad | *quality* | | |

# Ejercicios de pronunciación

## I. PRONUNCIACIÓN: *d*

The pronunciation of the letter *d* in Spanish is very similar to the soft pronunciation of the letters *th* in English <u>father</u>.

**A.** Listen and repeat the following words with a soft *d*.

cuaderno, casado, nada, partido, estudiar, nadar, saludar, mediodía, pasado, apellido, mercado, ocupada

In Spanish if the *d* is preceded by *n* or *l*, it is pronounced as a hard *d*, as in English.

**B.** Listen and then pronounce the following words with a hard *d*.

grande, atender, segundo, merendar, independencia, andar, mandato, falda, sueldos

If the letter *d* comes at the end of a word, it is pronounced very softly or not at all.

**C.** Listen and then pronounce the following words with a soft final *d*.

usted, pared, verdad, especialidad, universidad

**D.** Listen and then pronounce the following sentences. Be sure to concentrate on the correct pronunciation of the letter *d*.

1. ¿Es usted casado?
2. Hoy es el Día de la Independencia.
3. Se vende apartamento grande. ¡Vecindad bonita!
4. Hay dos baños en el segundo piso, ¿verdad?
5. Dora, ¿dónde está el cuaderno de David?
6. ¿Es la residencia del señor Durán?
7. El condominio está cerca del mercado.
8. No me gusta nadar al mediodía.
9. ¿Podemos estudiar en la sala?
10. Se alquila apartamento amueblado, alquiler módico.

## II. PRONUNCIACIÓN: CONSONANTS WITH *r*

When *r* is preceded by a consonant or followed by a consonant, it is pronounced as a single tap.

**A.** Listen and then pronounce the following words, in which *r* is preceded by a consonant.

| | |
|---|---|
| b + r | a*br*a, *br*azos, hom*br*os, po*br*e, septiem*br*e |
| d + r | pa*dr*e, la*dr*a, cua*dr*o, ma*dr*e, *dr*ama |
| g + r | ne*gr*o, peli*gr*oso, a*gr*egar, *gr*ande, *gr*upo |
| p + r | *pr*egunta, *pr*esidente, *pr*imavera, *pr*ograma, *pr*ima |
| t + r | *tr*es, pupi*tr*e, me*tr*o, *tr*abaja, *tr*en |
| c + r | *cr*ee, es*cr*ibe, des*cr*iba, *cr*ema, *cr*iada |
| f + r | *fr*ancés, *fr*ase, *fr*ío, *fr*ecuentemente, *fr*esco |

**B.** Listen and then pronounce the following words, in which *r* is followed by a consonant.

r + cons.   ba*r*ba, pie*r*nas, co*r*to, ve*r*de, pe*r*sona, ta*r*de, á*r*bol, cato*r*ce, he*r*mano, pe*r*dón, ma*r*tes, invie*r*no, a*r*te

If the *r* is preceded by an *n* or *l*, it is usually trilled.

**C.** Listen and then pronounce the following words with a trilled *r*.

| | |
|---|---|
| n + r | En*r*ique |
| l + r | al*r*ededor |

# Ejercicios de ortografía

## I. ACCENT REVIEW

You have learned that the following words must carry a written accent mark:

- interrogatives   Examples: *¿qué?, ¿cuándo?*
- words in which stress falls three or more syllables from the end   Example: *estómago*
- words that end in a consonant other than *n* or *s* and are stressed on the next-to-the-last syllable
  Example: *difícil*
- words that end in a stressed vowel and those whose last syllable is stressed and ends in *n* or *s*
  Examples: *aquí, Japón*

Listen and then write the following sentences. Check each word to see if it requires a written accent.

1. _____
2. _____
3. _____
4. _____
5. _____
6. _____
7. _____
8. _____
9. _____
10. _____
11. _____
12. _____
13. _____
14. _____
15. _____

# ACTIVIDADES ESCRITAS

¡OJO! *Estudie Gramática 8.1–8.3.*

## I. LA COMIDA Y LAS BEBIDAS

**A.** ¿Cuáles son las comidas y las bebidas favoritas de sus padres, sus hermanos, sus hijos, su esposo/a o novio/a, su profesor(a), su perro o su gato? Escoja tres.

MODELO:    mi amiga Lucía → *A mi amiga Lucía le gusta comer pescado fresco con limón, papas fritas, bróculi y, de postre, helado con fresas frescas. Le gusta beber limonada o agua mineral con la comida.*

1. _____

_____

_____

2. _____

_____

_____

3. _____

_____

_____

**B. En la cocina.** Escriba las preguntas lógicas.

MODELO:    *¿Quieres tomates en la ensalada?*
No, los que tenemos no están maduros.

1. _____

Ya la comí.

2. _____

No, no la queremos preparar.

3. _____

No, nunca los compramos.

4. _____

Las vi esta mañana pero no sé dónde están ahora.

**C.** Hoy la profesora Martínez va a dar una fiesta en su clase de español. Mónica y Esteban, dos estudiantes, están viendo si ya tienen todo lo que necesitan. Complete las frases lógicamente con alguna comida o bebida y con los pronombres *lo, la, los* o *las*.

MÓNICA: ¡Va a ser una fiesta muy divertida!

ESTEBAN: Sí, y vamos a comer muchas cosas buenas. Mira qué _____1 de

chocolate más rico.

MÓNICA: Sí, ¿quién _____2 trajo?

ESTEBAN: Creo que _____3 trajo Luis. Mi amigo Raúl trajo

_____.4

MÓNICA: Sí, están deliciosos. Ya _____5 probé.

ESTEBAN: ¡Ay, Mónica! Oye, ¿dónde están los _____6?

MÓNICA: No sé; tú _____7 trajiste. ¿No recuerdas dónde _____8 pusiste?

ESTEBAN: Yo no _____9 traje. A mí no me gustan los _____.10

MÓNICA: ¿Cómo? ¡¡¡No hay _____11 porque a ti no te gustan los

_____12?!! A todos nos gusta _____13

con la comida.

ESTEBAN: No traje _____14 pero sí traje _____.15

MÓNICA: ¡Bromista! Está bien... ¿dónde _____16 pusiste?

ESTEBAN: Aquí, al lado del _____.17

MÓNICA: Mmm mm, _____.18 ¡Me gusta mucho! ¿_____19

preparaste tú?

ESTEBAN: No, yo no _____20 preparé. A mí no me gusta el

_____,21 además no sé cocinar. Oye, Mónica, ¿tú qué trajiste?

MÓNICA: ¿Yo? Pues los _____.22 ¿No _____23 viste?

_____24 puse al lado de la _____.25

ESTEBAN: Ah, pues entonces ya está todo listo.

**D.** Es la hora del desayuno en casa de los señores Ramírez. Estela está preparando varias cosas diferentes y Ernesto pregunta para quién es cada cosa. Haga el papel de Estela y conteste sus preguntas usando los pronombres *mí, ti, él, ella, usted, nosotros, nosotras, ellos, ellas,* o *ustedes.*

MODELO: ERNESTO: ¿Para quién es la avena? ¿Para mí? →
ESTELA: *No, no es para ti, es para Paula.*

1.  ERNESTO: ¿Para quién son los panqueques? ¿Para Ernestito?

    ESTELA: _____

2.  ERNESTO: ¿Para quién son los huevos rancheros? ¿ Para las niñas?

    ESTELA: _____

3.  ERNESTO: ¿Para quién es el cereal con fruta? ¿Para Andrea?

    ESTELA: _____

4.  ERNESTO: ¿Para quién es el jugo de naranja? ¿Para mí?

    ESTELA: _____

5.  ERNESTO: ¿Para quién son los huevos fritos? ¿Para ti?

    ESTELA: _____

6.  ERNESTO: ¿Para quiénes son las fresas? ¿Para nosotros?

    ESTELA: _____

## II. LA COMPRA Y LA PREPARACIÓN DE LA COMIDA

¡OJO! *Estudie Gramática 8.4–8.5.*

**A.** Explique cómo se preparan estas comidas.

MODELO:    la hamburguesa → *La carne molida se fríe con sal y pimienta. Se le pone mostaza y mayonesa al pan, luego se pone la carne entre las dos rebanadas de pan. Entonces se le agrega salsa de tomate, cebolla y lechuga.*

1.  un sandwich de jamón y queso

    _____

    _____

    _____

2.  una ensalada de frutas

    _____

    _____

    _____

3.  las papas fritas

    _____

    _____

    _____

**B.** Supongamos que usted va a preparar una comida especial para un amigo (una amiga). Primero, dé el menú y luego explique cómo se prepara el plato principal.

EL MENÚ

Para beber _____

Para empezar _____

_____

Para comer _____

_____

_____

Para el postre _____

_____

_____

_____

_____

_____

_____

## C. Crucigrama. Los alimentos

VERTICAL

1. Es una fruta amarilla, ácida. No es dulce. Generalmente, su jugo se pone sobre el pescado.
2. Es el «pan» de México, hecho de maíz o de harina.
3. Es una especia blanca. En todas las mesas hay _____ y pimienta.
4. Es un postre de leche. Es cremoso y frío y lo hay con sabor de fruta, chocolate y vainilla.
5. Es el líquido de la fruta.
6. Un plato típico cubano es el arroz con _____.
7. Se pone sobre el pan tostado.
8. Es un plato típico de España con arroz y mariscos.
9. Es un platillo líquido que contiene legumbres y carne.
10. Es un melón, rojo por dentro y verde por fuera. Tiene mucho jugo y se come mucho en el verano.
11. Es una fruta redonda y roja. Es el regalo tradicional para la maestra.

HORIZONTAL

1. Los camarones y la langosta son _____.
2. El apio, la lechuga, la coliflor y las zanahorias son _____.
3. Es una legumbre roja muy usada en las ensaladas y en la cocina italiana.
4. Es un producto hecho de leche; se usa para hacer sándwiches o se pone sobre los tacos o enchiladas. Es blanco o amarillo.
5. Por lo común, son redondas y dulces. Hay muchos sabores, como chocolate y vainilla. Se venden en caja y son deliciosas con leche.
6. Casi siempre acompañan una comida básica. Se comen tradicionalmente con bistec y se les agrega mantequilla.

7. Es el ingrediente básico de una ensalada. Es verde.
8. Es una legumbre larga de color verde oscuro. Se usa mucho en ensaladas.
9. Es una fruta pequeña y roja. Se usa mucho en los pasteles.
10. Es una fruta tropical muy popular en la América Latina. Es verde-amarilla y el interior es anaranjado.
11. Es algo dulce y blanco que se usa mucho para preparar dulces, pasteles, helado y galletitas.

# III. LOS RESTAURANTES

¡OJO! *Estudie Gramática 8.6.*

**A.** Usted está en un restaurante. Complete los espacios en blanco con una forma lógica.

1. Siempre pido _____, pero esta vez _____

   _____

2. No _____ nada _____

3. Nadie quiere _____, pero yo _____

4. Yo no pedí ningún (ninguna) _____

5. No voy a _____ nunca _____

**B.** Escriba un diálogo entre usted, su novio/a (amigo/a, esposo/a) y un mesero (una mesera) en un restaurante. Aquí tiene usted algunas palabras que puede usar si quiere: *desear, recomendar, querer, tráigame(nos), para empezar, para beber, para el postre.*

MESERO/A: _____

USTED: _____

AMIGO/A: _____

MESERO/A: _____

_____

_____

_____

**C.** Supongamos que usted está en estas situaciones. Describa lo que usted va a pedir.

1. Usted tiene un examen dentro de veinte minutos pero tiene mucha hambre. Entra en la cafetería de la universidad. ¿Qué pide usted?

   _____

   _____

   _____

   _____

   _____

2. Hoy es el cumpleaños de su hermano/a mayor. Para celebrar su cumpleaños, usted lo/la invita a un restaurante muy elegante. Ahora usted va a pedir para los/las dos.

_____

_____

_____

_____

_____

**D.** Pilar y Ricardo están en un restaurante en Madrid. Complete el diálogo usando las formas correctas de *pedir* o *servir* y la comida y bebida que usted quiera.

RICARDO: Pilar, ¿vas a _____[1] _____[2]?

PILAR: No, aquí no _____[3] _____,[4]

solamente _____[5] y _____.[6]

RICARDO: Mmm... ¿qué te parece si _____[7] _____[8]

para los dos mientras decidimos?

PILAR: Sí, buena idea. Yo siempre _____[9]

_____[10] pero ¡hoy hace tanto calor!

RICARDO: Voy a _____[11] dos _____.[12]

PILAR: No, tampoco _____[13] _____.[14] ¿Por

qué no _____[15] unas _____[16]?

RICARDO: Mesero, dos _____,[17] por favor.

PILAR: Bueno, ahora vamos a ver el menú... Mira, tienen _____.[18] La

semana pasada las _____[19] y me gustaron mucho, pero no sé...

también _____[20] _____[21]

deliciosos/as aquí...

RICARDO: Bueno, ¿qué te parece si ahora yo _____[22]

_____[23] y tú _____[24]

_____[25]?

PILAR: ¡Perfecto! Cuando nos sirvan, tú me das _____[26] y yo te doy

_____.[27]

RICARDO: ¡Estupendo!

# LECTURAS ADICIONALES

## La telenovela «Los vecinos»: La piñata de Ernestito

El domingo pasado Ernestito celebró su santo. ¡Qué fiesta tuvo! Su madre compró una piñata en forma de estrella,° grande y amarilla. Invitaron a sus amiguitos y parientes y entre todos devoraron un enorme pastel. Por la noche, en su cuarto, Ernestito esperó la llegada de su amigo Eeer. ¡Cuántas cosas tenía que contarle! Y el extraño amigo llegó como siempre...

*star*

—¡Mira, Eeer, pastel! ¡Pruébalo! Te va a gustar.

—Mmm —Eeer lo saboreó° con gusto.

*tasted*

—¡Qué fiesta te perdiste,° Eeer! ¡Una fiesta a todo dar!° Mi madre me compró una piñata enorme.

*te... you missed / ¡Una... A super cool party! (Mex.)*

—¿Una... piñata?

—Sí... en mis fiestas siempre hay una piñata. Y todas tienen formas diferentes, de animales, de flores. Adentro tienen dulces y frutas y premios;° mi papá la cuelga° y mueve la cuerda.° Luego uno tiene que golpearla° para romperla y luego caen todas las cosas y corremos a agarrarlas.°

*prizes / la... hangs it / rope*
*hit it*
*grab them*

—¡Qué costumbre más peculiar! —dijo Eeer, intrigado—. ¿Y todos golpean la piñata a la vez?°

*a... at the same time*

—No, hombre, cada uno espera su turno. Te cubren° los ojos, te dan vueltas° y con un palo° largo te acercas a la piñata y le das° duro tres veces. Todos gritan y cantan: «¡Dale, dale, dale, no pierdas el tino!»°

*they cover*
*te... they spin you around / stick / le... you hit it*
*¡Dale... Hit it! Don't miss the target!*

—¡Da... dale... dale! —repite Eeer, riéndose—. ¿Y tú... rompiste la piñata?

—No, aunque° le pegué con fuerza. La rompió mi primo Gustavo.

*although*

—¡Claro! —dijo Eeer finalmente—. ¡Gustavo es más grande y más fuerte que tú!

### Comprensión

1. Describa la piñata de Ernestito.

   _____

2. ¿Qué tienen las piñatas adentro?

   _____

3. Describa el proceso de romper una piñata.

   _____

**¿Y usted?**

1.  Describa una fiesta de cumpleaños que usted tuvo de niño/a.

   _____

2.  ¿Cómo se celebran los cumpleaños de los niños norteamericanos?

   _____

# Notas culturales: Apuntes de un viaje al Caribe

Carmen, Esteban y Luis están de vacaciones en el Caribe. Esteban ya ha viajado a México antes, pero es la primera vez que Carmen y Luis visitan países hispanos. La última semana de su viaje la están pasando° en la República Dominicana.

Carmen ha descrito° en su diario sus experiencias más divertidas y algunas de las tradiciones culturales que más le han gustado.° Éstos son algunos de sus apuntes:

*spending*
*ha... has described*
*más... she has liked most*

### LA SOBREMESA°

La sobremesa es una de las costumbres latinoamericanas que más me fascina. Es la mejor parte de la comida, después del postre, cuando todos beben café y algunos encienden un cigarrillo. Es el momento de charlar y compartir° impresiones, ideas, y gustos y hablar de política. Muchas veces la sobremesa dura más que la comida misma. ¡Cómo voy a extrañar° la sobremesa cuando regresemos a los Estados Unidos!

*after-dinner chat*

*to share*

*to miss*

### CAFÉ CON LECHE

Plátanos maduros fritos, tostones,[1] yuca° frita. ¡Qué deliciosa es la comida caribeña!° El arroz con pollo es seguramente el plato caribeño por excelencia. Y para el postre: flan, arroz con leche, natilla° o pudín de pan. Creo que hemos engordado° en este viaje.

Lo único que nos extrañó mucho al comienzo fue el café. Recuerdo la primera vez que lo probamos.° Estábamos° desayunando en un restaurante en San Juan, Puerto Rico...

*cassava root*
*Caribbean*
*custard*
*hemos... we have gained weight*

*lo... we tried it / We were*

—¡Este café es como tinta!° —gritó Esteban.

—¿Quién puede tragarse° esto? —dijo Luis.

*ink*
*to swallow*

Un muchacho sentado en otra mesa escuchó los comentarios y respondió inmediatamente:

—El café nuestro no se toma solo, como el americano, —nos dijo—. Hay que ponerle mucho azúcar y leche caliente.

Se acercó° para demostrarnos.

*Se... He came closer*

—Así.— Agregó media taza de leche a media taza de café. Luego le puso dos cucharaditas de azúcar. —Pruébelo ahora, —le dijo a Esteban.

—Ahora sí —respondió Esteban.

—Sí, —dijo Luis— pero todavía está más fuerte que el café americano.

—Ya se acostumbrarán° —dijo finalmente el muchacho. Esteban y Luis me miraron.

*Ya... You'll get used to it*

---

[1] *slices of green plantain, boiled and fried*

—Bueno. ¿Y tú no lo vas a probar, Carmen? —me preguntó
Luis—. ¿Qué esperas?

—Mmmmm. Delicioso. ¡Para revivir a un muerto!°

¡Para... (*Good enough*) *to raise the dead!*

### BANANAS Y PIÑAS

El viaje a Puerto Plata[1] fue estupendo. Durante todo el recorrido°
hizo un calor intenso, pero nos gustó. Paramos varias veces en el
camino para disfrutar del paisaje: cañaverales° y palmeras° enormes,
campos muy verdes, un cielo intensamente azul.

*jaunt, trip*

*sugar cane fields / palm trees*

A media mañana paramos en un puesto de bananas y compramos
un racimo° enorme. ¡Qué dulces! Pero al rato ya estábamos con
hambre° otra vez. Entonces empezaron a aparecer a lo largo de la
carretera pequeños puestos donde vendían° piñas.

*bunch*

estábamos... *we were hungry*

*they sold*

—¿Quieren una piña fresca? —preguntó Esteban.

—Mejor no, —respondió Luis.— La piña tiene mucho jugo y
no tenemos servilletas. Se nos van a quedar las manos pegajosas.°

*sticky*

—¡Y eso qué importa, hombre! —dijo Esteban.— Te las
limpias en los pantalones y ya.

—¡Vamos! —dije yo por fin.— Para° el coche, Esteban, que
me muero de hambre.

*Stop*

Y nos bajamos en uno de los puestos. Al salir del coche con
aire acondicionado nos golpeó la humedad tremenda del trópico.

—Córtenos° en tres una piña grande, por favor, —le pedí al
vendedor.

*Cut for us*

En unos segundos estaba saboreando° la piña más dulce y
jugosa que he probado° en mi vida.° Y continuamos nuestro viaje,
mucho más satisfechos, pero, claro, con las manos pegajosas.

estaba... *I was tasting, savoring*

he... *I have tasted / life*

## Comprensión

1. Explique la costumbre de la sobremesa. _____

   _____

2. ¿Cómo es el café con leche caribeño? _____

   _____

3. En su opinión, ¿por qué estaba tan dulce la piña que comieron? _____

   _____

## ¿Y usted?

1. ¿Existe la costumbre de la sobremesa en los Estados Unidos? _____

   _____

2. ¿Qué otros tipos de café conoce usted? _____

   _____

3. ¿Qué frutas tropicales come usted? _____

   _____

_____
[1] puerto (*port*) en la costa norte de la República Dominicana

# Capítulo nueve

## ACTIVIDADES DE COMPRENSIÓN

### A. UNA FAMILIA COMO TODAS

#### VOCABULARIO NUEVO

| | |
|---|---|
| caerle bien a uno/me cae bien | *to like/I like* |
| presumido/a | *conceited* |
| el turno | *turn* |
| el/la hijo/a único/a | *only child* |
| ¡Pobre de ti! | *You poor thing!* |
| criarse/me crié | *to be brought up/I was brought up* |
| el/la hermanastro/a | *stepbrother/sister* |

Carla Espinosa y Rogelio Varela, estudiantes de la Universidad de Puerto Rico, están en un café en el Condado[1] hablando de sus familias.

_____

Complete los cuadros de la familia Espinosa y la familia Varela.

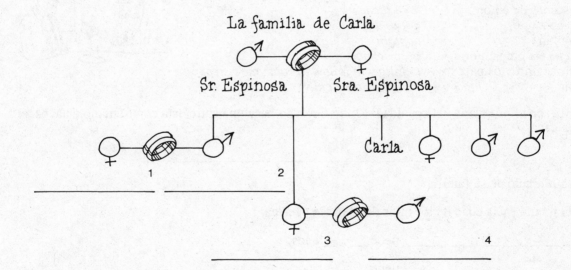

_____

[1] playa muy popular en una zona turística de San Juan, Puerto Rico

La familia de Rogelio

primera esposa    padre    madre

Rogelio

5          6

_____   _____

## B. SIB: ENTREVISTA CON MARCELO CHÁVEZ

### VOCABULARIO NUEVO

| | |
|---|---|
| el actor/la actriz | *actor/actress* |
| el camino | *road* |
| ser/es un placer | *to be/it's a pleasure* |
| tutearse/tutearnos | *to use informal form (tú) / to address one another using the (tú) form* |
| los/las admiradores/as | *admirers* |
| querido/a | *dear* |
| las escenas de amor | *love scenes* |
| en lo absoluto | *not at all* |
| el capitán | *captain* |
| la prepa (la preparatoria)[1] | *prep school* |
| seguir/seguirle los pasos | *to follow/to follow in someone's steps* |
| actuar | *to act (dramatically)* |

Hoy en SIB, en el programa «Hispanidad», Julio Delgado hace una entrevista con Marcelo Chávez, el actor mexicano.

_____

¿Qué dice Marcelo de su familia?

Indique el nombre y la edad de los hijos de Marcelo Chávez.

_____ tiene _____ años.

_____ tiene _____ años.

_____ tiene _____ años.

_____ tiene _____ años.

_____ tiene _____ años.

_____

[1] Students may attend a *prepa* for one or two years after graduating from high school to prepare for their university studies.

¿Qué quiere ser...

Felipe? _____

Luci? _____

Carmen? _____

## C. LA FAMILIA DE DOÑA MARÍA

**VOCABULARIO NUEVO**

| | |
|---|---|
| por suerte | *luckily* |
| sobre todo | *above all* |
| la energía | *energy* |
| oírselo decir | *to hear it said* |

Escuchemos ahora a doña María González, la abuela de Raúl Saucedo, quien nos habla de su familia.

_____

Decida si la información es cierta (C) o falsa (F) según lo que dice doña María.

1. _____ Doña María es muy joven.

2. _____ Doña María tiene dos hijos y ocho nietos en total.

3. _____ Ve a los hijos de su hija con más frecuencia porque viven muy cerca de su casa.

4. _____ Cuando su hijo Javier vivía en Arenal, él y su familia comían con ella casi todos los sábados.

5. _____ Clarisa y Marisa veían sus fotos y jugaban con el gato cuando la visitaban.

6. _____ Ahora doña María ve a Raúl solamente cuando él tiene vacaciones.

## D. LA LEY DE LA VIDA[1]

**VOCABULARIO NUEVO**

| | |
|---|---|
| contar/contaba | *to tell/used to tell* |
| las historias | *stories* |
| jugar al escondite | *to play hide-and-seek* |
| la huerta | *orchard* |
| cultivar/cultivaba | *to grow (plants)/used to grow* |
| nostálgico/a | *nostalgic* |
| gratis | *free, at no cost* |
| inevitable | *unavoidable* |
| filosófico/a | *philosophical* |

Raúl Saucedo y su amigo norteamericano, Esteban Brown, están en México para pasar las vacaciones de Navidad. Hoy viajan en coche a Arenal, un pueblo cerca de Guadalajara, para visitar a doña María, la abuela de Raúl. Clarisa y Marisa, las hermanas gemelas de Raúl, también van en el coche. Raúl maneja.

_____

[1] La... *The law of life*

Complete los espacios en blanco con los verbos correctos en el imperfecto.

1. La abuela siempre _____ algo que darnos.

2. ¿Recuerdas que a veces _____ con nosotras?

3. Es que _____ su casa mejor que nosotras.

4. Lo que más me _____ era pescar en el lago.

5. Nos _____ al agua y _____.

6. _____ a un lugar fabuloso donde sólo _____

   dos dólares y _____ toda la tarde.

7. En Arenal, todo el mundo _____ con cuidado.

# E. ESTEBAN SABE MÁS DE LO QUE CREE

## VOCABULARIO NUEVO

| | |
|---|---|
| resolver/resolví | *to solve/I solved* |
| el imperfecto | *imperfect tense* |
| jalar/jalaba | *to pull/I would (used to) pull* |
| las trenzas | *braids, pigtails* |
| esconder/escondía | *to hide/I would (used to) hide* |
| travieso/a | *mischievous* |

Esteban está en la oficina de la profesora Martínez.

¿Con quién asocia usted estas frases, con Esteban (E) o con la profesora Martínez (M)?

1. _____ Estoy aquí para contestar sus preguntas.

2. _____ Leí una novela.

3. _____ Tuve que estudiar para una clase de arte.

4. _____ Tenía muchos amigos.

5. _____ Nunca peleaba con los otros niños.

6. _____ Jalaba las trenzas de las niñas.

7. _____ Les escondía los libros a mis compañeros.

## F.  ANUNCIOS COMERCIALES

### VOCABULARIO NUEVO

**Divertilandia, el secreto para rejuvenecer**[1]

| | |
|---|---|
| los cuentos de hadas | *fairy tales* |
| los héroes/las heroínas | *heroes/heroines* |
| explorar/exploraba | *to explore/used to explore* |
| la isla | *island* |
| el tesoro | *treasure* |
| los seres | *beings* |
| feliz (felices) | *happy* |

Y ahora, aquí en WXET, unos mensajes de nuestros amigos de Divertilandia.

_____

Llene los espacios en blanco correctamente, según el anuncio de Divertilandia.

¿Recuerda los cuentos de hadas que tanto le _____[1] cuando

_____[2] niño? ¿Le gustaría volver a vivir aquellas aventuras de sus héroes

favoritos, aquellas aventuras que _____[3] dos y hasta tres veces? ¿Quiere volver

a sentir la emoción que _____[4] cuando exploraba la isla del tesoro? ¡Venga a

Divertilandia! En este paraíso de la imaginación le esperan Pinocho, Robin Hood, Blancanieves, Alicia, la

Cenicienta y todos aquellos seres maravillosos que le _____[5] pasar horas

felices en su niñez. Divertilandia le ofrece la oportunidad de volver al mundo mágico de la niñez.

¡Aprovéchela!

¿Cómo se llaman en español estos personajes de los cuentos de hadas?

_____  _____  _____

_____  _____

---

[1] *to rejuvenate*

## VOCABULARIO NUEVO

### Limonazo, el limpiador[1] mágico para el horno

| | |
|---|---|
| los detergentes | *detergents* |
| mientras | *while* |
| los adelantos | *advances* |
| convertir/convierten | *to turn into/turn into* |
| sufrir/sufría | *to suffer/used to suffer* |
| tal como | *just as* |
| los resultados | *results* |
| obtener/obtenía | *to obtain, get/used to get* |
| ¡Se acabaron sus problemas! | *Your problems are over!* |
| el olor | *smell, aroma* |
| estar/estará como nuevo | *to be/it will be like new* |

Y ahora escuchemos un anuncio de Limonazo, el limpiador mágico para su horno.

_____

Conteste según el anuncio.

1. Diga dos tipos de trabajo que son más fáciles de hacer ahora que en el pasado.

   _____

   _____

2. Según el anuncio, ¿qué son los resultados de los adelantos de nuestro tiempo?

   _____

3. ¿Para qué se usa Limonazo?

   _____

## G. ¡QUÉ TIEMPOS AQUÉLLOS EN OCUMARE!

### VOCABULARIO NUEVO

| | |
|---|---|
| en fin | *finally, well anyway* |
| la bahía | *bay* |
| ¡Qué banquetes! | *What feasts!* |
| seguidos/as | *in a row, without omitting any* |
| ¡Qué tiempos aquéllos! | *Those were the days!* |

Ahora Ricardo Sícora, el joven venezolano que ahora estudia derecho en España, nos va a hablar de sus veranos cuando era estudiante de secundaria.

_____

_____
[1] *cleaning agent*

Escoja la(s) respuesta(s) más lógica(s).

1. Cuando estaba en la secundaria, Ricardo se levantaba temprano aunque no le gustaba porque...

    a. no tenía que asistir a clases.

    b. sus clases empezaban a las ocho y media.

    c. tenía que trabajar primero.

    d. era imposible hacer cosas divertidas.

2. Pasaba todo el año esperando el verano porque...

    a. era imposible hacer cosas divertidas durante el año escolar.

    b. siempre tenía que hacer mucha tarea.

    c. casi siempre iba a Ocumare.

    d. en verano tenía clase a las ocho y media.

3. En Ocumare, durante el verano Ricardo...

    a. tomaba el sol.

    b. escuchaba música.

    c. nunca se divertía.

    d. nadaba y buceaba.

4. Por las tardes Ricardo...

    a. iba a casa de un amigo.

    b. no tenía tiempo para dormir la siesta.

    c. bailaba, jugaba y charlaba con sus amigos.

    d. almorzaba mientras escuchaba discos nuevos.

5. Las noches de los fines de semana en Ocumare eran muy especiales porque...

    a. hacían lo mismo todos los sábados y domingos.

    b. solamente iban a la playa por la mañana.

    c. tenían grandes fiestas.

    d. a veces acampaban en las montañas.

## H. RADIODRAMA: LUCES EN LA NOCHE

### VOCABULARIO NUEVO

| | |
|---|---|
| los llanos | *plains* |
| ocurrir/ocurrían | *to happen/used to happen* |
| ¿Cómo qué? | *Like what?* |
| dar miedo | *to scare* |
| las luciérnagas | *glowworms, fireflies* |
| incrédulo/a | *incredulous* |
| el nopal | *prickly pear cactus* |
| descansar/que en paz descanse | *to rest/may he/she rest in peace* |
| el monstruo | *monster* |
| hacia | *toward* |
| lastimar/lastimaban | *to hurt, injure/they hurt* |
| los oídos | *(inner) ears* |
| de repente | *suddenly* |
| horrorizado/a | *horrified* |
| el terremoto | *earthquake* |
| temblar/temblando | *to tremble/trembling* |
| la Llorona | *the weeping woman (well-known figure from Mexican folklore)* |

### Personajes

Raúl Saucedo
doña María, la abuela de Raúl

Es una noche de tormenta[1] en Arenal. Raúl Saucedo está de visita en casa de su abuela, doña María. Estamos en la sala. Allí, junto a la ventana, vemos a doña María y a su nieto conversando y tomando chocolate. Afuera cae la lluvia...

_____

Ponga estas oraciones en orden cronológico para formar un resumen de la historia del tío Pascual y la Llorona.

_____ De repente el tío vio a una mujer vestida de blanco.

_____ El tío Pascual sintió mucho miedo y empezó a correr.

_____ El tío Pascual llegó a su casa gritando: «Es la Llorona».

_____ En el rancho todos veían luces en la noche.

_____ Un día desapareció y la familia de doña María nunca supo más de él.

_____ Una noche el tío Pascual salió para ver qué era aquella luz.

_____ Lloraba diciendo: «¡Mis hijos! ¿Dónde están mis hijos?»

_____ El pobre ya nunca fue el mismo; todos los días contaba la historia de como vio a la Llorona.

_____ La mujer empezó a caminar hacia el tío Pascual.

_____
[1] *storm*

# Repaso del vocabulario

These are some of the words that were used in the listening passages in *Capítulo nueve*. Since they are similar to English, you will be expected to recognize them in the future. They will not be listed or defined in the chapters that follow.

| | | | |
|---|---|---|---|
| el actor/la actriz | el detergente | explorar | inevitable |
| el/la admirador(a) | la energía | filosófico/a | nostálgico/a |
| el capitán | | | |

Here is a list of very common new words and expressions used in the listening texts of *Capítulo nueve*. Since they will be used in subsequent chapters, you should review them carefully before going on to *Capítulo diez*.

| | | | |
|---|---|---|---|
| criarse | *to be brought up* | mientras | *while* |
| de repente | *suddenly* | obtener | *to get, obtain* |
| esconder | *to hide* | ocurrir | *to occur* |
| feliz | *happy* | el olor | *smell* |
| gratis | *free* | resolver (ue) | *to solve* |
| el héroe/la heroína | *hero/heroine* | sobre todo | *above all* |
| lastimar | *to hurt, injure* | sufrir | *to suffer* |

# Ejercicios de pronunciación

## PRONUNCIACIÓN: *b, v, d, g*

We have already seen that the letters *b, v, d,* and *g* in the combinations *ga, go,* and *gu* are normally pronounced soft, not hard as in English. In the case of *b* and *v*, the lips do not completely close; in the case of *d*, the tip of the tongue is on the back of the upper teeth but does not completely stop the air; and in the case of *g*, the back of the tongue against the roof of the mouth does not completely close off the air.

**A.** Listen and then pronounce the following words and phrases with soft *b, v, d,* and *g.*

1. Mucho gusto.
2. Es divertido.
3. Mi amigo dice que no va a venir.
4. Abuela, por favor, abra la ventana.
5. Tiene ganas de nadar.

Note that if the letters *b, v, d,* and *g* begin a word within a phrase or sentence, they usually are pronounced soft.

**B.** Listen and then pronounce a soft *b, v, d,* and *g* in the following words.

la boca, la vida, la discoteca, la gasolinera

The letters *b, v, d,* and *g* may be pronounced hard if the speaker pauses before a word which begins with one of these letters, as at the beginning of a sentence or phrase.

**C.** Listen and then pronounce the following sentences, all of which begin with *b, v, d,* or *g.*

1. ¡Vamos a bailar!
2. ¡Ganamos el partido!
3. Voy mañana.
4. Bailan muy bien.
5. Debo estudiar.

The letters *b*, *v*, *d*, and *g* are also pronounced hard if preceded by *m* or *n*.

**D.** Listen and then pronounce the following words and phrases with hard *b*, *v*, *d*, and *g*.

1. ¿Por qué no me in<u>v</u>itaste a an<u>d</u>ar en <u>b</u>icicleta?
2. Cam<u>b</u>ió el tiempo.
3. ¡Ten<u>g</u>o ham<u>b</u>re!
4. ¡Es tan <u>b</u>onito tu coche!
5. Ten<u>g</u>o un <u>g</u>ato grande.

In addition, the letter *d* is pronounced hard when preceded by the letter *l*.

**E.** Listen and then pronounce the following words and phrases with a hard *d*.

el <u>d</u>ía, Al<u>d</u>o, el <u>d</u>epartamento, el <u>d</u>isco

# Ejercicios de ortografía

## I. THE LETTERS *b* AND *v*

The letters *b* and *v* are pronounced the same in Spanish. Since it is impossible to tell by the sound of a word if it is written with *b* or *v*, you must simply learn the spelling.

Listen to the words and write them correctly using *b* or *v*.

1. _____   6. _____
2. _____   7. _____
3. _____   8. _____
4. _____   9. _____
5. _____   10. _____

## II. ACCENTS ON IMPERFECT VERB FORMS

Many verb forms in the imperfect tense must be written with an accent mark. This includes forms that rhyme with the word *María*, that is, all forms of *-er* and *-ir* verbs (examples: *comía, salíamos, entendían*) and forms that are stressed three syllables from the last, that is, the *nosotros* forms of *-ar* verbs (examples: *estudiábamos, explorábamos, participábamos*).

Listen and write the following imperfect verb forms. Include an accent mark where necessary.

1. _____   6. _____
2. _____   7. _____
3. _____   8. _____
4. _____   9. _____
5. _____   10. _____

# ACTIVIDADES ESCRITAS

## I. LA FAMILIA Y LOS PARIENTES

**A.** Describa a los miembros de su familia.

MODELO: Mi novio es *alto, de pelo castaño, simpático, joven y muy inteligente.*

1. Mis tíos son _____

2. Mis suegros son _____

3. Mi esposo/a es _____

4. Mi cuñada es _____

5. Mi prima es _____

6. Mis sobrinos son _____

**B.** Escriba una descripción de algunos miembros de su familia. Incluya: dónde viven, cuántos años tienen, sus intereses y sus actividades favoritas.

_____

_____

_____

_____

_____

_____

_____

_____

## II. LA NIÑEZ

¡OJO! *Estudie Gramática 9.1–9.2.*

**A.** ¿Hacía usted estas actividades cuando era niño/a? Diga con quién y dónde las hacía.

MODELO: pelear → *Sí, yo peleaba mucho en casa con mis hermanos.*

1. jugar al escondite[1]

_____

2. correr

_____

_____
[1] *hide-and-seek*

3. nadar

_____

4. comer helados

_____

5. ir de vacaciones

_____

6. estudiar por la tarde

_____

7. andar en bicicleta

_____

8. subirse a los árboles

_____

9. saltar la cuerda

_____

10. jugar con muñecas

_____

## B. Un día típico de mi niñez

Cuando yo tenía ocho años vivía en Arenal. Asistía a la escuela primaria Miguel Hidalgo. Me levantaba a las siete, me lavaba la cara y las manos y desayunaba en el comedor con mi papá. Él salía para el trabajo a las ocho menos cuarto. Cuando yo terminaba de desayunar me lavaba los dientes y buscaba mis libros y mis cuadernos. Salía para la escuela a eso de las ocho y cuarto. Siempre caminaba a la escuela porque estaba cerca de mi casa. Algunas veces caminaba solo, otras veces caminaba con los hijos de los vecinos. Me gustaba caminar con ellos porque siempre charlábamos, jugábamos y corríamos por la calle. En la mañana pasaba tres horas en la escuela, desde las nueve hasta las doce. Luego volvía a casa para almorzar. Almorzaba con mis padres y mis dos hermanas. Después regresaba a la escuela otra vez. En la tarde tenía clases desde las tres hasta las cinco y media. Después de las clases—en el otoño y la primavera—jugaba un poco con mis compañeros en el patio de recreo de la escuela y luego regresaba a casa. En casa ayudaba un poco a mi mamá: barría el patio, sacaba la basura, regaba las plantas. Luego hacía mi tarea. A las ocho de la noche merendaba y luego me bañaba y me acostaba.

_Adela Martínez_

Ahora describa un día típico cuando usted tenía ocho o nueve años.

_____

_____

_____

_____

_____

_____

_____

_____

_____

_____

## III. LA JUVENTUD

¡OJO! *Estudie Gramática 9.3–9.4.*

**A.** ¿Qué hacía usted cuando tenía entre 15 y 19 años? Complete las siguientes oraciones.

MODELO: Durante mis clases yo... → *dormía.*

1. Antes de ir a la escuela yo siempre...

_____

2. Al salir de clases, generalmente, yo...

_____

3. En las fiestas yo...

_____

4. Los sábados por la noche yo...

_____

5. El domingo por la mañana yo...

_____

**B.** ¿Qué hacía usted con sus amigos de la escuela secundaria o de la universidad? Complete las siguientes oraciones.

1. Los viernes en la noche mis amigos y yo...

_____

2. En los bailes de la escuela mi novio/a y yo...

_____

3. En la tarde, después de las clases, generalmente mis amigos y yo...

_____

4.  Durante las vacaciones del verano mi familia y yo...

   _____

5.  Durante la hora del almuerzo en la escuela mis compañeros y yo...

   _____

## C.  La escuela secundaria

Mi escuela secundaria estaba muy lejos de mi casa. Era una escuela pequeña y muy vieja. Estudiábamos la lengua nacional (español), ciencias naturales (química, biología y física), matemáticas (álgebra), historia y lenguas extranjeras (latín, inglés y francés). En otras palabras, mi escuela tenía un programa muy tradicional. Yo estudiaba mucho. Pasaba mucho tiempo en la biblioteca antes de las clases y durante la hora del almuerzo. También me gustaban mucho los deportes. Después de las clases siempre jugaba varios partidos de basquetbol o de voleibol. En las tardes hacía mi tarea en casa. Me gustaba hacer mi tarea pero me gustaba más hablar por teléfono con mis amigos. ¡Pasaba muchas horas hablando por teléfono! Pero ahora casi no me gusta hablar por teléfono.

*Pilar Álvarez*

Ahora describa su escuela secundaria. ¿Cómo era? ¿Qué hacía usted allí? ¿Qué es lo que más le gustaba? ¿Qué es lo que menos le gustaba? Mencione algunas cosas que usted hacía en la escuela secundaria y que ya no hace.

   _____

   _____

   _____

   _____

   _____

   _____

   _____

   _____

   _____

   _____

D.  Llene los espacios en blanco con el verbo indicado. Use el imperfecto en uno de los espacios y el pasado en el otro espacio.

1.  saber

   —Anoche yo _____ que te casas mañana.

   —¿No lo _____ antes?

2. conocer

—El mes pasado _____ a mi hermanastro por primera vez.

—¿No lo _____ antes?

3. poder

—¡Ay! Por fin _____ correr cinco kilómetros sin descansar.

—¿Cómo? Nunca me dijiste que no _____ correr una larga distancia

sin descansar.

4. querer

—Estela, lo siento, mi esposo no _____ venir a la fiesta.

—Pero si anoche hablé con él y me dijo que _____ venir, que tenía

muchas ganas de vernos a todos.

5. tener

—¿Estás enferma? Me dijo tu hermana que _____ dolor de cabeza.

—Hoy estoy bien pero anoche _____ un dolor de cabeza y de estómago

por casi tres horas.

**E.** A Guillermo no le gusta hacer los quehaceres domésticos. Su padre tiene que recordarle a cada rato. Cuando su padre le recuerda lo que debe hacer Guillermo siempre le dice: «Iba a... pero...» Haga el papel de Guillermo y reaccione a los comentarios de Pedro Ruiz. Aquí tiene usted algunas posibles excusas: *el vecino tenía la máquina de cortar, estaba lloviendo, no había agua, Amanda ya lo paseó, mamá me llamó para ayudarle con otra cosa.*

MODELO:     PEDRO:  Guillermo, ¿por qué no barriste el patio? →
          GUILLERMO:  *Papá, lo iba a barrer pero sonó el teléfono.*

1.    PEDRO:  Guillermo, ¿ya sacaste la basura?

    GUILLERMO: _____

2.    PEDRO:  Hijo, ¿cortaste el césped ayer?

    GUILLERMO: _____

3.    PEDRO:  Guillermo, hijo, otra vez se te olvidó pasear el perro.

    GUILLERMO: _____

4.    PEDRO:  ¡Ay, hijo! ¿Por qué no recogiste el periódico?

    GUILLERMO: _____

5.    PEDRO:  ¡Guillermo! ¡Ay, hijo, nunca me ayudas! Otra vez se te olvidó regar el jardín.

    GUILLERMO: _____

# IV. LAS EXPERIENCIAS Y LOS RECUERDOS

¡OJO! *Estudie Gramática 9.5.*

**A. Hable de sus recuerdos.** Complete dos de estas oraciones usando una de estas expresiones: *se me cayó, se me rompió, se me perdió, se me olvidó, se me escapó.*

1. Una vez en mi clase de _____

   _____

2. Un día en casa de un amigo _____

   _____

3. La primera vez que salí con mi novio/a _____

   _____

4. La semana pasada en un restaurante muy elegante _____

   _____

5. Ayer mientras paseaba por el parque _____

   _____

**B. ¡Esos accidentes de la niñez!**

Cuando yo tenía siete años mi padre me regaló mi primer reloj. Yo estaba feliz. Pasé días diciéndole la hora a todo el mundo, moviendo las manecillas[1] del reloj, cambiando la hora. En aquellos tiempos no había relojes de baterías, así que todos los días (y a veces varias veces al día) le daba cuerda.[2] Claro, muy pronto se me descompuso. Desde ese día, cuando papá me preguntaba qué hora era yo miraba el sol y calculaba la hora. Por mucho tiempo papá no supo que mi reloj estaba descompuesto. Pero, como yo no calculaba muy bien la hora mirando el sol, ¡él creía que yo no sabía usar el reloj!

*Adriana Bolini*

Ahora es su turno. Escriba una narración corta sobre un «accidente» que usted tuvo en su niñez.

*Cuando yo tenía...* _____

_____

_____

_____

_____

_____

_____

---
[1] manos
[2] le... *I wound it*

# LECTURAS ADICIONALES

## Nota cultural: La familia

Raúl Saucedo estudia ingeniería en la Universidad de Texas en San Antonio y vive con una familia norteamericana, los Smith. En estos momentos Raúl está conversando con su amigo norteamericano, Esteban Brown.

| | |
|---|---|
| ESTEBAN: | Raúl, ¿estás contento aquí en los Estados Unidos? |
| RAÚL: | Sí... Me gustan mis clases y los estudiantes son muy simpáticos, pero, la verdad, no me gusta vivir con la familia Smith. |
| ESTEBAN: | ¿Por qué? ¿Tienes problemas con ellos? |
| RAÚL: | No, ningún problema. Son muy amables°... Pero la vida en su casa es un poco aburrida. |
| ESTEBAN: | Es que probablemente esperabas una familia más al estilo hispano. |
| RAÚL: | ¿Cómo, al estilo hispano? |
| ESTEBAN: | Más grande por ejemplo. |
| RAÚL: | Quizá tengas razón. ¿Sabes? La señora Smith realmente no es ama de casa; pasa todo el tiempo fuera, en su trabajo o con sus amigas. El señor Smith es banquero; cuando no está trabajando, está con sus colegas hablando de dinero. Casi nunca está en casa ninguno de los dos. |
| ESTEBAN: | ¿Y no tienen hijos? |
| RAÚL: | Sí, Michelle, una muchacha de trece años. Siempre está con sus amigas o viendo la tele. |
| ESTEBAN: | ¡Qué suerte! Tienes la casa para ti solo. |
| RAÚL: | Mmm... Sí... Pero, ¿solo en una casa tan grande? |
| ESTEBAN: | ¿No te gusta estar solo? |
| RAÚL: | Bueno, solo, no. Mira, en mi casa en México siempre hay personas con quienes conversar, con quienes jugar a las cartas, jugar al fútbol, salir a pasear. Es que siempre hay algo que se puede hacer. |
| ESTEBAN: | Bueno, la diferencia es que las familias hispanas muchas veces son muy grandes. Siempre hay actividad en la casa. |
| RAÚL: | Exactamente, y es la falta° de actividad que extraño.° |
| ESTEBAN: | Y yo en un ambiente latino me canso del ruido y de tantas personas en la casa. Uno nunca puede estar solo. |
| RAÚL: | ¡Espero que no! Es lo bonito. Aquí en esa casa cada cual anda por su lado;° no hay unión. Y creo que tampoco hay amor. |
| ESTEBAN: | Bueno, creo que mi familia es más unida que la de los Smith, aunque a todos en mi casa nos gusta pasar tiempo solos, y ser independientes. |
| RAÚL: | A mí no me gusta esa soledad° en una casa y no me gusta tu independencia. |
| ESTEBAN: | Estamos hablando de dos culturas diferentes, Raúl. Para nosotros la soledad no es siempre una cosa negativa. Y la independencia aquí es muy importante, tal vez más importante que en el mundo hispano. |
| RAÚL: | Sí, ya sé que en tu cultura lo que más cuenta° es la independencia, el éxito personal. |

*friendly*

*lack / I miss*

cada... *everyone minds his/her own business*

*solitude*

lo... *what counts the most*

ESTEBAN: Los padres estimulan a los hijos a valerse por sí solos° desde que son muy jóvenes. Pero eso no quiere decir que no sientan amor por ellos o que los quieran menos que los padres hispanos.

    *valerse... to fend for themselves*

RAÚL: En el fondo, Esteban, pienso que la familia tiene importancia en ambas° culturas, pero la verdad es que somos de dos mundos con valores° muy distintos en algunos casos.

    *both*
    *values*

ESTEBAN: Volviendo° a tu problema, Raúl...

    *Going back*

RAÚL: ¿Mi problema? ¿Qué problema?

ESTEBAN: Tu vida aburrida con los Smith.

RAÚL: ¡Bah! Tú ya lo dijiste, Esteban. ¡Estamos hablando de dos culturas diferentes!

## Comprensión

1. Según Raúl, ¿cómo es la vida de los Smith? _____
   _____

2. ¿Por qué no está contento en su casa Raúl? _____
   _____

3. ¿Por qué le gusta a Raúl tener muchas personas en su casa? _____
   _____

4. ¿Qué es lo importante en la familia norteamericana, según Esteban? _____
   _____

## ¿Y usted?

1. ¿Cómo es su familia? _____
   _____

2. ¿Hay algún aspecto de su familia que le gustaría cambiar? ¿Por qué? _____
   _____

3. ¿Cómo es, en su opinión, la familia ideal? Descríbala. _____
   _____

# Nota cultural: La crianza° de los niños

*upbringing*

La profesora Martínez conversa con sus estudiantes sobre el tema de la infancia.

—Los niños —explica la profesora— son el centro de la atención en el hogar° hispano. Son mimados° por toda la familia, igual que en los Estados Unidos. Generalmente, desde muy temprano los niños aprenden a participar en las actividades consideradas propias de su sexo. Si son varones,° juegan a los soldados, a los carritos, se suben a los árboles; si son mujercitas, juegan con sus muñecas a las casitas.°

*home / pampered*

*male*
*juegan... play house with their dolls*

—¡Claro! —protesta Mónica—. Las actividades típicamente femeninas.

—Sí, Mónica. Tiene usted razón. Es una crianza muy tradicional —responde la profesora.

—¡Las «mujercitas» pueden subir a los árboles también! —observa Carmen.

—¡Pero los niños no deben jugar a las casitas! —dice Esteban.

—¿Por qué no? —contesta Carmen, riéndose—. O, ¿quieres acaso° que jueguen a la guerra?°

*perhaps / jueguen... play war*

—¡No hay que pelear, muchachos! —dice la profesora. Y luego continúa— Las cosas están cambiando en la sociedad hispana, como en todo el mundo. Ahora hay muchas familias que no crian° a sus hijos de una manera tan tradicional.

*raise*

—¡Qué bueno! —reaccionan Carmen y Mónica.

—En el mundo hispano —continúa la profesora— los padres les enseñan a sus hijos a ser obedientes desde muy pequeños. Los hijos deben respetar en todo momento las decisiones de sus padres.

—Todo parece muy estricto. —observa Alberto.

—Sí —responde la profesora—. Tal vez parezca° un sistema autoritario, pero en el mundo hispano la independencia no es una meta° inmediata, como aquí en los Estados Unidos. Más que estimular una actitud de independencia, los padres tratan de enseñarles a sus hijos el concepto de cooperación.

*it may seem*

*goal*

—¿Y qué pasa cuando los hijos trabajan y se mantienen° a sí mismos? —pregunta Luis.

*se... support themselves*

—A veces siguen viviendo con sus padres. Pero entonces se les considera° responsables de sus actos y sus decisiones. Los padres pueden dar sus opiniones y sus consejos, pero los hijos tienen la última palabra.

*se... they are considered*

## Comprensión

Diga cuáles de estas definiciones son apropiadas para la familia hispana (H), para la familia norteamericana (N) o para ambas (A).

1. _____ Los hijos son el centro del hogar.

2. _____ Los hijos respetan las decisiones de sus padres.

3. _____ Los hijos son muy independientes.

4. _____ Los padres les enseñan a sus hijos el concepto de cooperación.

5. _____ Los hijos viven mucho tiempo en casa de sus padres.

**¿Y usted?**

1. ¿Es más importante un buen sentido de cooperación o de independencia en una familia? ¿Qué opina usted?

_____

_____

2. ¿Hasta qué edad deben vivir los hijos en casa de sus padres?

_____

_____

3. Describa la crianza que usted tuvo. ¿Recuerda los juegos a que jugaba? ¿Cuáles eran sus juguetes o juegos favoritos?

_____

_____

# Capítulo diez

## ACTIVIDADES DE COMPRENSIÓN

### A. UN LUGAR PERFECTO

### VOCABULARIO NUEVO

| | |
|---|---|
| más que nunca | *more than ever* |
| cansar/me cansa | *to tire/it tires me* |
| el oasis | *oasis* |
| suave | *soft* |
| ni siquiera | *not even* |

### Lugares y personas mencionados

| | |
|---|---|
| Izta (Iztaccíhuatl) | *volcano visible from Mexico City* |
| Popo (Popocatépetl) | *volcano visible from Mexico City* |
| el Edén | *the Garden of Eden* |
| Adán y Eva | *Adam and Eve* |

Amanda Ruiz está conversando por teléfono con su amiga Graciela. Escuchemos...

_____

Estas oraciones son falsas; corríjalas.

1. Hizo muy buen tiempo en la Ciudad de México hoy.

   _____

2. Mucha gente prefirió quedarse en casa hoy.

   _____

3. El paraíso que las chicas imaginan es una ciudad muy moderna y tiene todo lo necesario para vivir cómodamente.

   _____

4. Las dos chicas quieren vivir en un lugar muy primitivo.

   _____

5. Amanda y Graciela son como todas las chicas adolescentes; sus sueños incluyen la presencia de sus padres.

   _____

6. Las dos chicas deciden vivir solas en su isla ideal para el resto de sus vidas.

   _____

## B. TRANSPORTES MÁXIMO: ¡A SUS ÓRDENES!

### VOCABULARIO NUEVO

TRANSPORTES MÁXIMO

| | |
|---|---|
| la manera | *manner* |
| contar/usted cuenta con | *to count/you can count on* |
| descansado/a | *rested* |
| la terminal | *terminal, depot* |
| la rapidez | *speed* |
| la comodidad | *comfort* |

**Lugares mencionados**

| | |
|---|---|
| Guadalajara | *ciudad principal en el oeste de México* |
| Querétaro | *ciudad al norte de México, D.F.* |
| Avenida Insurgentes | *avenida principal en México, D.F.* |

Ahora aquí en WXET, un anuncio de Transportes Máximo en la Ciudad de México.

_____

Complete los espacios en blanco con la información que falta.

1.  Viaje en Transportes Máximo, la manera más _____ y

    _____ de viajar.

2.  Usted cuenta con _____ salidas diarias y _____

    los _____, sábados y _____.

3.  Salimos de la _____ en la Avenida Insurgentes.

4.  Llame al teléfono _____ ó _____.

## C. VIAJA POR ESPAÑA CON RENFE[a]

### VOCABULARIO NUEVO

| | |
|---|---|
| el/la agente de viajes | *travel agent* |
| sacar/saque el máximo provecho | *to get/get the greatest benefit* |
| la oferta | *offer* |

Ahora, en WXET, escuchemos un mensaje para nuestros amigos que piensan pasar sus vacaciones en España este año.

_____

Escuche y complete el anuncio.

Sevilla... Madrid... San Sebastián. ¿Ha _____[1] usted estas ciudades

españolas? Conozca éstas y otras muchas ciudades españolas _____[2] por

_____

[a] Red nacional de ferrocarriles españoles *The Spanish National Railway System*

RENFE. Nuestros _____³ van a más de _____⁴

ciudades españolas a bajo _____⁵ y con la mayor comodidad. En los

_____⁶ vagones de la RENFE, usted puede viajar

_____⁷, descansando en _____⁸ amplios y

reclinables. Puede disfrutar del _____⁹ gracias a nuestras grandes ventanas

panorámicas. ¡Y siempre llega _____¹⁰! Para más información, llame a su

agente de _____¹¹ aquí en México. Disfrute de su _____¹²

y saque el máximo provecho de su _____¹³ y de su _____¹⁴.

Pregunte por nuestras ofertas especiales. ¡Conozca España! ¡Viaje por España con RENFE!

## D. ¡VAMOS A PASEAR POR ARENAL!

### VOCABULARIO NUEVO

| | |
|---|---|
| el escándalo | *uproar* |
| ¡Ya voy! | *I'm coming!* |
| indiscreto/a | *indiscreet* |
| la maravilla | *wonder, marvel* |
| alquilado/a | *rented* |
| el último modelo | *the latest model* |
| caber/caben | *to fit/they fit* |
| la cassetera | *cassette player* |
| abrocharse/¡Abróchese el cinturón! | *to fasten/Fasten your seat belt!* |
| obedecerle | *to obey it* |
| preocupar/le preocupa | *to worry/worries* |
| la seguridad | *safety* |

Raúl Saucedo está llamando por teléfono a su abuela porque le tiene una gran sorpresa para su cumpleaños.

_____

Escriba el orden correcto de los dibujos para formar un resumen lógico de lo que pasa entre Raúl y su abuela.

# E. UN TAXISTA MUY HABLADOR

## VOCABULARIO NUEVO

| | |
|---|---|
| preocuparse/no te preocupes | *to worry/don't worry* |
| de la noche a la mañana | *overnight* |
| la dictadura | *dictatorship* |
| el gobierno | *government* |
| el tío | *fellow, guy* |

## Lugares, personas y eventos mencionados

| | |
|---|---|
| la ciudad Universitaria | *university complex (campus)* |
| la Exposición Mundial | *World's Fair* |
| la conmemoración del descubrimiento | *celebration of the discovery (of the New World)* |
| el presidente Felipe González | *president of Spain* |
| Juan Carlos, rey de España | *King of Spain* |

José Estrada, un estudiante español, está conversando con Clara, una estudiante norteamericana, en un café de la Gran Vía en el centro de Madrid.

---

Escoja la(s) respuesta(s) más lógica(s).

1. Clara va a tomar un taxi porque...

   a. quiere conversar un poco más con José.

   b. necesita llegar a tiempo a su clase.

   c. no le gusta viajar en autobús.

   d. quiere dar una vuelta en taxi para conocer Madrid.

2. Según Clara,...

   a. es posible cambiar un país rápidamente.

   b. el taxista está manejando muy rápido.

   c. no va a llegar a tiempo a su clase.

   d. ha habido muchos cambios en España últimamente.

3. El taxista está preocupado porque...

   a. cree que España no está lista para el '92.

   b. Clara va a llegar tarde a clase.

   c. no van a venir muchos turistas a España.

   d. no está de acuerdo con el gobierno actual.

4. La palabra «tíos» en este contexto se refiere a...

    a.  los hermanos del padre y de la madre de José.

    b.  los padres de los primos de José.

    c.  la familia del taxista.

    d.  dos personas importantes del gobierno de España.

5. Después de su clase Clara...

    a.  va a tomar café y conversar con José.

    b.  va a regresar a su casa.

    c.  va a volver en taxi a su casa.

    d.  tiene que ir a otra clase.

## F. LLANTAS BRAVO

### VOCABULARIO NUEVO

| | |
|---|---|
| la fabricación | *manufacture* |
| exponer/no exponga | *to risk/don't risk* |
| la garantía | *guarantee* |
| distribuido/a | *distributed* |
| estar/están a la venta | *to be/they are on sale* |
| el taller | *repair shop* |

Ahora en WXET, escuchemos un mensaje de Hernández e Hijos, S.A.,[1] los fabricantes de las famosas llantas Bravo.

_____

---

[1] S.A. (Sociedad anónima) *corporation*

Llene la hoja de información comercial para el producto que se anuncia aquí.

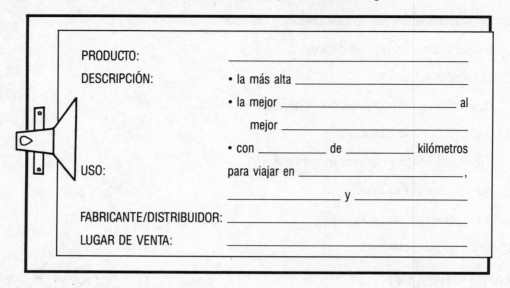

PRODUCTO: _____

DESCRIPCIÓN:
- la más alta _____
- la mejor _____ al
  mejor _____
- con _____ de _____ kilómetros

USO: para viajar en _____,
_____ y _____

FABRICANTE/DISTRIBUIDOR: _____

LUGAR DE VENTA: _____

## RADIODRAMA: EL PASAJERO MISTERIOSO

## VOCABULARIO NUEVO

| | |
|---|---|
| libre | *free, unoccupied* |
| el cuate | *buddy* (Mex.) |
| mano (hermano) | *buddy* |
| arrepentirse/se arrepintió | *to repent, change one's mind/changed his mind* |
| hacer caso/No me hagas caso. | *to pay attention/Don't pay attention to me.* |
| el brindis | *toast (with a drink)* |
| el callejón | *alley* |
| desierto/a | *deserted* |
| dar marcha atrás | *to go in reverse* |
| ¡Ándale! | *Come on!* |
| dejar/no me dejes tirado | *to leave/don't leave me stranded* |
| trabado/a | *stuck* |
| paralizado/a | *paralyzed* |
| las facciones | *(facial) features* |
| fijos/as | *fixed (on something)* |

| el presentimiento | *presentiment, premonition* |
|---|---|
| sonar/soné | *to sound, blow/I blew* |
| el claxon | *horn* |

**Personajes**

Reinaldo, un taxista
un amigo de Reinaldo

Reinaldo es un hombre mexicano de 35 años. Trabaja y vive en la Ciudad de México. Hace algunos años Reinaldo estaba trabajando el turno de noche[1] y, por una razón extraña, no podía conseguir pasajeros...

_____

Para formar un resumen de este radiodrama, complete las frases de la columna izquierda (que están en orden correcta) con las frases de la columna derecha. ¡Cuidado! Las frases de la columna derecha no están en orden.

A

1. _____ Este radiodrama trata de un...

2. _____ Reinaldo tiene el turno de noche...

3. _____ Su personalidad...

4. _____ Reinaldo no comprendía qué pasaba pues...

5. _____ Una noche, buscando pasajeros...

6. _____ Allí su coche se paró....

7. _____ Trató de salir...

8. _____ Luego vio que se abría la...

9. _____ Entonces el coche se movió inmediatamente...

10. _____ Cuando le contó todo su amigo...

11. _____ El amigo le dijo que en varias ocasiones...

B

a. su coche funcionaba y estaba en perfectas condiciones.
b. llegó a un callejón oscuro.
c. y varios pasajeros empezaron a llamarlo.
d. chofer de taxi.
e. él (el amigo) no le creyó la historia.
f. pero no consigue pasajeros.
g. empezó a cambiar.
h. y él no pudo hacerlo andar.
i. lo vio y siempre llevaba un pasajero.
j. puerta y salía una figura extraña.
k. y tampoco pudo.

# Repaso del vocabulario

These are some of the words that were used in the listening passages in *Capítulo diez*. Since they are similar to English, you will be expected to recognize them in the future. They will not be listed or defined in the chapters that follow.

la manera     el oasis

Here is a list of very common new words and expressions used in the listening texts of *Capítulo diez*. Since they will be used in subsequent chapters, you should review them carefully before going on to *Capítulo once*.

_____

[1] turno... *graveyard shift*

| | | | |
|---|---|---|---|
| el/la agente de viajes | *travel agent* | ni siquiera | *not even* |
| alquilado/a | *rented* | obedecer | *to obey* |
| caber | *to fit* | la oferta | *offer* |
| cansar | *to tire* | preocupar(se) | *to worry* |
| la comodidad | *comfort* | la rapidez | *speed* |
| la garantía | *guarantee* | suave | *soft* |
| más que nunca | *more than ever* | ¡ya voy! | *I'm coming!* |

# Ejercicios de pronunciación

## PRONUNCIACIÓN: *s*

The pronunciation of the letter *s* when followed by a consonant varies from country to country. In the interior highlands of Mexico, Colombia, Ecuador, Peru, and Bolivia, it is pronounced as an *s* if the following consonant is *p, t, c, qu, f, j, g* (+ *e* or *i*). If, however, the following consonant is *b, v, d, g* (+ *a, o,* or *u*), *y, l, r, m,* or *n,* then the letter *s* is pronounced much like the *z* sound in English.

**A.** Listen to a Mexican speaker pronounce the following words and phrases.

[s] e<u>s</u>tá, e<u>s</u> poco, e<u>s</u>pero, conte<u>s</u>tar, e<u>s</u>coba, e<u>s</u>palda, ca<u>s</u>taño, e<u>s</u> feo, seme<u>s</u>tre, de<u>s</u>cansar, tiene<u>s</u> tiempo, gu<u>s</u>to, e<u>s</u>quiar, e<u>s</u>cribir, e<u>s</u>cuchar, e<u>s</u>posa, e<u>s</u>tado, e<u>s</u>tómago, e<u>s</u> joven

[z] e<u>s</u> verde, béi<u>s</u>bol, e<u>s</u> de aquí, e<u>s</u> más, e<u>s</u> grande, e<u>s</u> bueno, e<u>s</u> nuevo, e<u>s</u> de México, e<u>s</u> lacio, e<u>s</u> romántico, tu<u>s</u> libros

In other areas, especially the coastal areas of Mexico, Colombia, Ecuador, Peru, the lowlands of Bolivia, and the countries of the Caribbean, such as Puerto Rico, Cuba, the Dominican Republic, Panama, Venezuela, as well as Paraguay, Uruguay, and Argentina, the letter *s* is pronounced as an aspiration (much like a soft *h* of English), or even dropped altogether, especially if followed by a consonant. This very common practice is called "eating s's" (*comerse las eses*) in Spanish.

**B.** Listen to some of the same words and phrases as pronounced by a Cuban speaker.

[h] e<u>s</u>tá, e<u>s</u> poco, e<u>s</u>pero, conte<u>s</u>tar, tiene<u>s</u> tiempo, gu<u>s</u>to, de<u>s</u>de, e<u>s</u>cribir, e<u>s</u>cuchar, e<u>s</u>poso

# Ejercicios de ortografía

## I. MEDIAL *r* AND *rr*

Single *r* (*r*) and double *r* (*rr*) between vowels (in medial position) must be carefully distinguished in speaking and writing. Remember that *r* between vowels is pronounced as a single tap, while *rr* is a trill.

Write the words you hear with *r* and *rr*.

1. _____    6. _____

2. _____    7. _____

3. _____    8. _____

4. _____    9. _____

5. _____    10. _____

## II. ACCENT MARK EXCEPTIONS: WORD PAIRS

There are pairs of words in Spanish which are distinguished in writing by an accent mark. The most common are:

| | | | |
|---|---|---|---|
| él | (*he*) | el | (*the*) |
| mí | (*me*) | mi | (*my*) |
| tú | (*you*) | tu | (*your*) |
| sí | (*yes*) | si | (*if*) |
| sé | (*I know*) | se | (*self*) |
| dé | (*give!*) | de | (*of, from*) |
| té | (*tea*) | te | (*you, yourself*) |

Listen to the following sentences and write the missing word. Decide from the meaning if it needs an accent mark.

1. _____ papá es médico. ¿Es abogado _____ papá?

2. ¿_____ gusta el _____ inglés?

3. _____, voy contigo... _____ me invitas, claro.

4. ¿_____ quién es este sombrero?

5. Yo no _____ _____ Javier _____ casó en marzo o en mayo.

# ACTIVIDADES ESCRITAS

## I. LA GEOGRAFÍA Y EL CLIMA

¡OJO! *Estudie Gramática 10.1.*

**A.** ¿Qué ha hecho usted en estos sitios?

      MODELO:    en el centro de una ciudad → *Yo he ido de compras.*

1. en un bosque

   _____

2. en una playa

   _____

3. en un lago o en un río

   _____

4. en un arrecife

   _____

5. en la nieve

   _____

6. en un barco grande

   _____

7. en una bahía

   _____

8. en un desierto

   _____

9. en un parque

   _____

10. en una montaña

   _____

**B.** Invente y describa un lugar ideal... su propio paraíso en la tierra. Describa la geografía, el tiempo, el transporte, etc. de este lugar. Use estas preguntas como guía para escribir la descripción: ¿Cómo se llama este lugar? ¿Es una isla? ¿Dónde está? ¿Cómo es? ¿Hay playas? ¿lagos? ¿montañas? ¿colinas? ¿valles? ¿Tiene selvas? ¿desiertos? ¿Cómo es el clima? ¿Hace buen tiempo? ¿Llueve? ¿Nieva? ¿Hay tormentas? ¿tornados? ¿huracanes? ¿Cómo son las casas? ¿Cómo es el centro? ¿Hay industria? ¿Qué tipo de transporte hay? ¿Hay contaminación? ¿Por qué?

_____

_____

_____

_____

_____

_____

_____

_____

_____

_____

_____

_____

_____

## II. LOS MEDIOS DE TRANSPORTE

¡OJO! *Estudie Gramática 10.2–10.3.*

**A.** Escriba dos ventajas (aspectos buenos) y una desventaja (aspecto negativo) de los siguientes medios de transporte.

1. el tren

   ventaja: _____

   ventaja: _____

   desventaja: _____

2. el avión

   ventaja: _____

   ventaja: _____

   desventaja: _____

3. el autobús

ventaja: _____

ventaja: _____

desventaja: _____

4. el automóvil

ventaja: _____

ventaja: _____

desventaja: _____

5. el barco

ventaja: _____

ventaja: _____

desventaja: _____

**B.** Escriba oraciones usando *por* o *para*. Siga los modelos.

MODELO:   Voy a salir *para* la escuela a las siete y media porque tengo clase a las ocho.

1. _____

2. _____

MODELO:   Me gusta andar a caballo *por* la playa temprano en la mañana.

3. _____

4. _____

MODELO:   Nunca he viajado *por* tren pero me gustaría.

5. _____

6. _____

**C.** **¿Cómo hace usted esto?** Forme oraciones interesantes con estas palabras y frases.

*lentamente, constantemente, lógicamente, alegremente, rápidamente, cómodamente, puntualmente, completamente, ligeramente*

1. cuando / tener prisa / caminar

_____

2. viajar por avión

_____

3. cuando / estar enamorado/a / pensar en

_____

4. llegar al trabajo

_____

5. cuando / hay neblina / manejar

_____

6. cuando / regresar de un viaje largo / celebrar

_____

# III. VIAJANDO EN AUTOMÓVIL

¡OJO! *Estudie Gramática 10.4–10.5.*

**A.** ¿Para qué se usan estas partes del carro?

    MODELO: el volante → *El volante se usa para manejar el carro.*

1. los frenos

_____

2. el limpiaparabrisas

_____

3. el radio

_____

4. el cinturón de seguridad

_____

5. el parachoques

_____

**B.** Usted está hablando de sus viajes con unos amigos. Exprese sus reacciones a estos lugares.

    MODELO: una isla en el Caribe → *¡Qué isla tan tranquila!*

1. el río Amazonas

_____

2. una montaña de los Andes

_____

3. un vuelo de Los Ángeles a Buenos Aires

_____

4. un viaje a Hawaii

_____

5. una bahía en Alaska

_____

6. el desierto en el norte de México

_____

7. una playa en Puerto Rico

_____

8. una selva en Perú

_____

9. la arena en una playa del Caribe

_____

10. la vista desde una pirámide en Guatemala

_____

C. Describa un viaje que usted hizo en su automóvil. Use estas preguntas como guía. ¿Adónde fue? ¿Fue con amigos o fue solo/a? ¿Cómo se preparó para el viaje? ¿Qué hizo y qué vio en el viaje? ¿Salió todo bien o hubo problemas? ¿Tuvo alguna dificultad mecánica? ¿Resolvió el problema usted solo/a o le ayudó alguien?

_____

_____

_____

_____

_____

_____

_____

_____

_____

# LECTURAS ADICIONALES

## Los amigos hispanos: Pasando la frontera°

*border*

Me llamo Adriana Bolini. Por mi trabajo, tengo que hacer muchos viajes de negocios al año. Viajar es divertido para mí y tengo muy gratos° recuerdos de los lugares que he visitado. Bueno, con una excepción: mi visita al pueblo de Hendaya[1] con mi amiga Alicia. Seguíamos un curso° en el Centro Educacional de Informática de Madrid y decidimos viajar por toda Europa durante las vacaciones de Navidad. Hoy nos reímos mucho cuando recordamos nuestras vacaciones de diciembre de ese año.

*buenos*

*Seguíamos... We were taking a class*

    El último país que visitamos fue Francia, antes de volver a España. Pasamos nuestro último día en París caminando por el Barrio Latino° y a lo largo° del río Sena.° Llegamos a la estación de trenes bastante temprano y fuimos de las primeras en subir al tren y encontrar nuestros asientos. El tren salió a las ocho de la noche en punto. ¡Qué sorpresa! Luego empezó a llover. Dormimos durante todo el viaje hacia la frontera con España. A la mañana siguiente nos despertó un señor uniformado del Departamento de Inmigraciones.

*Barrio... Latin Quarter / a... along / Seine*

    —Pasaportes, por favor.

    Le entregamos los pasaportes y miramos por la ventana. Ya estábamos en la frontera, en la ciudad de Hendaya. Faltaban solamente unas horas más para llegar a Madrid. Después de algunos minutos regresó el oficial. Nos miró muy serio y nos dijo:

    —Ustedes no pueden entrar a España.

    Alicia y yo nos miramos asustadas.° El señor repitió aquella frase varias veces.

*frightened*

    —Ustedes no pueden entrar a España. Deben salir del tren inmediatamente. ¡Recojan sus cosas!

    —¿Por qué? —le preguntamos—. ¡Esto no es justo!

    El funcionario repitió la orden y agregó:

    —Necesitan visas para volver a entrar a España. Sus visas están vencidas.° ¡Vamos! ¡Pronto! El tren debe seguir. ¡Pronto! ¡Bájense!

*expired*

    Alicia se bajó primero y yo le di nuestro equipaje por la ventanilla. Vimos el tren desaparecer en la distancia y entonces

---

[1] una ciudad pequeña en la frontera entre España y Francia

comprendimos el problema. Cuando planeamos nuestras vacaciones y salimos de España aquel mes de diciembre, no nos fijamos° en que nuestros visas se vencían el día cinco de enero. ¡Y ya estábamos a ocho!

*no... we didn't notice*

Hendaya es el último pueblo francés antes de cruzar la frontera con España. Resultó° ser un pueblo hermosísimo, con paisajes muy bellos. Recorrimos° sus calles buscando el consulado. La única solución era encontrarlo y conseguir los visas para entrar a España. Por fin tuvimos éxito° y con nuestro último dinero pagamos por los documentos que necesitábamos.

*It turned out*
Caminamos
*tuvimos... we succeeded*

Para regresar a Madrid ya no había expres° y tuvimos que tomar un tren local que paraba en cada pueblo. Llegamos a Madrid con tanto dolor° en el cuerpo, que al día siguiente no fuimos a clase. Esa noche yo tuve pesadillas.° En mis sueños veía a aquel señor uniformado apuntándome con el dedo y gritando: ¡Vamos! ¡Pronto! ¡Bájense!

tren rápido

*pain*
*nightmares*

### Comprensión

Ponga las oraciones en el orden correcto.

_____ Adriana y Alicia viajaron por Europa.

_____ Caminaron por el Barrio Latino en París.

_____ Las despertó un señor uniformado.

_____ El tren salió de París.

_____ Adriana y Alicia buscaron el consulado.

_____ El oficial del Departamento de Inmigraciones les dijo: «¡Bájense!»

_____ Llegaron a Madrid.

_____ Tomaron otro tren que paraba en cada pueblo.

# Nota cultural: El transporte

Gran parte de los hispanos depende del transporte público para ir al trabajo y para hacer las compras diarias. En todas las grandes ciudades hispanas los autobuses pasan con frecuencia; son eficientes, transportan un número relativamente grande de pasajeros y son mucho más económicos que los automóviles particulares. Los taxis, o carros públicos, abundan y no son muy caros. El metro (abreviatura de «transporte metropolitano») es otro medio de transporte muy usado; los metros de las ciudades de México, Buenos Aires y Madrid transportan a miles de personas diariamente. Los hispanos también caminan mucho; acostumbran completar un recorrido° en autobús o en metro con una caminata° de varias cuadras para llegar al trabajo o a la casa.

*trip*
*walk*

Los medios de transporte reciben nombres diferentes de acuerdo con° el país. En Argentina al metro se le llama el «subte», es decir, el

*de... according to*

subterráneo. El autobús es el «camión» en México, la «guagua» en el Caribe, el «ómnibus» en Argentina, la «camioneta» en Guatemala y el «bus» en España. Y un automóvil puede ser también un «auto», «carro» o «coche» o, sencillamente,° la «máquina», según el país.

Al hacerse más fácil la compra de un automóvil, han surgido° en las capitales hispanas terribles embotellamientos de tránsito.° Las viejas ciudades como Lima, México y Bogotá tienen muchas calles angostas que no están preparadas para el tráfico de tantos vehículos. En algunas ciudades hay cuatro períodos de mucho tráfico durante el día. Muchas tiendas y negocios cierran al mediodía y los trabajadores vuelven a sus casas para el almuerzo, que puede durar desde las doce hasta las tres de la tarde. Por esta razón hay embotellamientos en la mañana, a mediodía, temprano en la tarde y, en la noche, a la salida del trabajo.

*simply*
*come about*
embotellamientos... *traffic jams*

## Comprensión

1. ¿Cuáles son los medios de transporte público que más usan los hispanos?

   _____

2. ¿Qué otras palabras se usan en español para «automóvil»?

   _____

3. ¿Por qué hay cuatro períodos de mucho tráfico diariamente en algunas ciudades hispanas?

   _____

## ¿Y usted?

1. ¿Usa usted el transporte público? ¿Por qué sí o no?

   _____

2. ¿Hay problemas con embotellamientos de tránsito en la ciudad donde usted vive? ¿En una ciudad que usted ha visitado?

   _____

   _____

3. ¿Cree usted que el metro es una solución al problema de tránsito donde usted vive? ¿Por qué sí o no?

   _____

   _____

# Capítulo once

## ACTIVIDADES DE COMPRENSIÓN

### A. AGENCIA DE VIAJES ESPAÑATOURS: ¡REALIZAD VUESTRO VIAJE IDEAL!

**VOCABULARIO NUEVO**

| | |
|---|---|
| los pasajes | *tickets* |
| la realidad | *reality* |
| el itinerario | *itinerary* |
| las tarjetas de abordaje | *boarding passes* |
| realizar | *to realize, make true* |

**Formas de *vosotros* usadas**

| | |
|---|---|
| queréis | haced |
| escoged | recordad |
| pensad | venid |
| habéis | llamadnos |

AGENCIA DE VIAJES

ESPAÑATOURS

Aquí en vuestra estación favorita, KLE, en Madrid son las ocho de la mañana en punto. Y ahora un breve anuncio comercial de nuestros amigos en la agencia de viajes Españatours.

_____

Complete los espacios en blanco en el anuncio.

¿Queréis tener un _____[1] ideal? Escoged el _____[2] y nosotros os

llevamos. Escoged el _____[3] de _____[4] y nosotros os conseguiremos los

_____.[5] Pensad en ese _____[6] que habéis soñado por _____[7]

y hacedlo realidad. Primero discutimos con vosotros todos vuestros _____[8] y os

mostramos el posible _____;[9] luego os hacemos las reservas[a] en hoteles de 4 ó 5 estrellas.

Os ayudamos a conseguir _____[10] y visado.[b] Os preparamos los pasajes, con

_____[11] de _____.[12] Recordad: La agencia de viajes Españatours os puede

ayudar a realizar vuestro _____[13] ideal. Venid a vernos. Recordad, Españatours.

Llamadnos al _____.[14] ¡Españatours!

_____

[a] reservaciones (España)
[b] visa (España)

## B. EL VIAJE A MAZATLÁN

### VOCABULARIO NUEVO

| | |
|---|---|
| ansioso/a | *eager* |
| tomados/as de la mano | *holding hands* |
| faltar/¿qué nos falta? | *to lack/what are we missing?* |
| el tanque | *(gas) tank* |
| ver/veamos | *to see/let's see* |
| la batería | *battery* |
| descargado/a | *discharged (battery)* |
| encendido/a | *turned on (light)* |
| ocupar/lo ocupo | *to use/I use it (Mex.)* |
| descargarse/se descargó | *to lose electrical charge/it lost its charge* |
| tener/tendrán que | *to have/they will have to* |

Pedro y Margarita Ruiz van a hacer un viaje en coche a Mazatlán desde la Ciudad de México. En estos momentos se están preparando para salir.

_____

Complete las frases correctamente.

1. Pedro y Margarita van a hacer un viaje en automóvil a _____.

2. Margarita dice que no está nerviosa pero que está _____ y

   _____.

3. Pedro dice que él quiere estar bien _____ para su viaje.

4. Pedro dice que él y Margarita van a tomar el _____, van a bañarse en el

   _____, caminar por la _____ en la _____,

   tomados de la mano.

5. Margarita le recuerda a Pedro que en Mazatlán sirven _____ «gigantescos».

6. Pedro llevó el coche al taller. Allí revisaron el _____, los frenos y el

   _____.

7. Todo está listo pero no pueden salir porque Pedro dejó las _____ encendidas y

   la batería se descargó.

## C.  UN VIAJE DE REINA[1]

### VOCABULARIO NUEVO

| | |
|---|---|
| el recibo | *receipt* |
| guardar/lo guardé | *to put away/I put it away* |
| hacer cola/hicimos cola | *to wait in line/we waited in line* |
| criticar/me estás criticando | *to criticize/you are criticizing me* |
| ¡Qué mala gente sos! | *You are so mean!* |
| No es para tanto. | *It's not that bad.* |
| ¡Qué lata! | *What a hassle!* |

### Formas de *vos* usadas

| | | | |
|---|---|---|---|
| encontrás | *encuentras* | tenés | *tienes* |
| seguí | *sigue* | sos | *eres* |
| querés | *quieres* | recordás | *recuerdas* |
| perdoname | *perdóname* | pensá | *piensa* |
| hacés | *haces* | sabés | *sabes* |

### Lugar mencionado

las Ramblas      *gran avenida peatonal[2] en Barcelona*

Adriana Bolini y su amiga Alicia están de vacaciones en España. Hoy van a viajar en tren a Barcelona y en estos momentos Adriana está buscando el recibo de la reservación para el viaje.

_____

Estas oraciones son falsas; corríjalas.

1.  Las dos chicas argentinas no encuentran el recibo de la reservación para su vuelo a París.

   _____

2.  Fue fácil y rápido conseguir las reservaciones en primera clase.

   _____

3.  Es necesario ir en ese tren porque no tienen amigos en Barcelona.

   _____

4.  Las chicas deciden que no les importa tener que viajar en segunda clase porque en Barcelona van a aburrirse mucho.

   _____

_____
[1] *queen*
[2] *pedestrian*

## D.  ESTEBAN EN MÉXICO

### VOCABULARIO NUEVO

la terminal    *bus station*
ir a pie       *to go on foot, walk*

### Lugares mencionados

Acapulco                              *ciudad en la costa pacífica de México*
Avenida Juárez                        *avenida principal en México, D.F.*
Avenida Madero                        *avenida principal en México, D.F.*
el monumento al General Zaragoza      *monumento dedicado al general mexicano*
                                          *Ignacio Zaragoza (1829-1862)*
Avenida Hamburgo                      *avenida principal en México, D.F.*

Esteban está de visita en la Ciudad de México. La ciudad es tan grande que Esteban se pierde fácilmente.

_____

*¿Cierto* (C) o *falso* (F)?

1. _____ Esteban pide instrucciones para llegar al aeropuerto.

2. _____ La compañía de autobuses Tres Estrellas de Oro viaja entre la Ciudad de México y Acapulco.

3. _____ Según las instrucciones, lo primero que Esteban tiene que hacer es caminar al norte por la misma calle.

4. _____ Esteban debe doblar a la izquierda en la Avenida Juárez.

5. _____ El boleto para el viaje cuesta 8.000 pesos.

6. _____ El mexicano le recomienda el Hotel Condesa del Mar.

7. _____ El mexicano tiene prisa porque camina al trabajo.

## E.  LAS AVENTURAS DE ROGELIO EN EL RÍO AMAZONAS

### VOCABULARIO NUEVO

estupendo/a                     *great*
fuera de lo común               *uncommon*
decir/digamos                   *to say/let's say*
los cocodrilos                  *crocodiles*
de pronto                       *suddenly*
los caníbales                   *cannibals*
tomarle el pelo a alguien/      *to pull someone's leg/*
   me estás tomando el pelo        *you are pulling my leg*
la indigestión                  *indigestion*

### Lugares mencionados

la Sierra Nevada    *montañas cerca de Granada, en el sur de España*
Madrid              *capital de España*

Barcelona       *ciudad principal en la costa noreste de España*
Sevilla          *ciudad principal en el sur de España*
el río Amazonas   *the Amazon River*

Ya han terminado las vacaciones de Navidad y Rogelio y Carla están en la cafetería de la Universidad de Puerto Rico conversando sobre sus últimos viajes.

---

Escoja la(s) respuesta(s) más lógica(s).

1. Carla fue a España...

    a. y le gustaron todas las ciudades que visitó.

    b. pero no tomó fotos.

    c. pero no estuvo en Barcelona.

    d. y tuvo varias experiencias «diferentes».

2. Carla esquió en la Sierra Nevada...

    a. aunque no sabe esquiar bien.

    b. y se cayó muchas veces.

    c. y se divirtió mucho.

    d. y se rompió una pierna.

3. Rogelio dice que...

    a. estuvo en el río Amazonas.

    b. tuvo una aventura fuera de lo común.

    c. en el Amazonas estuvo nublado todos los días.

    d. viajó en canoa por el río.

4. Rogelio dice que...

    a. vio plantas y animales de la selva.

    b. vio cocodrilos.

    c. los caníbales atacaron su canoa.

    d. los caníbales sufrieron dolor de estómago.

5. Al final Rogelio admite que...

   a. los caníbales se comieron su cabeza.

   b. no fue a ninguna parte en las vacaciones.

   c. quiere ir al río Amazonas en Semana Santa.

   d. los caníbales eran sus amigos.

## F. LA POBRE RAYA[1] ASUSTADA

### VOCABULARIO NUEVO

| | |
|---|---|
| bellísimo/a | *very beautiful* |
| fino/a | *fine* |
| emocionarse/me emociono | *to get excited/I get excited* |
| hacer daño/¿Te hizo daño? | *to hurt/Did it hurt you?* |
| seguir/siguió su camino | *to follow/it went on its way* |
| asustarse/me asusté | *to be frightened/I was frightened* |
| la máscara | *mask* |
| ahogarse | *to drown* |
| el tubo | *pipe, tube (snorkle)* |

### Lugares mencionados

| | |
|---|---|
| Caracas | *la capital de Venezuela* |
| Ocumare | *un pueblo venezolano en la costa del Caribe* |
| la playa Catica | *una playa cerca de Ocumare* |

Pilar Álvarez está hablando con Ricardo Sícora, un joven venezolano que estudia derecho en Madrid. Pilar acaba de volver de un viaje de turismo a Venezuela.

_____

Complete correctamente este resumen del diálogo.

Según la conversación entre Pilar y Ricardo sabemos que:

1. Pilar estuvo en _____.

2. Ella dice que Caracas es una ciudad muy _____.

3. Ricardo dice que un aspecto bueno de Caracas es el _____.

4. Pilar también fue a Ocumare y a la _____ Catica.

5. Ricardo pasaba tiempo en el mismo lugar cuando era más joven y dice que el

   _____ es muy azul y la _____ muy fina.

6. Pilar cuenta también que buceó en un _____ y vio una

   _____ muy grande.

_____

[1] *manta ray*

## G. PARA CONOCER A LA GENTE

### VOCABULARIO NUEVO

económico/a     *economical*
el rincón       *corner*
desocupado/a    *empty, free*
a eso de        *around*

¿No es mejor esperar?

### Formas de *vosotros* usadas

tenéis      sentaos
podéis      sois
vais        vinisteis
veis        estáis
seguidme    habláis
venid       queréis

### Platillos mencionados

la paella             *un platillo de arroz, mariscos y pollo*
el caldo gallego      *una sopa de garbanzos, papas y tocino*
la tortilla española  *un platillo parecido a la omeleta, con papas y cebollas*
el cochinillo         *roast suckling pig*

Hoy José Estrada ha llevado a dos estudiantes norteamericanos, Paul y Clara, a conocer Madrid. Ahora están buscando un restaurante.

———————————————————

¿Con quién asocia usted estos comentarios, con José (JO), con Clara (C), con Paul (P) o con Javier (JV), el joven a quien conocen en el restaurante?

1. _____  No sé, nunca me he sentado en una mesa donde ya hay otras personas. Tal vez a esas personas no les va a gustar...

2. _____  ¡Estos chicos extranjeros! No creen lo que les digo.

3. _____  Voy a pedir algo que conozco... no quisiera experimentar.

4. _____  ¡Yo no sé qué pedir!

5. _____  Parecen extranjeros... voy a conversar con ellos... tal vez son simpáticos.

6. _____  ¡Qué bueno, voy a tener otro amigo español en Madrid y voy a practicar el español!

7. _____  Mejor paso a recogerlos aquí. Probablemente no conocen bien la ciudad.

8. _____  Ah... ahora saben que yo tenía razón, que es bueno sentarse con personas que uno no conoce para conocerlas.

## H. LAS ONCE NO ES TARDE EN MADRID

### VOCABULARIO NUEVO

el ambiente     *ambiance*

**Lugares mencionados**

| | |
|---|---|
| el Museo del Prado | *famoso museo de arte en Madrid* |
| la Plaza Mayor | *central square* |
| la Plaza de España | *una plaza en Madrid con estatuas dedicadas a don Quijote y Sancho Panza* |
| la Gran Vía | *avenida principal en Madrid* |
| el restaurante El Botín | *un restaurante famoso en Madrid* |
| el barrio de Sol | *un barrio en la parte central de Madrid* |

Clara y Paul fueron a la fiesta de cumpleaños del amigo de Javier. Ahora están hablando Javier y Clara.

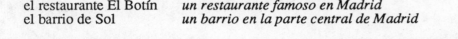

Conteste las preguntas.

1. ¿De dónde es Javier? _____

   _____

2. ¿Adónde quiere llevar a Clara Javier? _____

   _____.

3. Clara cree que es muy tarde ya—las once y media—pero Javier dice que es mejor. ¿Por qué es

   mejor? _____

   _____

# RADIODRAMA: LA LLEGADA DE EEER

### VOCABULARIO NUEVO

| | |
|---|---|
| el espacio | *space* |
| E.T. | *E.T.* |
| la prueba | *proof* |
| el chirrido | *screeching* |
| valiente | *brave* |
| la nave espacial | *space ship* |
| creer/¿A poco no me crees? | *to believe/You really don't believe me?* |
| abrirse un hueco/se abrió un hueco | *to open up a hole/a hole opened up* |
| las antenas | *antennas* |
| el terremoto | *earthquake* |
| el temblor | *tremor, earthquake* |
| despegar/despegando | *to take off/taking off* |
| la estrella fugaz | *shooting star* |
| sacudir/sacudió | *to shake/shook* |
| el sismo | *earthquake* |

**Personajes**

Ernestito
Amanda
Guillermo
Ernesto
Estela

Esta noche la familia Ramírez tiene visita. Invitaron a cenar a la familia Ruiz: Pedro, Margarita y sus hijos Amanda y Guillermo. Después de la cena, los adultos conversan en la sala y los jóvenes en el patio. Escuchemos la conversación de Ernestito y sus vecinos Amanda y Guillermo.

_____

Ponga las escenas en orden para formar un resumen del radiodrama.

# Repaso del vocabulario

These are some of the words that were used in the listening passages in *Capítulo once*. Since they are similar to English, you will be expected to recognize them in the future. They will not be listed or defined in the chapters that follow.

económico/a        la indigestión        el tanque
fino/a             el itinerario         valiente

Here is a list of very common new words and expressions used in the listening texts of *Capítulo once*. Since they will be used in subsequent chapters, you should review them carefully before going on to *Capítulo doce*.

| a eso de | *around* | emocionarse | *to get excited* |
|---|---|---|---|
| ahogarse | *to drown* | hacer cola | *to wait in line* |
| el ambiente | *ambiance* | ir a pie | *to go on foot* |
| asustarse | *to be frightened* | No es para tanto. | *It's not that bad.* |
| criticar | *to criticize* | realizar | *to realize, make true* |
| de pronto | *suddenly* | | |

# Ejercicios de ortografía

## ORTHOGRAPHIC CHANGES IN THE SUBJUNCTIVE

Several types of verbs have spelling changes in certain subjunctive forms in order to preserve the sound of the infinitive.

| | | | INFINITIVE | INDICATIVE | SUBJUNCTIVE |
|---|---|---|---|---|---|
| 1. | *g* to *j* | before *a, o* | proteger | protejo[1] | proteja |
| 2. | *gu* to *g* | before *a, o* | seguir | sigo[1] | siga |
| 3. | *c* to *z* | before *a, o* | convencer | convenzo[1] | convenza |
| 4. | *c* to *zc*[2] | before *a, o* | conocer | conozco[1] | conozca |
| 5. | *c* to *qu* | before *e* | buscar | busco | busque |
| 6. | *g* to *gu* | before *e* | pagar | pago | pague |
| 7. | *z* to *c* | before *e* | cruzar | cruzo | cruce |

The most common verbs in each class are:

1. *coger* (to take; to catch), *dirigir* (to direct), *elegir* (to elect), *escoger* (to choose), *proteger* (to protect), *recoger* (to pick up)
2. *conseguir* (to get, attain), *perseguir* (to pursue), *seguir* (to follow; to continue)
3. *convencer* (to convince), *torcer* (to twist), *vencer* (to defeat)
4. *agradecer* (to be grateful for), *conducir* (to drive; to conduct), *conocer* (to know), *favorecer* (to favor), *ofrecer* (to offer), *parecer* (to seem), *producir* (to produce), *traducir* (to translate)
5. *acercarse* (to get close to), *buscar* (to look for), *criticar* (to criticize), *chocar* (to crash), *equivocarse* (to be mistaken), *explicar* (to explain), *indicar* (to indicate), *pescar* (to fish), *practicar* (to practice), *sacar* (to take out), *secar* (to dry), *rascar* (to scratch), *tocar* (to play; to touch)
6. *entregar* (to hand in), *jugar* (to play), *llegar* (to arrive), *negar* (to deny), *obligar* (to oblige), *pagar* (to pay for), *pegar* (to hit; to glue), *regar* (to water)
7. *abrazar* (to embrace), *almorzar* (to have lunch), *comenzar* (to begin), *cruzar* (to cross), *empezar* (to begin), *rechazar* (to reject), *rezar* (to pray)

Listen and write the sentences you hear. Pay particular attention to subjunctive verb forms and their spelling.

1. _____

   _____

2. _____

   _____

---

[1] The first person singular (*yo*) form of the indicative has the same orthographic change, for the same purpose.
[2] In addition, a *k* sound is inserted in these forms; thus the full change is *c* (s) to *zc* (sk).

3. _____

_____

4. _____

_____

# ACTIVIDADES ESCRITAS

## I. LOS PLANES DE VIAJE

¡OJO! *Estudie Gramática 11.1–11.2.*

**A.** Pilar y Gloria Álvarez piensan ir a Venezuela. José Estrada les está haciendo muchas preguntas sobre su viaje. Complete las preguntas de José usando formas de vosotros. Use el presente en los números 1 a 4 y el pretérito en los números 5 a 8.

        MODELO:    ¿_____ ir a Ocumare? (querer) → ¿*Queréis* ir a Ocumare?

1. ¿_____ visitar Caracas? (pensar)

2. ¿_____ amigos allá? (tener)

3. ¿_____ cuáles son los mejores hoteles? (saber)

4. ¿_____ ropa de invierno o de verano? (llevar)

Las chicas ya regresaron de Venezuela y otra vez están hablando con José.

        MODELO:    ¿_____ a Ocumare? (ir) → ¿*Fuisteis* a Ocumare?

5. ¿_____ en las ciudades grandes solamente? (estar)

6. ¿_____ algunos museos? (visitar)

7. ¿_____ cosas típicas del país? (comprar)

8. ¿_____ mucho? (divertirse)

**B.** Margarita y Pedro Ruiz están preparándose para viajar en coche a Mazatlán. Pedro está nervioso y está dando órdenes a Margarita porque quiere estar seguro de que no olvidan nada. Margarita es muy eficiente y ya lo hizo todo. Tome el papel de Margarita y diga que usted o la empleada doméstica acaba de hacerlo.

        MODELO:        PEDRO: ¿Quieres poner los trajes de baño en la maleta, por favor? →
                MARGARITA: *Acabo de ponerlos allí hace cinco minutos.*

1.      PEDRO: ¿Y las tortas? ¿Cuándo vas a hacer las tortas?

    MARGARITA: Ay, Pedro, la empleada doméstica _____

2.      PEDRO: ¿Y las bebidas? ¿Dónde están?

    MARGARITA: _____

3.      PEDRO: ¿Quieres poner los mapas en el coche, por favor?

    MARGARITA: _____

4.      PEDRO: ¿Y si tenemos una llanta pinchada en el camino? ¿Revisaste la llanta de repuesto?

    MARGARITA: _____

5.      PEDRO:  ¿Y los limpiaparabrisas? ¿Viste si funcionan?

        MARGARITA: _____. Funcionan perfectamente.

**C.** Usted necesita hacer reservaciones para un vuelo de Nueva York a Bogotá, Colombia. Escriba un diálogo en que usted llama a Avianca, la aerolínea colombiana, y pide información acerca del vuelo: el costo, las horas de salida y llegada, cuánto tiempo dura el vuelo, etcétera.

USTED: _____

AGENTE: _____

USTED: _____

AGENTE: _____

USTED: _____

AGENTE: _____

USTED: _____

AGENTE: _____

## II. BUSCANDO SITIOS Y USANDO MAPAS

¡OJO! *Estudie Gramática 11.3–11.4.*

**A.** Usted está en la Ciudad de México. Escriba instrucciones para ir de un lugar a otro. Use mandatos formales como *vaya, camine, siga, doble, cruce.*

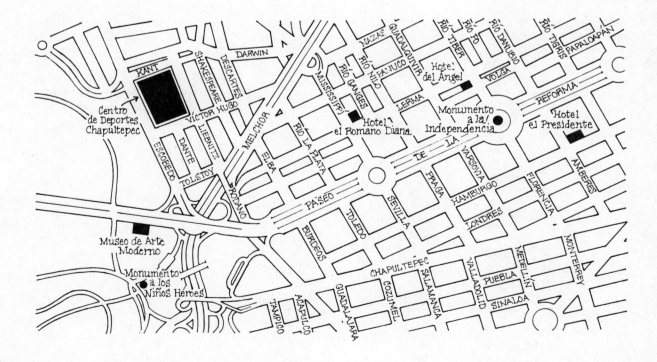

1. Del Hotel el Presidente al Museo de Arte Moderno.

   _____

   _____

2. Del Monumento a los Niños Héroes al Hotel del Ángel

   _____

   _____

3. Del Centro de Deportes Chapultepec al Monumento a la Independencia

   _____

   _____

4. Del Centro de Deportes Chapultepec al Hotel el Romano Diana

   _____

   _____

**B.** Imagine que usted va a dar una fiesta en su casa para sus compañeros de la clase de español. Termine la invitación en la siguiente página. Incluya también un mapa y las instrucciones de cómo llegar a su casa. Use mandatos en el plural como *tomen, salgan, sigan, doblen,* etc.

FIESTA

FIESTA

¡A divertirse!
¡piñata!
¡bebidas!
¡comida!
¡juegos!

Vengan a una Fiesta
en mi casa para
celebrar: _____

Dirección: _____
_____

Teléfono: _____

Por favor traigan: _____
_____

Firma: _____

¡personas

aburridas!

MAPA:

CÓMO LLEGAR: _____

_____

_____

_____

## III.  LAS EXPERIENCIAS EN LOS VIAJES

¡OJO! *Estudie Gramática 11.5–11.6.*

**A.** ¿Qué estaban haciendo estas personas ayer a las once de la mañana?

> MODELO:    Adriana y Alicia estaban en París. → Probablemente *estaban subiendo a la torre Eiffel.*

1. Pedro y Margarita Ruiz estaban en Mazatlán.

   Probablemente _____

2. Guillermo y Amanda Ruiz estaban solos en su casa.

   Probablemente _____

3. Clara Martin estaba en la costa en el sur de España.

   Probablemente _____

4. Carla y Rogelio estaban en la selva del Amazonas.

   Probablemente _____

5. Ricardo Sícora estaba en el Museo del Prado.

   Probablemente _____

**B.  ¿Qué estaba haciendo usted ayer?** Si usted no se acuerda de lo que estaba haciendo ayer, invente una actividad interesante.

> MODELO:    ¿Qué estaba haciendo usted ayer a las tres de la mañana? → *Estaba durmiendo.*

¿Qué estaba haciendo usted ayer?

1. (a las ocho de la mañana)

   _____

2. (a mediodía)

   _____

3. (a las tres de la tarde)

   _____

4. (a las cinco de la tarde)

   _____

5. (a las nueve de la noche)

   _____

**C.** ¿Qué estaban haciendo ayer estas personas?

1. (mi esposo/a o novio/a; a las diez de la mañana)

   _____

2. (mis hijos; a las tres de la tarde)

   _____

3. (mis amigos; a las cinco de la tarde)

   _____

4. (mi profesor/a de español; a las nueve y media de la mañana)

   _____

5. (mis padres; a las once de la noche)

   _____

**D.** Complete las frases con algo que a usted le sucedió alguna vez o con algo muy cómico.

   MODELO:   Rogelio nadaba en el Amazonas cuando... →
   Rogelio nadaba en el Amazonas *cuando vio el cocodrilo*.

1. Los turistas subían al avión cuando...

   _____

2. Los turistas dormían en el barco cuando...

   _____

3. Los turistas cambiaban dinero en el banco cuando...

   _____

4. Los turistas llegaban al hotel cuando...

   _____

5. Los turistas miraban los cuadros en el museo cuando...

   _____

6. Los turistas tomaban el sol en la playa cuando...

   _____

**E.** Escriba un párrafo sobre uno de estos temas:

1. una ciudad que usted visitó y que le gustó

2. un viaje que usted hizo que *no* le gustó mucho

_____

_____

_____

_____

_____

_____

# LECTURAS ADICIONALES

## La telenovela «Los vecinos»: Episodio «El viajero escondido»°

*hidden*

Ernesto, Estela y sus tres hijos van a hacer un viaje a Venezuela.
Para los padres, el viaje significa una serie de preocupaciones:
pasaportes, visas, reservaciones, alojamiento y tantos otros detalles.
Pero a pesar de eso, todos en la familia están contentos. Bueno,
casi todos, porque Ernestito está muy callado; parece que no le
gusta la idea del viaje. Sus padres no saben lo que le preocupa a
Ernestito: ¡su amigo Eeer quiere ir escondido en una maleta!

—¿No sabes que hay que abrir las maletas y un oficial las
inspecciona? —le pregunta Ernestito a Eeer, preocupado—. Van
a descubrirte ahí escondido. Y yo ¿cómo voy a explicar de dónde
saliste?

—No te preocupes, Ernestito.

—¿Qué tipo de extraterrestre eres tú, Eeer? ¿Por qué no vuelas
en tu nave espacial y te apareces allá donde vamos a estar, en
Venezuela?

—No. Quiero viajar en avión. Ya sabes que en mi planeta no
tenemos aviones.

—Pero, hombre, ¡qué planeta más primitivo!

—Antes de salir —dice Eeer finalmente— voy a colarme° en
tu equipaje.

—¡No vas a poder respirar!

*slip in, sneak in*

—Ya me las arreglaré° para respirar. Recuerda que soy de otro planeta.

Ya... *I'll manage*

—¿Y si tiran la maleta? ¿Y si te golpean?

—No me duelen los golpes.

—¿De veras? ¡Qué suave!°

¡Qué... *How neat!* (Mex.)

—Ya ves que no somos tan primitivos...

El día del viaje, Ernesto, Estela y sus tres hijos llegan temprano al aeropuerto. Cuando van al mostrador, el empleado pesa su equipaje y descubre que tienen diez kilos de exceso.

—Lo siento, señores, —les dice el empleado— pero voy a tener que cobrarles por el exceso de equipaje.

—No —responde Ernesto— vamos a sacar algunas cosas.

Ernestito está pálido. —Seguro que el exceso es por Eeer —piensa el niño—. El hombrecito extraterrestre ha engordado con tantas galletitas y pesa un montón.° ¡Lo van a descubrir!

pesa... *he weighs a lot*

—¡Yo no quiero sacar nada! —dice Estela—. Todo lo que llevamos es necesario.

—¡Qué suerte! —piensa Ernestito, aliviado—. ¡No van a abrir las maletas!

—Ésta pesa demasiado —observa Ernesto, mientras levanta la maleta de Ernestito—. ¿De quién es ésta?

—¡Es la mía! —dice el niño, tímidamente.

—Ah, claro —dice Ernesto—. Apuesto° a que traes tu bate y tus pelotas de fútbol ahí adentro. ¿Por qué no la abrimos y... ?

*I bet*

—No vamos a abrir ninguna maleta, Ernesto. Paguemos° el exceso de una vez,° —insiste Estela—. ¡Vamos a perder el vuelo!

*Let's pay*
de... *once and for all*

—Está bien.

Ernestito, contento, le da una pequeña palmada a la maleta donde viaja Eeer. Luego escucha la voz del extraterrestre:

—¡Buen viaje, amiguito!

## Comprensión

1. ¿Por qué está preocupado Ernestito?

   _____

2. ¿Por qué quiere Eeer viajar con la familia?

   _____

3. ¿Qué problema tienen cuando llegan al aeropuerto?

   _____

4. ¿Por qué no descubre a Eeer el empleado?

   _____

# Nota cultural: Una estudiante norteamericana en España

Clara Martin es estudiante en la Universidad Complutense de Madrid. Esta carta se la escribe a su amiga Norma para contarle de sus experiencias en España.

Querida Norma,

¿Qué te puedo decir de España? ¡Me encanta! Ahora vivo en un colegio mayor° porque queda más cerca de la universidad. Tomo clases en la Complutense, todas interesantes. Me gusta especialmente la clase de arte que se imparte° en el Museo del Prado.[1] Tengo otra clase de teatro español, y una sobre las obras de Cervantes.[2] ¡Su obra *Don Quijote de la Mancha* es muy divertida!

Me gusta mucho la vida en Madrid, aunque te confieso que a veces me molestan el tráfico y la contaminación. He viajado a Toledo, la antigua capital de España. Toledo es una ciudad pequeña y llena de historia. Visitamos la casa de El Greco,[3] quien pintó la obra *Entierro del conde de Orgaz*. Paseamos por las calles angostas y pintorescas de la ciudad. Ya sabes que Toledo es también famosa por su oro.° Compré una pulsera° y un plato adornado con oro que es precioso. También fui a Segovia donde vi el Alcázar y el acueducto romano. Has visto tarjetas de ambos, estoy segura. El Alcázar parece un palacio de cuentos de hadas.° Allí fue coronada° Isabel la Católica.[4]

En el colegio tengo amigas de varias partes de España. Es una suerte, porque así viajo con ellas a ciudades diferentes.

Bueno, hasta muy pronto... un abrazo de tu amiga,

Clara

colegio... *student dorm*

se... *is taught*

*gold / bracelet*

cuentos... *fairy tales / crowned*

## Comprensión

1. ¿Cuál es la clase que más le gusta a Clara?

_____

2. ¿Qué lugar famoso visitó en Toledo?

_____

---

[1] museo de arte en Madrid; famoso por su colección de obras de Velázquez (*Las Meninas*), Goya (*La maja desnuda*) y Picasso (*Guernica*)

[2] novelista español (1547–1616), autor de *Don Quijote de la Mancha*, considerada la primera novela moderna.

[3] pintor griego (1544–1614) que vivió y trabajó en España casi toda su vida. Conocido por las figuras largas y la expresión lánguida (*languid*) de las caras en su obra. La obra «Entierro del conde de Orgaz» (*Burial of the Count of Orgaz*) es de sus más famosas.

[4] Isabel, reina de España (siglo XV), conocida como «La católica»

3. ¿Qué vio en Segovia?

_____

**¿Y usted?**

¿Ha visitado España? ¿Qué le interesó más? ¿Por qué? Si no conoce España todavía, ¿qué sabes de las varias ciudades? ¿Cuál le interesa más visitar? ¿Por qué?

_____

_____

_____

# Capítulo doce

## ACTIVIDADES DE COMPRENSIÓN

### A. ES MEJOR VIAJAR CON CHEQUES

**VOCABULARIO NUEVO**

| en efectivo | *in cash* |
| ¿Mande? | *What did you say?* (Mex.) |
| tonto/a | *dumb* |

Esteban Brown está de visita con su amigo Raúl en México. Hoy ha ido al banco a cambiar sus dólares por pesos mexicanos.

_____

Escoja la(s) respuesta(s) más lógica(s).

1. Esteban dice que...

   a. no es peligroso viajar con dinero en efectivo.

   b. el dólar está a 2.800 pesos hoy.

   c. es mejor viajar con cheques de viajero.

   d. el anuncio comercial aconseja viajar con dólares en vez de pesos.

2. La cajera...

   a. le parece a Esteban un poco impaciente.

   b. le dice a Esteban que a ella le gusta su foto.

   c. empieza a conversar con Esteban sobre su foto.

   d. está enojada porque Esteban habla mucho.

3. La cajera le cambia dos cheques de $50,00 dólares a Esteban y le da...

   a. $280,00 pesos en total.

   b. $2.800,00 pesos en total.

   c. $28.000,00 pesos en total.

   d. $280.000,00 pesos en total.

4. Al final es obvio que Esteban...

    a. quiere conversar un poco más con la cajera.

    b. quiere cambiar más dinero.

    c. quisiera invitar a la cajera a salir con él.

    d. cree que la cajera es antipática.

## B. EL AMOR SECRETO DEL ADUANERO[1]

### VOCABULARIO NUEVO

| | |
|---|---|
| el tango | *tango* (Argentinian dance) |
| equivaler/equivale | *to be equivalent/is equivalent* |
| el valor | *value, price* |
| la zona franca | *tax-free zone* |
| la factura | *bill* |
| el recibo | *receipt* |
| los discos compactos | *compact discs* |
| guardar | *to keep* |
| el secreto | *secret* |
| disponible | *available* |
| revisar/revisé | *to check/I checked* |

### Persona mencionada

Lola Flores    *famosa cantante española conocida por su estilo flamenco*

José Estrada acaba de llegar al aeropuerto internacional de Buenos Aires. Va a pasar un mes en la capital argentina visitando a una amiga. Ahora habla con el aduanero.

---

¿Quién diría esto, el aduanero (A) o José (J)?

1. _____    Mmm... trae mucho equipaje. Tal vez trae algo de contrabando. Voy a revisar su equipaje con cuidado.

2. _____    ¿Conocerla? No creo. Madrid es tan grande... y su amiga seguramente es mayor que yo...

3. _____    Mmm... no quiere decirme el nombre... tal vez eran novios y algo terrible pasó.

4. _____    Es simpático, pero mi deber es revisar su maleta, no charlar.

5. _____    ¡Ay! No debí decir el nombre... va a pensar que estoy inventando aventuras...

6. _____    ¡Estas canciones son magníficas! Le va a gustar escucharlas.

7. _____    Creo que es sincero. Voy a aceptar su invitación muy pronto.

---

[1] *customs agent*

## C.  ¡UN VIAJE IDEAL EN AVIANCA[1] !

### VOCABULARIO NUEVO

| | |
|---|---|
| arreglado/a | *arranged* |
| tomar asiento/tomen asiento | *to sit down/sit down* |
| convenir/les conviene | *to suit/it suits you* |
| la ganga | *bargain* |
| los trámites | *procedures* |
| arrepentirse/no se van a arrepentir | *to regret/you won't regret it* |

Inés y Bernardo Torres quieren hacer un viaje durante sus vacaciones de Semana Santa. Ahora están en la agencia de viajes Mercurio.

_____

Después de visitar la agencia de viajes Mercurio los Torres decidieron comparar la excursión que escogieron con otra que apareció anunciada en el periódico. Escuche la conversación y escriba las diferencias entre las excursiones de la agencia Mercurio y las excursiones de la agencia Geomundo.

**AGENCIA DE VIAJES GEOMUNDO**
**lo invita . . . ¡al Caribe!**

| | |
|---|---|
| **Puertos:** | Santo Domingo, Puerto Príncipe, San Juan |
| **Duración:** | 14 días |
| **Precio:** | $3,100 dólares |
| **Incluye:** | • pasajes aéreos de ida y vuelta |
| | • hoteles de lujo, habitaciones con vista al mar |
| | • desayuno americano, almuerzo y cena |
| | • una excursión pagada en cada lugar |
| | • todo transporte |
| | • propinas |
| | • trámite de visas |
| **Requisitos:** | pago en efectivo solamente |

## D.  LA VIDA ESTUDIANTIL EN ESPAÑA

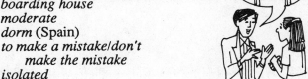

### VOCABULARIO NUEVO

| | |
|---|---|
| los pisos | *apartments* (Spain) |
| al principio | *at the beginning, initially* |
| la pensión | *boarding house* |
| módico/a | *moderate* |
| el colegio mayor | *dorm* (Spain) |
| cometer un error/no cometas el error | *to make a mistake/don't make the mistake* |
| aislado/a | *isolated* |

_____
[1] aerolínea colombiana

**Lugares mencionados**

| la Moncloa | *barrio madrileño* |
|---|---|
| Argüelles | *barrio madrileño* |

Ricardo Sícora acaba de regresar de su primer año de estudios en España. Beti, su hermana, piensa estudiar en España el año próximo. Ahora están hablando de las posibilidades de alojamiento para los estudiantes en Madrid.

_____

Conteste las preguntas.

1. ¿Dónde vivió Ricardo al principio?

_____

2. ¿Qué le gustó a Ricardo en la pensión?

_____

3. ¿Por qué dice Ricardo que es bueno vivir en los colegios mayores?

_____

4. ¿Por qué no le recomienda Ricardo a Beti vivir en un apartamento?

_____

5. A Beti parece gustarle la idea de alquilar un apartamento. ¿Qué ventajas ve Beti?

_____

_____

## E. AGENCIA DE VIAJES ESPAÑATOURS: ¡CAMBIA TU RUTINA!

### VOCABULARIO NUEVO

| el cambio de guardia | *changing of the guard* |
|---|---|
| el carnaval | *carnival* |
| las ruinas | *ruins* |

**Lugares mencionados**

| la torre Eiffel | *Eiffel Tower* |
|---|---|
| el Palacio Real | *Royal Palace* (London) |
| Río de Janeiro | *Brazilian city famous for its carnival celebration* |
| Machu Picchu | *Incan ruins in Peru* |

Está escuchando su estación favorita, KLE, en Madrid. Son las 10:00 de la mañana en punto. Volveremos con ustedes tras un breve anuncio comercial de la agencia de viajes Españatours.

_____

Conteste según el anuncio.

1. Según este anuncio, necesitas viajar si...

    a. estás cansado de la _____ diaria.

    b. estás _____ de estar en casa.

    c. tienes ganas de _____ lugares _____.

    d. quieres conocer _____ nueva.

2. ¿Qué puedes ver en...

    a. París? _____

    b. Londres? _____

    c. Perú? _____

    d. Río de Janeiro? _____

# F. ESTA LLAMADA CUESTA ORO.[1]

## VOCABULARIO NUEVO

el cuento de hadas     *fairy tale*
contar/te contaré     *to tell/I will tell you*

**Lugares y obras mencionados**

| | |
|---|---|
| la Complutense | *universidad en Madrid* |
| el Museo del Prado | *museo de arte muy famoso en Madrid* |
| Toledo | *ciudad española al sur de Madrid* |
| El Greco | *famous Spanish painter* |
| «Entierro del conde de Orgaz» | *"Burial of Count Orgaz," famous painting by El Greco* |
| Segovia | *ciudad española al norte de Madrid* |
| el Alcázar de Segovia | *medieval fortress* |
| el acueducto romano | *Roman aqueduct* |

Clara está hablando por teléfono desde España con Norma, su amiga de Texas. Norma es mexicoamericana y siempre habla con Clara en español.

———————————————

¿*Cierto* (C) o *falso* (F)?

1. _____ Clara está contenta porque ha conocido a chicas de diferentes partes y puede viajar con ellas.

2. _____ Clara ha visto ruinas romanas.

———————————

[1] cuesta... *is very expensive (is worth gold)*

3. _____ Norma dice que Clara debe hablar rápido porque es muy caro hablar por teléfono de los Estados Unidos a España.

4. _____ Norma pregunta sobre los novios de Clara y Clara le dice que solamente tiene amigos.

5. _____ Clara le dice a Norma que en su carta le va a contar todo lo que ha hecho.

## G. EL VIAJE DE SILVIA A PUERTO RICO

**VOCABULARIO NUEVO**

| | |
|---|---|
| plateado/a | *silvery* |
| el fuerte | *fort* |
| Ojalá pudieras ir tú conmigo. | *I wish you could go with me.* |

**Lugares mencionados**

| | |
|---|---|
| el Yunque | *bosque tropical cerca de San Juan* |
| la Bahía Fosforescente | *bahía donde el agua es de un color plateado en la noche* |
| el viejo San Juan | *la parte colonial de San Juan* |
| el Morro | *un fuerte antiguo en la entrada de la bahía en San Juan* |

Silvia conversa con su novio Carlos por teléfono sobre su próximo viaje a Puerto Rico.

_____

Complete los espacios en blanco.

1. Silvia está muy _____ con los planes para su viaje.

2. Carlos dice que hay muchos _____ en Puerto Rico que van a querer

   _____ con una mexicana bonita.

3. El vuelo de Silvia sale a las _____. Ella quiere salir para el aeropuerto a

   _____.

4. En Puerto Rico Silvia va a quedarse en casa de su amiga _____.

5. Para ver la Bahía Fosforescente uno sale en un barco de _____.

6. El viejo San Juan es la parte con _____ edificios y casas.

## RADIODRAMA: EL CASO DE UN JOVEN INOCENTE

### VOCABULARIO NUEVO

| | |
|---|---|
| las palmeras | *palm trees* |
| acompañar/acompáñenos | *to accompany/come with us* |
| decir/diremos | *to tell/we will tell* |
| el/la narcotraficante | *drug dealer* |
| el cristal | *glass* |
| el espionaje | *espionage* |
| ¿qué diablos... ? | *what the devil . . . ?* |
| la pasta dental | *toothpaste* |
| Colgate | *Colgate* |
| cooperar/coopere | *to cooperate/cooperate* |
| la equivocación | *mistake* |
| encajar/usted encaja | *to fit/you fit* |

### Personajes

Rogelio, el joven puertorriqueño
dos agentes de la policía

Rogelio Varela acaba de llegar a la ciudad de Santo Domingo, en la República Dominicana, para pasar unas vacaciones. En estos momentos está saliendo del avión, conversando con otros pasajeros.

_____

Ponga las oraciones en orden cronológico para formar un resumen del radiodrama.

_____ Él estaba furioso y les dijo: «¡Me voy!»

_____ Cuando le ordenan quitarse los pantalones, Rogelio dice que ¡NO!

_____ Rogelio Varela llega a Santo Domingo para unas vacaciones.

_____ Le piden perdón y le dicen que hubo una equivocación.

_____ Después de revisar otras cosas le ordenan quitarse los zapatos y la camisa.

_____ Abren su equipaje y encuentran sus vitaminas.

_____ Le desearon felices vacaciones y le ofrecieron llevarlo a su hotel o a dar un paseo.

_____ Él se pone nervioso y les pregunta quiénes son.

_____ De repente lo detienen dos hombres y le dicen: «Acompáñenos».

_____ Suena un teléfono y uno de los hombres contesta; después los dos hablan en voz baja.

# Repaso del vocabulario

These are some of the words that were used in the listening passages in *Capítulo doce*. Since they are similar to English, you will be expected to recognize them in the future. They will not be listed or defined in the chapters that follow.

el carnaval       el disco compacto       la pasta dental       la ruina

Here is a list of very common new words and expressions used in the listening texts of *Capítulo doce*. Since they will be used in subsequent chapters, you should review them carefully before going on to *Capítulo trece*.

| | | | |
|---|---|---|---|
| al principio | *at the beginning, initially* | guardar | *to keep* |
| contar | *to tell* | ¿qué diablos... ? | *what the devil . . . ?* |
| en efectivo | *in cash* | revisar | *to check* |
| la equivocación | *mistake* | tonto/a | *dumb* |
| la factura | *bill* | el valor | *value* |
| la ganga | *bargain* | | |

# Ejercicios de ortografía

## I. DIPHTHONGS AND NON-DIPHTHONGS

Whenever two vowels in Spanish occur together, they are pronounced together as a single syllable if one of them is an unstressed *i* or *u*. This combination is called a diphthong. Common diphthongs are *ie, ue, ia, ua, io, uo, iu, ui, ei, ai* or *ay, oi* or *oy,* as in *tiene, puerta, hacia, cuatro, Mario, cuota, ciudad, ruina, seis, hay, voy.*

If these vowel combinations are pronounced as separate sounds, an accent mark must be written on the *i* or the *u* to show that there is no diphthong. For example: *María, vacío, leí.*

Listen and write the words you hear. If the vowel combination is pronounced as a diphthong, do not write an accent mark. If the vowel combination is pronounced separately, write an accent mark on the *i* or the *u*.

1. _____    6. _____    11. _____

2. _____    7. _____    12. _____

3. _____    8. _____    13. _____

4. _____    9. _____    14. _____

5. _____    10. _____    15. _____

## II. EXCLAMATIONS

Remember that interrogative words are written with an accent mark. These include *¿cómo?, ¿dónde?, ¿cuánto?, ¿cuál?, ¿por qué?, ¿quién?, ¿cuándo?, ¿qué?. Qué* and *cuánto* are also written with an accent mark if they are used in exclamations. For example: *¡Qué bonita está María esta noche!*

Write the sentences you hear and place the accent marks correctly.

1. _____

2. _____

3. _____

4. _____

5. _____

6. _____

# ACTIVIDADES ESCRITAS

## I. EL TURISTA EN LOS PAÍSES HISPANOS

¡OJO! *Estudie Gramática 12.1–12.3.*

**A.** Haga una lista de cuatro lugares que usted ha visitado o que le gustaría visitar en España o en Hispanoamérica. Describa una o dos cosas que le gustaría ver o hacer allí.

1. Lugar: _____

   Me gustaría _____

2. Lugar: _____

   Me gustaría _____

3. Lugar: _____

   Me gustaría _____

4. Lugar: _____

   Me gustaría _____

**B.** Usted está viajando por España con su profesor/a de español y sus compañeros de clase. Complete las oraciones lógicamente.

1. Mi papá no quiere que yo...

   _____

2. El profesor (La profesora) quiere que yo...

   _____

3. Mi novio/a no quiere que yo...

   _____

4. No quiero que nosotros...

   _____

5. Quiero que mis compañeros...

   _____

**C.** Usted es un(a) guía de turistas en una excursión a España. Está a cargo de un grupo de veinte turistas. Hágales sugerencias usando *Quiero que* y la forma correcta de cinco de estos verbos: *hacer, ir, poner, salir, tener, traer, venir, ver.*

   MODELO:   Quiero que *hagan* con cuidado todo lo que les voy a decir.

1. _____

2. _____

3. _____

4. _____

5. _____

**D.** Clara habla con su amigo José Estrada sobre el viaje que ella hizo a Sevilla. Llene los espacios en blanco. A veces hay que usar los pronombres: *lo, la, los, las*.

JOSÉ: Clara, ¿qué te pareció Sevilla? ¿No es una ciudad estupenda?

CLARA: Me gustó, pero no _____[1] vi toda. Es una ciudad bastante

_____.[2]

JOSÉ: ¿Viste la Torre de la Giralda?

CLARA: Sí, _____[3] vi y me gustó mucho.

JOSÉ: ¿Y el río Guadalquivir?

CLARA: Sí, _____[4] vi, ¡qué grande es! Y la Torre del Oro también

_____[5] vi.

JOSÉ: Supe que los reyes estaban allá ayer, ¿_____[6] viste?

CLARA: No, a ellos no _____[7] vi.

JOSÉ: ¿Y el parque de María Luisa?

CLARA: _____[8] vi y tomé muchas _____.[9]

JOSÉ: ¿Sí? ¿Cuándo vas a mostrarme _____[10]?

CLARA: Te _____[11] muestro mañana, ¿de acuerdo?

## II. EL ALOJAMIENTO

¡OJO! *Estudie Gramática 12.4–12.5*.

**A.** Usted está en la estación del tren en Guadalajara. Necesita una habitación en un hotel. Llama al hotel Posada de los Sin-Dinero.

USTED: _____[1]

GERENTE: Sí, claro. Tenemos una habitación con una cama matrimonial.

USTED: _____[2]

GERENTE: Sí. Tiene ventanas, mucha luz, televisión y radio.

USTED: _____[3]

GERENTE: Naturalmente. Hay un baño privado y toallas limpias todos los días.

USTED: _____[4]

GERENTE: Por supuesto que incluye el desayuno: huevos rancheros, frijoles, salsa picante, tortillas y café.

USTED: _____ 5

GERENTE: Bueno, por una habitación tan buena el precio es módico, solamente 540.000 pesos diarios.

USTED: _____ 6

GERENTE: Doscientos dólares, señor(ita).

USTED: ¿Cómo? ¡Doscientos dólares! ¿No se llama este hotel Posada de los Sin-Dinero?

GERENTE: Sí, señor(ita). Se llama así porque cuando los clientes salen de aquí, salen *sin* dinero.

**B.** Ernesto, Estela y sus hijos fueron a Acapulco de vacaciones. Hoy regresan a México. Los niños están haciendo muchas preguntas. Haga el papel de Ernesto o Estela y termine sus frases.

1. Mamá, ¿cuándo van a limpiar el baño?

   Lo van a limpiar cuando _____

2. ¿Cuándo vamos a bajar al comedor?

   Vamos a bajar cuando _____

3. ¿Ya vas a cerrar las maletas, papá?

   No, hijita, las voy a cerrar cuando _____

   _____

4. Mamá, ¿vas a mandar el traje de papá a la tintorería?

   No, hijo, lo voy a mandar cuando _____

   _____

5. ¿Llamamos ya al botones, papá?

   No, niñas, yo lo voy a llamar cuando _____

   _____

**C.** Ésta es una conversación telefónica entre Clara Martin y su amiga Norma. Llene los espacios en blanco. ¡Cuidado! En algunos de los espacios falta *por* o *para*.

CLARA: ¿Diga?

NORMA: ¡Clara! Habla Norma. ¡Salgo _____ [1] España mañana!

CLARA: ¡Estupendo! ¿A qué hora _____ [2] tu vuelo?

NORMA: A las tres de la tarde.

CLARA: ¿Cuánto tiempo vas a _____ [3] aquí?

NORMA: Voy a quedarme allá _____<sup>4</sup> un mes. Si tengo que _____<sup>5</sup>

diez horas para llegar, quiero _____<sup>6</sup> bastante tiempo allá, ¿no?

CLARA: ¡Ja, ja, ja! ¿Y tú crees que un _____<sup>7</sup> es bastante _____<sup>8</sup>?

NORMA: ¡Ay, no te rías de _____<sup>9</sup>. Quisiera quedarme _____<sup>10</sup> un

año pero tengo que regresar _____<sup>11</sup> el primero de mayo.

CLARA: Bueno, no importa... un mes es un mes... ¡cómo vamos a divertirnos!

LAS DOS: ¡Juergaaaa!

**D.** Usted está en Monterrey, México y necesita una habitación en un hotel por tres noches. Escriba un diálogo entre usted y el/la recepcionista del hotel que usted llama. No olvide de hablar del precio, del tiempo que quiere estar en el hotel, del tipo de cama que quiere (sencilla o doble), del baño que quiere (privado o no), etcétera.

RECEPCIONISTA: Buenas noches. ¿En qué puedo servirle?

USTED: _____

_____ _____

_____ _____

_____ _____

_____ _____

_____ _____

_____ _____

_____ _____

_____ _____

# III. LOS SITIOS TURÍSTICOS

¡OJO! *Estudie Gramática 12.6–12.7.*

**A.** ¿Qué sugiere usted hacer en estas situaciones?

MODELO: Ustedes están en la plaza central de Lima, Perú. Hace mucho sol. →
*¡Vamos a sentarnos en una banca debajo de un árbol!*

1. Ustedes están en el aeropuerto internacional de Madrid esperando un vuelo. El vuelo está atrasado[1] y sale en tres horas.

_____

---

[1] *late, behind schedule*

2. Ustedes están en España en la Sierra Nevada esquiando con unos amigos. Hace frío y está nevando.

_____

3. Ustedes están en la costa del Mediterráneo en el sur de España. Hace sol y mucho calor.

_____

4. Ustedes están en una playa de Cozumel, en México. Hace calor y el agua está muy clara.

_____

5. Ustedes están en Buenos Aires. Son las dos de la tarde y usted tiene hambre.

_____

6. Ustedes acaban de almorzar en un restaurante cerca de las pirámides de Teotihuacán en México. Todos tienen sueño porque comieron mucho.

_____

**B.** Piense en un viaje que a usted le gustó mucho. Escoja los verbos correctos y llene los espacios en blanco para completar las siguientes oraciones.

1. Me (interesó/interesaron) _____ pero no me (llamó/llamaron)

   _____ la atención.

2. Me (fascinó/fascinaron) _____ porque _____

3. Me (pareció/parecieron) _____ aburrido(s) cuando _____

4. A mis padres les (encantó/encantaron) _____

5. A toda la familia nos (gustó/gustaron) _____ porque _____

**C.** Describa un lugar turístico que usted conoce.

   MODELO:   San Diego →

   Me gustó mucho la visita a San Diego. Tal vez el lugar más interesante que vimos fue el zoológico. Es muy grande y los animales son tan interesantes como las plantas. También fuimos a *Seaworld* donde vimos muchas presentaciones y aprendimos mucho sobre los animales del mar, sobre todo las ballenas.[1] Fuimos a la playa casi todos los días. El último día tomamos el tranvía (en San Diego todo el mundo lo llama el trole) a Tijuana, México. ¡Hicimos muy buenas compras y nos divertimos mucho!

_____

_____

_____

_____

[1] *whales*

# LECTURAS ADICIONALES

## Los amigos hispanos: Primera noche de carnaval

Panamá, lunes, 21 de marzo

El sábado 19 de marzo tuve el agrado° de presenciar° la primera gran noche de carnaval en la ciudad de Panamá. Este carnaval me recordó mucho al carnaval de mi patria,° Cuba. Llevo ya muchos años en los Estados Unidos, pero tengo recuerdos vívidos de los carnavales de La Habana. Cuando yo era niño me disfrazaba° con mis primos y amigos, y paseábamos por toda la ciudad haciendo travesuras y gritando: «¡Te conozco, mascarita!»°

En el carnaval la gente canta, baila y se divierte. Los altoparlantes° en los techos y todos los establecimientos llenan las calles de música. Las carrozas° imponentes vienen llenas de luces, palmas,° y de mujeres y hombres que bailan al ritmo de las maracas.° El carnaval es de verdad la fiesta más alegre del año. Todo el mundo se saluda. Por todas partes caminan personas disfrazadas,° saludando y pellizcando° a los que pasan por su lado.

En el carnaval panameño vi muchos disfraces° ingeniosos: pelucas,° collares,° trajes de colores brillantes, caretas° y bigotes y barbas postizos.° Algunos representaban a personajes históricos, o imitaban a estrellas famosas de cine. Se escuchaba a todo volumen música de mambo, de guaracha, de chachachá.° Había puestos pequeños de comidas esparcidos° por todos lados. Ruido y sudor.° Trompetas. Congas. Confeti. Serpentinas.° Y los gritos de la gente: «¡Qué bueno está el carnaval!» El desfile° más impresionante fue sin duda el de las polleras,° mujeres con trajes hermosos, bordados° en detalle, y con sus adornos en el cabello, sus tembleques.°

Como ocurre cada año, los panameños olvidaron sus problemas por el momento y se divirtieron por todo lo grande° en el carnaval. Yo también lo pasé muy bien, aunque les confieso que me sentí un poco nostálgico...

Julio Delgado para el Canal 24
en su programa «Hispanidad».

placer / *to witness*

país

me... *I dressed up, put on a costume*

¡Te... *I know who you are behind your mask!*
*loudspeakers*
*floats*
*palm leaves / musical instruments*

*in costume*
*pinching*
*costumes*
*wigs / necklaces / masks*
*false*

mambo... *Caribbean dances*
*spread out / sweat*
*Paper streamers.*
*parade*
faldas / *embroidered*
*elaborate hairpieces*

por... *mucho*

## Comprensión

¿Cuáles de estas frases describen el carnaval panameño, según Julio Delgado?

_____ Tiene música.

_____ Hay puestos de comida.

_____ Las personas se saludan.

_____ Es una tradición muy triste.

_____ La gente se divierte.

_____ Muchas personas se disfrazan.

_____ Causa muchos problemas en la ciudad.

Según Julio, ¿cuál es el desfile más impresionante del carnaval panameño? Descríbalo.

_____

_____

¿Por qué se siente Julio Delgado un poco nostálgico?

_____

_____

## ¿Y usted?

¿Conoce usted el carnaval de Brasil? ¿El de Nuevo Orleans? Si no, ¿qué sabe del carnaval?

_____

_____

_____

# Los amigos hispanos: «La vida nocturna en Madrid»

no... *wasn't enough for me*

Ricardo Sícora acaba de pasar un año de estudios en Madrid. De regreso en Caracas, se reúne con su amigo Rafael para contarle sus experiencias en la capital española.

RAFAEL: ¿Y qué hace la gente joven para divertirse en Madrid?

RICARDO: ¡Qué *no* hace! Hay tantos lugares que visitar en Madrid que un año entero no me bastó° para verlo todo.

RAFAEL: ¿Qué tal es la vida de noche?

RICARDO: Ya sabía que te interesaba sólo esa parte de mi viaje...

RAFAEL:   Hombre, si voy a Madrid, ¡no es sólo para ver el Prado[1] y el Escorial![2]

RICARDO:  Sí, tienes razón. En Madrid puedes pasarla bien° hasta cansarte. En la Plaza Mayor se encuentra buen ambiente a todas horas. En esta plaza hay cafés y restaurantes que siempre están llenos de gente...

                                                                        *pasarla... have a good time*

RAFAEL:   Llenos de chicas, quieres decir...

RICARDO:  ¡Claro! También hay muchas discotecas. Solamente en la Gran Vía,[3] hay más de diez; en todas ponen buena música y es fácil conseguir pareja.°

                                                                        *partner*

RAFAEL:   Y, ¿dónde te hospedaste?

RICARDO:  En una pensión, en el barrio de la Moncloa, donde están todos los estudiantes. También en esa zona siempre hay alguna fiesta.

RAFAEL:   ¿Cómo son las fiestas en España?

RICARDO:  Bueno, generalmente empiezan en casa de algún amigo. Luego te vas a un bar o a una cafetería y cuando te cansas del sitio, te vas a otro. Después, se puede ir a un mesón a cantar sevillanas[4] y comer tapas.° Luego te vas a una discoteca hasta las cuatro o las cinco de la mañana. Y cuando te hartas° de bailar vas a desayunar chocolate con churros[5] en alguna chocolatería° del centro. Es allí donde acaba la parranda,° pues las chocolaterías abren a las seis de la madrugada.

                                                                         *appetizers, snacks* (España)
*te... you're tired*

*café that serves hot chocolate*
*spree, partying*

RAFAEL:   ¿Y después del desayuno?

RICARDO:  A dormir o a dar un paseo por el Retiro.[6]

RAFAEL:   Me parece fantástico, pero cuéntame ahora un poco de las madrileñas...

RICARDO:  ¿Las madrileñas? No, esa parte de la historia, mejor la descubres tú mismo.

---

[1] famoso museo en Madrid
[2] famoso monasterio construido en el siglo dieciséis
[3] la avenida principal en el centro de Madrid
[4] canciones flamencas
[5] *doughnut-like pastry, deep-fried and sprinkled with sugar*
[6] un parque muy grande en el centro de la ciudad

## Comprensión

Busque la definición correcta.

1. _____ la Plaza Mayor
2. _____ la Gran Vía
3. _____ el Retiro
4. _____ la Moncloa
5. _____ las fiestas
6. _____ un mesón
7. _____ una chocolatería

a. una avenida en el centro de la ciudad donde se encuentran muchas discotecas
b. un lugar que abre a las seis de la mañana y sirve el desayuno
c. un lugar donde se puede beber, cantar y comer tapas
d. un barrio cerca de la universidad donde viven muchos estudiantes
e. empiezan en casa de alguien y continúan en un bar o en una cafetería
f. una plaza con cafés y restaurantes
g. un parque en el centro de la ciudad

## ¿Y usted?

1. ¿Qué hacen los estudiantes norteamericanos para divertirse?

_____

_____

2. ¿Es muy diferente la vida nocturna para los jóvenes donde usted vive de la de Madrid?

_____

_____

# Capítulo trece

## ACTIVIDADES DE COMPRENSIÓN

### A. PROTÉJASE CONTRA EL CATARRO

**VOCABULARIO NUEVO**

| | |
|---|---|
| la época | *season* |
| atacar/atacan | *to attack/attack* |
| exponerse/no se exponga | *to expose oneself/do not expose yourself* |
| cubrirse/cúbrase | *to cover/cover yourself* |
| mojarse/se moja | *to get (oneself) wet/gets wet* |
| poder/puede complicarse | *to be able/can get more serious* |
| los ancianos | *the aged* |

Y ahora, aquí en WXET, un mensaje importante de la Secretaría de Salud[1] al servicio de la comunidad.

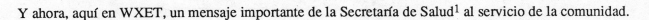

Complete los espacios en blanco.

Es durante la época de frío que el _catarro_[1] común y la _gripe_[2] atacan

con mayor frecuencia. No se exponga al _frío_.[3] Cúbrase adecuadamente; lleve siempre

un _swéter_[4] o una chaqueta. Si ~~lluvia~~ _llueve_[5] y usted se moja, séquese

inmediatamente. Y lávese las _manos_[6] con frecuencia. Sin el cuidado necesario, el catarro

común puede complicarse y causar _enfermedades_[7] graves, especialmente entre los

_niños_[8] y los ancianos. Cuidar de nuestra _salud_[9] es la responsabilidad de

todos. Éste ha sido un mensaje de la Secretaría de Salud.

### B. VITAMINAS VIDA

**VOCABULARIO NUEVO**

| | |
|---|---|
| el complejo de vitaminas B | *vitamin B complex* |
| enriquecido/a | *enriched* |
| la potencia | *potency* |
| proveer/provee | *to provide/provides* |
| distinguir/distinga | *to distinguish/distinguish* |
| la etiqueta | *label* |

Y ahora escuchemos un mensaje comercial de Vitaminas Vida.

---

[1] Secretaría... *Department of Health*

¿Cuál de estos tres anuncios del periódico corresponde al anuncio que usted escuchó?

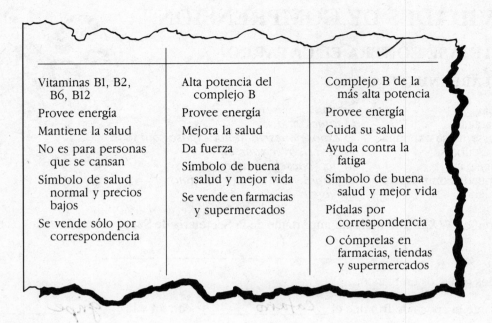

| Vitaminas B1, B2, B6, B12 | Alta potencia del complejo B | Complejo B de la más alta potencia |
|---|---|---|
| Provee energía | Provee energía | Provee energía |
| Mantiene la salud | Mejora la salud | Cuida su salud |
| No es para personas que se cansan | Da fuerza | Ayuda contra la fatiga |
| Símbolo de salud normal y precios bajos | Símbolo de buena salud y mejor vida | Símbolo de buena salud y mejor vida |
| Se vende sólo por correspondencia | Se vende en farmacias y supermercados | Pídalas por correspondencia |
| | | O cómprelas en farmacias, tiendas y supermercados |

## C. LA ENTREVISTA DE PILAR

### VOCABULARIO NUEVO

| | |
|---|---|
| al contrario | *on the contrary* |
| en particular | *in particular* |
| últimamente | *lately* |
| deprimirse/¿te deprimes? | *to get depressed/do you get depressed?* |
| la iniciativa | *initiative* |

Pilar Álvarez habla con Andrés, un estudiante muy tímido.

Escoja la(s) respuesta(s) más lógica(s).

1.  Al principio del diálogo Andrés...

    a. no tiene muchas ganas de hacer lo que Pilar quiere.

    b. dice que una entrevista es una buena idea.

    c. siente curiosidad por lo que Pilar va a preguntarle.

    d. no acepta hacer la entrevista.

2. Pilar convence a Andrés diciéndole que...

    ⓐ ella necesita su ayuda.

    b. es tarea de una de sus clases.

    ⓒ va a ser una entrevista corta.

    ⓓ no van a hablar de nada serio.

3. La primera pregunta de la entrevista que Pilar le hace a Andrés es si...

    ⓐ Andrés baja de peso cuando está preocupado.

    b. Andrés engorda cuando come mucho.

    c. a Andrés le gusta escuchar música romántica.

    d. Andrés come todo el día cuando algo le preocupa.

4. Pilar le hace varias preguntas a Andrés...

    ⓐ sobre la música romántica.

    ⓑ en relación a «otra» persona.

    ⓒ sobre cuándo se pone de mal humor.

    d. en relación a la rutina diaria de él.

5. Con la última pregunta Pilar...

    a. invita a Andrés a cenar.

    b. toma la iniciativa por primera vez.

    ⓒ revela la verdad de la «entrevista».

    d. le dice a Andrés que ella no quiere salir con él.

## D. LA TELENOVELA «LOS VECINOS»: EPISODIO «DIETA Y PIROPOS»

### VOCABULARIO NUEVO

| | |
|---|---|
| el/la mensajero/a | *messenger* |
| directamente | *directly* |
| parecer/le parece gracioso | *to seem/it seems cute (to her)* |
| estar dispuesto/a a/estoy dispuesto a | *to be willing to/I'm willing to* |
| la timidez | *shyness* |
| el piropo | *flattering remark* |
| sugerir/sugiéreme | *to suggest/suggest to me* |
| la bruja | *witch* |
| ser/No seas tonto. | *to be/Don't be silly.* |

Lucía Méndez es una bruja comparada contigo.

**Persona mencionada**

Lucía Méndez    *cantante mexicana*

Roberto Herrero tiene 16 años y es estudiante del Colegio Sagrado Corazón. Está enamorado de Amanda, una compañera de clase. Ahora Roberto está hablando de sus problemas amorosos[1] con su amigo Gustavo.

---

¿Con quién asocia usted estos comentarios, con Roberto (R), con Gustavo (G) o con Amanda (A).

1. _R_    ¡Qué buen amigo! Tal vez me tiene buenas noticias... ¡Estoy tan enamorado!

2. _R_    ¡Ay! ¿Por qué no me dice lo que Amanda dijo de mí?

3. _G_    ¡Este pobre chico! Si no le ayudo a ser independiente voy a ser su mensajero siempre.

4. _A_    ¿Por qué me habla tanto de Roberto? Tal vez no sabe que yo tengo novio.

5. _R_    ¿Bajar de peso? ¿Para qué? ¿Estoy muy gordo?

6. _R_    Es un sacrificio muy grande... pero estoy *tan* enamorado.

7. _G_    ¡Pobre! Seguramente no va a poder pasar más de dos días sin comer postres.

8. _RG_    ¿Un piropo? No puedo... Quisiera ser como Gustavo. No me gusta ser tímido.

9. _G_    Ay, recuerdo el cuento de cómo se casaron mis abuelos... ¡Qué buena idea! ¡Voy a ayudarle a inventar un piropo!

10. _R_    Mmm... va a ser tan difícil... nada de postres... pero bueno... Sí, ¡Amanda es más bonita que Lucía Méndez!

## E.  LA TELENOVELA «LOS VECINOS»: EPISODIO «ROBERTO VISITA AL MÉDICO»

### VOCABULARIO NUEVO

| | |
|---|---|
| el formulario | *form* |
| la báscula | *scale* |
| la altura | *height* |
| razonable | *reasonable* |
| valer/vale la pena | *to be worth/it's worthwhile* |

¿Qué come usted?

Roberto quiere seguir el consejo de Gustavo y bajar un poco de peso. Ahora está en el consultorio del médico.

---

[1] de amor

Nombre _____ Fecha _____ Clase _____

_____

Corrija estas afirmaciones falsas.

1. A Roberto se le olvidó hacer una cita con el médico. *Roberto hizo una cita con el médico*

2. Antes de hablar con el médico Roberto tiene que leer un libro sobre la salud. _____
   *Roberto tiene que llenar un formulario*

3. El médico piensa que Roberto no debe bajar de peso. *El médico piensa que R debe bajar de peso*

4. A Roberto no le gustan ni las frutas ni las legumbres. *A R les gustan las frutas y legumbres*

5. Roberto prefiere comer galletitas y chocolates pero nunca las come. *Roberto prefiere come galletitas y chocolates con frequencia*

6. Después de hablar con Roberto el médico sabe que el problema de Roberto es que come demasiado. *El médico le recomienda una dieta mas razonable*

7. La dieta que el médico le recomienda le parece excelente a Roberto. *La dieta parece muy estricta a R*

8. Cuando Roberto dice: «vale la pena sufrir» probablemente está pensando en Gustavo. _____ *está pensando en Amanda*

## F. LA PROFESORA MARTÍNEZ EN EL CONSULTORIO DEL MÉDICO

**VOCABULARIO NUEVO**

| | |
|---|---|
| profundamente | *deeply* |
| la calentura | *fever* |
| tratarse/se trata de | *to be a question of/it's a question of* |
| la infección | *infection* |
| recetar | *to prescribe* |
| el antibiótico | *antibiotic* |
| la cápsula | *capsule* |
| fatigarse/No se fatigue. | *to get tired/Do not get tired.* |

sneeze

Hoy la profesora Martínez se siente muy mal. Anoche estuvo tosiendo y estornudando y tuvo un terrible dolor de cabeza. Ahora está en el consultorio del médico.

_____

Conteste las preguntas.

1. ¿Cuáles son los síntomas de la profesora Martínez?

   __✓__ ¿Tiene tos?                              _____ ¿Tiene los pies hinchados?

   __✓__ ¿Ha estado estornudando?                 __✓__ ¿Tiene calentura?

   _____ ¿Le duelen los dientes?                 __✓__ ¿Le duelen los pulmones?

   __✓__ ¿Tiene dolor de cabeza?                  __✓__ ¿Tiene una infección en la garganta?

2. ¿Qué le recomienda el médico a la profesora Martínez?

   *El médico le recomienda a la prof. que se queda en la cama por dos o tres días y que se toma medicina por la enferma de garga*

3. ¿Qué le receta?

   *Le receta tetraciclina*

4. ¿Por qué se preocupa la profesora?

   *por que tiene que darte examenes a sus estudiante*

5. ¿Cómo dice la profesora que van a estar los estudiantes?

   *Ella dice que van a estar tristes.*

# G. LA TELENOVELA «LOS VECINOS»: EPISODIO «EL ESQUIADOR EXPERTO»

## VOCABULARIO NUEVO

| | |
|---|---|
| las bufandas | *scarves* |
| los guantes | *gloves* |
| experto/a | *expert* |
| exagerar/¡No exageres! | *to exaggerate/Don't exaggerate!* |
| roto/a | *broken* |
| rodar/rodó | *to roll/rolled* |
| ¡Qué va! | *No way!* |

Estela y Ernesto Ramírez están en Denver, Colorado, en un viaje de negocios de la compañía de Ernesto. Están planeando un viaje de tres días a las montañas cerca de Denver para divertirse un poco.

---

Escoja la respuesta correcta.

1. Al principio del diálogo, Ernesto y Estela...

    a.   están haciendo sus reservaciones.

    b.   están esquiando.

    c.   están haciendo los planes para las vacaciones.

2. Ernesto se ríe de Estela porque...

    a.   no quiere preocuparse por sus huesos rotos.

    b.   ella cree que sabe esquiar como una experta.

    c.   tiene un brazo roto.

3. ¿Qué pasó en las montañas?

    a.   Estela se cayó y rodó por la montaña.

    b.   Estela aprendió a esquiar.

    c.   Estela y Ernesto rodaron por la montaña.

4. En el viaje de regreso...

    a.   Ernesto manejó muy rápido.

    b.   Ernestó tuvo un accidente.

    c.   Estela manejó el coche.

5. Ernesto le promete a Estela que...

    a.   los dos van a tomar lecciones.

    b.   le va a enseñar a esquiar.

    c.   nunca más van a esquiar.

## H. LA TELENOVELA «LOS VECINOS»: EPISODIO «UNA EMERGENCIA»

**VOCABULARIO NUEVO**

apurarse/¡Apúrense!     *to hurry/Hurry up!*
el esfuerzo             *effort*

Pedro Ruiz acaba de caerse del techo de su casa. Su esposa Margarita llama a la Cruz Roja.

---

Complete el resumen correctamente.

Margarita pide una _ambulancia_ [1] porque su esposo acaba de caerse del techo. La operadora

le dice que la ambulancia va a salir _entre 5 minutos_.[2] Pedro dice: «Ay, ay, ay, voy a

_morirme_ ».[3] Margarita dice que los escritores no deben ponerse a reparar

_los techos_ .[4] Pedro dice que le duele la _cabeza_ [5] y la _pierna_ .[6]

Cuando Pedro ya está en la ambulancia, dice que ésta es una buena experiencia para contar en su próximo

_libro_ .[7]

# RADIODRAMA: LA CURA DEFINITIVA

## VOCABULARIO NUEVO

| | |
|---|---|
| el/la hipocondríaco/a | hypochondriac |
| los estornudos | sneezes |
| la pulmonía | pneumonia |
| el tumor | tumor |
| convencido/a | convinced |
| incurable | incurable |
| quitar/quitarle | to take away/to take away from him |
| la radiografía | X-ray |
| informar/le informa | to inform/informs him |
| dudoso/a | doubtful |
| formular | to formulate |
| la diagnosis | diagnosis |
| rutinario/a | routine |
| hacerse daño/¿Se hizo daño? | to hurt oneself/Did you hurt yourself? |
| diagnosticar/te diagnosticaron | to diagnose/you were diagnosed |
| apenado/a | embarrassed (Lat. Amer.) |
| cargar/cargarte | to carry/carry you |
| aumentar/he aumentado | to increase, gain/I've gained |

(En la ilustración: ¡Adiós, doctor! / Quiero explicarle...)

### Personajes

don Ramiro
doña Rosita
Estela
Ernesto
el doctor

Los vecinos de don Ramiro Silva y su esposa, doña Rosita, saben que a don Ramiro le gusta inventarse enfermedades extrañas y fatales. Por eso ya no se preocupan mucho cuando escuchan sus quejas. Pero un día le pasó algo que cambió la vida del pobre don Ramiro.

_complaints_

---

Ponga las frases en orden para formar un resumen del radiodrama.

_____4_____ En la visita al médico el médico le dice a don Ramiro que hay algo dudoso en su radiografía.

_____1_____ Don Ramiro siempre cree que tiene una enfermedad fatal.

_____7_____ El médico dice que hubo un error y que don Ramiro no tiene nada.

_____3_____ La vecina le dice a doña Rosita que su esposo inventa enfermedades porque quiere más atención.

_____2_____ Doña Rosita cree que don Ramiro es hipocondríaco.

_____5_____ Don Ramiro sale del consultorio pálido y preocupado y regresa a casa sin escuchar el diagnósis del médico.

_____8_____ Don Ramiro está tan contento de saber la noticia que se olvida de todos sus males.

_____6_____ Suena el teléfono y don Ramiro tiene miedo de contestar.

# Repaso del vocabulario

These are some of the words that were used in the listening passages in *Capítulo trece*. Since they are similar to English, you will be expected to recognize them in the future. They will not be listed or defined in the chapters that follow.

| | | | |
|---|---|---|---|
| el antibiótico | experto/a | la infección | profundamente |
| atacar | fatigarse | informar | razonable |
| directamente | incurable | la iniciativa | |

Here is a list of very common new words and expressions used in the listening texts of *Capítulo trece*. Since they will be used in subsequent chapters, you should review them carefully before going on to *Capítulo catorce*.

| | | | |
|---|---|---|---|
| apurarse | *to hurry* | mojarse | *to get (oneself) wet* |
| dudoso/a | *doubtful* | proveer | *to provide* |
| el esfuerzo | *effort* | quitar | *to take away* |
| estar dispuesto/a a | *to be willing to* | sugerir | *to suggest* |
| la etiqueta | *label* | tonto/a | *silly, foolish* |
| gracioso/a | *funny* | últimamente | *lately* |
| el/la mensajero/a | *messenger* | valer la pena | *to be worthwhile* |

# Ejercicios de ortografía

## ACCENT REVIEW (PART I)

Remember that question words always have a written accent mark. For example: *¿qué?, ¿cómo?, ¿dónde?, ¿cuándo?, ¿por qué?, ¿quién?, ¿cuál?, ¿cuántos?*

**A.** Listen to the following questions and write each correctly. Be sure to add an accent mark to the question word.

1. ¿Cómo se llama?

2. ¿Dónde vive?

3. ¿Cuándo es su cumpleaños

4. ¿Qué quiere que le den sus amigos?

5. ¿Por qué no contesta?

As you know, words ending in a vowel, *n*, or *s* should be stressed on the second to the last syllable. For example: *e-le-gan-te, ca-mi-sa, ca-si, es-po-so, hi-jos, ha-blan.* Whenever the stress is on the last syllable in words ending in a vowel, *n*, or *s*, a written accent mark must be added to that syllable. For example: *pa-pá, fran-cés, es-tu-dié, ga-lón, a-quí, com-po-si-ción.*

**B.** Listen to the following words and write each one. Then decide if it needs a written accent mark.

1. ~~tres~~ libros

2. canción

3. así

4. escuchar

5. café

6. bonito

7. soltera

8. inglés

9. Perú

Words ending in a consonant (except *n* or *s*) are stressed on the last syllable. For example: *ca-mi-nar, pa-pel, us-ted, a-bril, po-pu-lar, fe-liz.* Whenever the stress falls on any other syllable in words ending in a consonant other than *n* or *s*, it must be marked with a written accent. Examples: *sué-ter, ár-bol, lá-piz, fá-cil, sánd-wich.*

**C.** Listen to the following words and write them correctly, with or without an accent mark, depending on where the stress falls.

1. pastel

2. ventilador

3. difícil

4. niñez

5. hospital

6. azúcar

7. automóvil

8. cristal

9. juventud

Any word that is stressed on the third-to-the-last syllable or before must have a written accent mark. For example: *clá-si-co, ú-ni-co, tí-mi-da, mú-si-ca, lám-pa-ras, pe-lí-cu-las.*

**D.** Write the following words. Do not forget to place a written accent mark on the correct syllable.

1. recámaras

2. plástico

3. típico

4. estómago

5. periódico

6. médicos

7. módico affordable

8. cómoda

9. mecánicos

10. gramática

11. américa

12. teléfono

As you know, unstressed vowels *i* and *u* normally join to form a diphthong with the vowels *a, e, o.* When this is not the case, *i* and *u* have a written accent mark, as in *frí-o, pa-ís, ma-íz, a-cen-tú-e.*

**E.** Listen and write the following words. Remember to write an accent mark over the *i* or *u* to signal that they are stressed.

1. ~~geo~~ geografía

2. librería

3. María

4. sociología

5. continúa

The first and third person singular past tense forms of regular verbs always have a written accent mark on the last letter of the last syllable: *contesté, contestó; comí, comió; escribí, escribió.* Remember that irregular verb forms do not need a written accent mark in the past tense: *tuve, tuvo; dije, dijo.*

**F.** Listen to the following sentences and write each one. Be careful to write an accent mark when appropriate.

1.  Mamá preparó la cena de navidad

2.  José no la comió porque tuvo que trabajar hasta medianoche.

3.  Jorge trajo cerveza. Pero no la bebió. Prefirió tomar vino.

4.  Yo no cociné. Compré pan, queso y unos antojitos

# ACTIVIDADES ESCRITAS

## I. LAS PARTES DEL CUERPO

**A.** ¿Qué hacemos con estas partes del cuerpo?

MODELO:  la nariz → *Olemos con la nariz.*

1. los pies

_____

2. el cerebro

_____

3. la boca

_____

4. la garganta

_____

5. las uñas

_____

**B. Crucigrama.** El cuerpo

HORIZONTAL

1. Las _____ están en las puntas de los dedos y se usan para rascarse y para agarrar cosas pequeñas.
2. La _____ está entre el codo y la mano.
3. La _____ es la parte central del cuerpo, encima de las caderas.
4. Los _____ se usan para morder.
5. El _____ cubre los pulmones y el corazón.
6. Usamos los labios para _____ a la gente que queremos.
7. Me rompí un _____ del brazo y ahora lo tengo enyesado.
8. Los dientes están en las _____.
9. Los _____ limpian la sangre.

VERTICAL

1. El _____ es la parte del cuerpo entre la cabeza y los hombros.
2. El _____ es la parte de arriba de la pierna.
3. Los oídos son para _____.
4. Usamos la _____ para tragar líquidos y alimentos.
5. Las _____ son parte de las piernas. Las usamos para practicar deportes, para caminar y para saltar.
6. Es la parte posterior del cuerpo; la espina pasa por la _____.
7. Los _____ son para respirar.
8. El _____ tiene 204 huesos.
9. Usamos los brazos para _____.

## II. LOS ESTADOS DE SALUD, LAS ENFERMEDADES Y SU TRATAMIENTO

¡OJO! *Estudie Gramática 13.2.*

**A.** Los estados físicos y mentales

> MODELO:  Me enojo cuando... → *tengo que manejar y hay mucho tráfico.*

1. Me vuelvo loco/a cuando _____

2. Engordo cuando _____

3. Mi profesor(a) se enoja cuando _____

4. Mi amigo/a se pone de mal humor cuando _____

5. Me pongo nervioso/a cuando _____

6. Mis padres se entristecen cuando _____

7. Mi hermano/a se alegra cuando _____

8. Me enfermo cuando _____

**B. Descríbase.** Aquí tiene algunas expresiones que puede usar: *enojarse, alegrarse, ponerse nervioso/a, ponerse de buen/mal humor, ponerse contento/a, ponerse triste, volverse loco/a.*

MODELO: Cuando llueve... → *me pongo triste.*

1. Cuando tengo prisa, _____

2. Cuando no tengo mucho dinero, _____

3. Cuando leo una novela buena, _____

4. Cuando tengo un examen, _____

5. Cuando no consigo lo que quiero, _____

# III. LAS VISITAS AL MÉDICO, A LA FARMACIA Y AL HOSPITAL

¡OJO! *Estudie Gramática 13.3.*

**A.** ¿Qué hacen estas personas? Escriba una definición. Aquí tiene algunos verbos útiles: *operar, ayudar, curar, surtir, explicar, recomendar(ie), examinar, aconsejar.*

MODELO: Un médico *cuida a sus pacientes y trata de curarlos.*

1. Una enfermera _____

2. Un cirujano _____

3. Un veterinario _____

4. Una psiquiatra _____

5. Un farmacéutico _____

**B.** Usted es médico/a y un paciente tiene los siguientes síntomas. ¿Qué le recomienda usted?

MODELO: le duele un oído → *Le recomiendo a usted que se ponga gotas en los oídos y que no salga si hace frío.*

1. tiene un dolor de estómago _____

_____

2. le duele el tobillo _____

_____

3. tiene un dolor de garganta y tos _____

_____

4. tiene una fiebre y dolores por todo el cuerpo _____

_____

5. tiene un dedo cortado _____

_____

**C.** En el Hospital General de Cuernavaca la jefa de enfermeras está dándoles órdenes a las otras enfermeras. Complete las órdenes correctamente usando pronombres de complemento indirecto (*me, te, le, nos, les*) y el presente del subjuntivo de un verbo lógico (*llevar, preparar, traer, tomar, servir*).

MODELO: Señorita Méndez, quiero que __le__ __dé__ la medicina a la paciente del cuarto número siete.

1. Señora Pérez, quiero que _____ _____ la cena al paciente del cuarto número diez.

2. Señorita Méndez, también quiero que _____ _____ ropa limpia a los pacientes del cuarto número quince.

3. Señorita Rojas, quiero que _____ _____ (a mí) el formulario del paciente nuevo.

4. Y también quiero que _____ _____ una taza de té al paciente nuevo.

5. Señor Lugo, quiero que por favor _____ _____ la temperatura a todos los pacientes.

# IV. LOS ACCIDENTES Y LAS EMERGENCIAS

¡OJO! *Estudie Gramática 13.4.*

**A. Crucigrama.** Los remedios y las emergencias

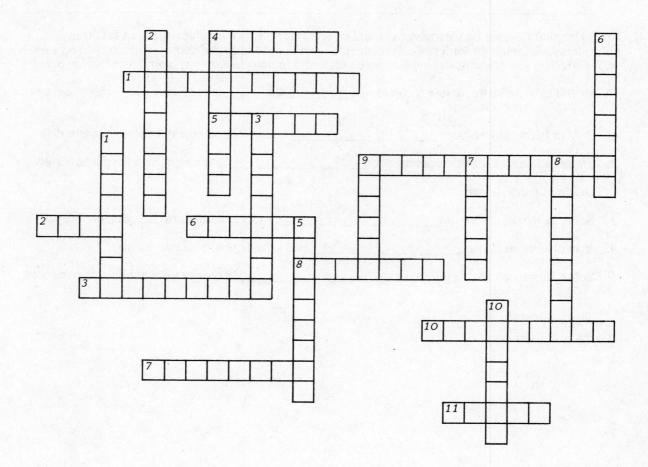

HORIZONTAL

1. Una persona que cura a los animales es una _____.
2. La Cruz _____ es una organización internacional de salud y de primeros auxilios.
3. Un _____ trata a los enfermos mentales.
4. Ayer hubo un _____ entre dos carros enfrente de mi casa. Afortunadamente no hubo heridos.
5. El doctor al paciente: —Usted tiene tos. Tome dos cucharaditas de _____ para la tos cada cuatro horas.
6. Tuve un accidente en mi bicicleta ayer; ahora tengo una _____ en la pierna derecha.
7. Muchas medicinas vienen en forma de _____.
8. Cuando era niña tuve las _____. Se me hincharon mucho las mejillas.
9. Un _____ surte recetas médicas.
10. Si usted quiere gozar de buena salud, debe tomar _____ todos los días.
11. La policía determinó que el señor del Seat rojo tenía la _____ del accidente.

VERTICAL

1. Si le duele la garganta debe hacer _____ con agua salada (*salty*).
2. Ayer fui a la playa y me quedé seis horas bajo un sol muy fuerte. Hoy tengo una _____ que me duele mucho.
3. Estoy congestionado y tengo dolor de garganta y de cabeza. Tengo _____.
4. Un _____ opera a las personas gravemente enfermas.
5. Si usted tiene dolor de cabeza puede dormir la siesta o tomar unas _____.
6. Nadie vio el accidente; no hubo _____.
7. Si uno se corta un dedo, se pone una _____.
8. La doctora me dio una inyección de antibióticos para curarme la _____.
9. Me parece que tengo _____; el termómetro marca 39°C (101°F).
10. Dos hombres bajaron de una ambulancia y pusieron al herido en una _____ para llevarlo al hospital.

B. **Las experiencias en el pasado.** Conteste estas preguntas sobre los accidentes que usted ha tenido.

MODELO:  ¿Alguna vez se ha roto una pierna o un brazo? →
*Nunca me he roto una pierna pero me he roto el brazo dos veces.*

1. ¿Alguna vez ha estado en el hospital? ¿Por qué? _____

_____

2. ¿Ha tenido catarro este año? ¿Cuántas veces? _____

_____

3. ¿Se ha golpeado la cabeza más de una vez? ¿Dónde? ¿Qué pasó? _____

_____

4. ¿Ha tenido un brazo enyesado? ¿Por qué? _____

_____

Llene·los espacios en blanco con el pretérito o el imperfecto de estos verbos: *cortar, estornudar, desmayar, tener, caer, romper, enfermar.*

MODELO:  Cuando tenía dos años una vez me _____caí_____ de la cama.

1. Cuando era muy pequeño siempre me _____ cuando corría.

2. Cuando tenía ocho años me _____ la pierna derecha.

3. Anoche me _____ un dedo cuando estaba haciendo la ensalada.

4. Ayer en mi clase de español _____ durante el examen. ¡Tal vez soy alérgico a los exámenes!

5. El año pasado mi novio bajó mucho de peso y se _____.

6. Cuando él oyó la noticia de la muerte de su padre, se _____.

7. Mi hermano no pudo participar en el maratón ayer porque _____ el tobillo torcido.

C. Escriba una composición sobre uno de estos temas:

1. Describa uno de los accidentes que usted ha tenido. ¿Qué pasó? ¿Dónde estaba? ¿Qué estaba haciendo cuando pasó? ¿Tuvo que ir al hospital? ¿Qué pasó allí?

2. Describa un accidente que usted vio. ¿Dónde estaba cuando lo vio? ¿Qué estaba haciendo cuando lo vio? ¿Qué pasó?

_____

_____

_____

_____

_____

_____

_____

# LECTURAS ADICIONALES

## La telenovela «Los vecinos»: Episodio «Hospital General de Cuernavaca»

¿Sabían ustedes que doña Rosita Silva y doña Lola Batini nunca se pierden un episodio de «Hospital General de Cuernavaca»? Hoy están escuchando en el noticiero un resumen° del último programa...   *summary*

¡Buenas noches radioyentes! Nos agrada° presentarles en este   Nos... *It's a pleasure*
noticiero un resumen de los acontecimientos° de la telenovela   *events*
«Hospital General de Cuernavaca». En el último episodio, el joven
doctor Roberto Galán le confesó su amor a la enfermera María
Luisa. —¡Te quiero! —le dijo apasionadamente—. ¡Te quiero, te
quiero, te quiero, María Luisa!
   El cirujano jefe tuvo la oportunidad de su vida: operar al señor
presidente de México. —Mucho cuidado, señor cirujano —dijo el
presidente—. Porque si no salgo completamente bien de esta
operación, quizá sea la última que usted haga.— ¡Qué responsabilidad para el pobre cirujano jefe! ¿Se imaginan?
   El doctor Marcos Delvis por fin logró° curar con sus buenos   *succeeded in*
consejos a la pobre Marta González, quien sufría de tremendos
dolores de cabeza. —Es todo cuestión de presión, amiga mía
—explicó el bondadoso° Delvis.   *kind*
   Y las dos pacientes de la habitación número doscientos siete,
Anita y Matilde, decidieron salir del hospital y tratar de curarse por
su propia cuenta,° sin medicinas. —¡Qué locura! —dijeron las   por... *on their own*
enfermeras.

La paciente de la habitación ciento ochenta y dos, Carmen Marín, una famosísima actriz de los años veinte, decidió no estirarse más la cara.° ¿Qué la llevó a tomar tal decisión? ¡Ah! Escuchemos sus propias palabras: —¿Para qué más cirugías plásticas? No las necesito. Mi joven esposo Jean Claude (un francés de veintiocho años) me quiere tal como soy.°

no... *not to have another face-lift*

tal... *just the way I am*

Y, para concluir, el director del hospital, Pedro Vicente, nombró° a su esposa subdirectora y vice presidenta de la Asociación de Enfermeras de México.

*appointed*

Eso es todo por hoy. Escuche mañana a la misma hora el próximo resumen de la telenovela favorita de México, «Hospital General de Cuernavaca».

## Comprensión

En el último episodio...

1. ¿Qué hizo Roberto Galán? _____

_____

2. ¿Qué operación importante tuvo que hacer el cirujano jefe? ¿Por qué representa esto una gran

responsabilidad? _____

_____

3. ¿Qué sufrimiento terrible tenía Marta González? _____

_____

4. ¿Qué decidieron hacer las pacientes Anita y Matilde? _____

_____

5. ¿Por qué decidió Carmen Marín no tener más cirugías plásticas? _____

_____

6. ¿Qué nombramiento[1] importante hizo el director del hospital, Pedro Vicente? _____

_____

## ¿Y usted?

1. ¿Por qué cree usted que son populares las telenovelas? _____

_____

2. ¿Por qué son populares las telenovelas y otros programas sobre los médicos, las enfermeras y los

hospitales? _____

_____

_____

[1] *appointment*

# Capítulo catorce

## ACTIVIDADES DE COMPRENSIÓN

### A. EL RADIO-RELOJ DESPERTADOR SINFONÍA

**VOCABULARIO NUEVO**

| | |
|---|---|
| la sorpresa | *surprise* |
| los altavoces | *loudspeakers* |
| la tonalidad | *tonality, sound* |
| los gastos de envío | *shipping expenses* |

Aquí KLE, su estación en Madrid. ¿Quiere usted comprar una radio muy buena? Escuche el siguiente mensaje de Radios América.

_____

Conteste las preguntas correctamente.

1. Según el anuncio, ¿qué creen muchas personas sobre las radios buenas?
   _Son baratas caro no puedo ser barato_

2. ¿Cómo es el modelo Sinfonía?
   Es fino y _compacto_. Tiene bandas _AM y FM_,
   _____ y conexión para _atera_ externa.

3. ¿Qué hace la alarma si uno quiere dormir unos minutos más? _la /alarma se_
   _repite hasta 5 veces_

4. ¿Cuánto cuesta la radio-reloj? _9 mil 500 pesetas_

5. ¿Cuáles son las dos maneras de pedir esta radio? _escriba o llame por teléfono_

### B. JOYERÍA[1] Y RELOJERÍA[2] JULIETA

**VOCABULARIO NUEVO**

| | |
|---|---|
| las sortijas | *rings* |
| arreglar/se los arreglamos | *to fix/we fix them for you* |
| garantizado/a | *guaranteed* |

_____

[1] *jewelry store*
[2] *store that sells and repairs watches*

Y ahora, un anuncio importante de nuestros amigos en la Joyería y relojería Julieta.

_____

En la Joyería y relojería Julieta reparamos sortijas, _relojes_,[1] calculadoras, _cámaras_ [2] y toda clase de equipo fotográfico. No importa en qué condiciones estén. Nosotros se los arreglamos. Y no olvide lo más _importante_[3]: todos nuestros trabajos están _garantizados_.[4] Piense en nosotros: Joyería y relojería Julieta. Y venga a vernos. Estamos en la _avenida_ [5] Juárez, número 602. Teléfono _46 63 86 69_.[6] Joyería y relojería Julieta: ¡La _joya_ [7] de las joyerías!

## C. LA TELENOVELA «LOS VECINOS»: EPISODIO «UNA VENTA FABULOSA»

### VOCABULARIO NUEVO

| | |
|---|---|
| los jitomates | *tomatoes* (Mex.) |
| el robo | *robbery* |
| llevar prisa/llevaba un poco de prisa | *to be in a hurry/I was in a bit of a hurry* |
| precioso/a | *lovely, precious* |
| como pan caliente | *like hotcakes* |
| avisar/gracias por avisarme | *to let someone know/ thanks for letting me know* |

En el episodio de hoy Lola Batini acaba de regresar del mercado La Canasta y ahora conversa con su vecina Estela Ramírez.

_____

Escoja la(s) respuesta(s) más lógica(s).

1. Al principio de la conversación es obvio que...

    a. a las señoras no les importa cuánto cuesta la comida.

    b. las señoras no están contentas con los precios de la comida.

    c. las señoras no son buenas amigas.

    d. las señoras no compran en el mismo mercado.

2. En el mercado La Canasta...

    a. no hay manzanas.

    b. las manzanas son más baratas que los jitomates.

    c. las manzanas son más caras que los jitomates.

    d. un kilo de manzanas cuesta $3,000 pesos.

3. Estela fue al supermercado pero no fue al Gran Bazar porque...

    a. no quería comprar legumbres.

    b. no tenía tiempo.

    c. no le gusta llevar ropa barata.

    d. los pantalones de lana son elegantes.

4. Doña Lola llamó a Estela para...

    a. decirle que tenía mucha prisa.

    b. contarle que hay una venta en una tienda de ropa.

    c. hablar de sus amigas en el supermercado.

    d. pedirle dinero porque la comida está cara.

5. Los pantalones de lana...

    a. cuestan más que los vestidos.

    b. cuestan tanto como los vestidos.

    c. no cuestan nada; los están regalando.

    d. cuestan menos que los vestidos.

6. Estela dice que va a ir inmediatamente porque...

    a. no hay vestidos baratos en la tienda.

    b. hay mucha gente en la tienda.

    c. quiere comprar varios suéteres.

    d. le gusta mucho el pan caliente.

## D. ¡VAMOS DE GEMELAS!

### VOCABULARIO NUEVO

| | |
|---|---|
| verdaderamente | *truly* |
| teñirse el pelo | *to dye one's hair* |
| la peluca | *wig* |
| el cuero | *leather* |
| fuera de lo común | *out-of-the-ordinary* |
| agotarse/se agotaron | *to run out/they ran out* |
| ajustado/a en las caderas | *tight in the hips* |

Clara y Pilar recibieron una invitación a una fiesta esta noche. Ahora mismo, en la tarde, están de compras en Galerías Preciados.[1]

_____

¿*Cierto* (C) o *falso* (F)?

1. __C__ Aunque no hablan totalmente en serio, parece que las chicas están un poco aburridas de su apariencia de todos los días.

2. __F__ Ellas creen que a los chicos les van a encantar sus nuevos estilos algo exóticos.

3. __F__ Solamente una de las chicas encontró un vestido de su talla.

4. __F__ Las chicas deciden ponerse a dieta porque se prueban vestidos que les gustan pero no les quedan bien.

5. __C__ Las chicas deciden comprar vestidos iguales.

6. __F__ Una de ellas sugiere que las dos se pongan los vestidos nuevos para la fiesta de esa noche.

## E. DETERGENTE[2] SUAVITEL

### VOCABULARIO NUEVO

| | |
|---|---|
| avivar/aviva | *to brighten/it brightens* |
| fragante | *fragrant* |
| estrenar/estrena | *to use or do for the first time/wear something new* |

Y ahora, aquí en WXET, una breve pausa comercial.

_____

Complete el anuncio correctamente.

Señora, ¿está usted _____[1] de su ropa vieja? ¿Quiere tener ropa

_____[2] sin gastar dinero? ¿Está cansada de los _____[3] muertos de su ropa?

_____

[1] Galerías... una tienda estilo «*department store*» en Madrid
[2] *detergent*

¡Suavitel es la _____4! El _____5 Suavitel deja su ropa como nueva.

Suavitel aviva los _____6 y deja su ropa fragante. Lávela con Suavitel y sienta la

_____.7 Por un _____8 módico usted estrena todos los días. Suavitel para

tener la ropa _____,9 suave y _____.10

## F. TURISTAS EN NUEVO LAREDO[1]

### VOCABULARIO NUEVO

| | |
|---|---|
| exagerar | *to exaggerate* |
| hecho/a | *made* |

Esteban y Nora están en el mercado central de Nuevo Laredo. Como Nora ya conoce Nuevo Laredo un poco, va a servir de guía.

_____

¿Con quién asocia usted estos comentarios, con Esteban (ES), Nora (N) o el empleado (E)?

1. _____    Mmmm, este muchacho siempre exagera.

2. _____    Probablemente las guitarras españolas son mejores... Sí, quiero una guitarra española.

3. _____    Debo recordar lo que me dijo Raúl pues él es mexicano.

4. _____    Ahhh... turistas jóvenes... Definitivamente van a comprar algo.

5. _____    Voy a mostrarles la guitarra más cara.

6. _____    Ofrécele $300. Este lugar es para turistas.

7. _____    ¡Ay, qué chico más malo para regatear! Creo que va a pagar más de lo necesario.

8. _____    Se la dejo en $350.

9. _____    Sí, me la llevo por $350.

10. _____    Tiene razón Nora. Necesito más práctica con el regateo.

_____

[1] Nuevo... ciudad en la frontera entre Texas y México, al sureste de San Antonio

## G.  EN EL RASTRO[1]

### VOCABULARIO NUEVO

| | |
|---|---|
| regalado/a | *free (a gift)* |
| grueso/a | *thick* |
| asegurar/se lo aseguro | *to assure/I assure you* |
| sacar/no le saco nada | *to get/I won't get anything* |
| ¡Vale! | *OK (Spain)* |
| quedarle bien/Le va a quedar muy bien | *to look good on someone/It will look good on you.* |

Clara está de compras en El Rastro. Quiere comprar un suéter.

_____

Complete las frases correctamente.

1.  El vendedor anuncia _____ para los días de _____ que ya vienen.

2.  El primer precio que le da el vendedor a Clara es de _____ pesetas.

3.  El vendedor dice que el suéter es de pura _____, hecho a _____.

4.  El precio más bajo que el vendedor le da a Clara es de _____ pesetas.

5.  Clara dice que no tiene mucho dinero porque ella es _____.

6.  Al final, el vendedor dice: «Aquí lo tiene usted... Le va a _____ muy bien».

## H.  ¡MÁS LECCIONES, NO!

### VOCABULARIO NUEVO

| | |
|---|---|
| ¡Che! | *Hey! You! (Argentina)* |
| los soles | *monetary unit of Peru* |
| apostar/te apuesto | *to bet/I'll bet you* |
| ser/no seas tonto/a | *to be/don't be silly* |
| envolver/envuélvala | *to wrap up/wrap it up* |
| agresivo/a | *aggressive* |

#### Formas de *vos* usadas

| | | | |
|---|---|---|---|
| tenés | *tienes* | llevás | *llevas* |
| escuchame | *escúchame* | querés | *quieres* |
| podés | *puedes* | esperá | *espera* |
| tratás | *tratas* | sabés | *sabes* |
| mirá | *mira* | | |

Adriana Bolini y su amiga Alicia están de visita en Perú. Ahora mismo están de compras en la parte turística del centro de Lima.

_____
[1] El... famoso mercado al aire libre en Madrid

_____

Ponga en orden las frases para formar un resumen de lo que pasa entre Adriana y Alicia.

_____ Adriana dice que si regatean pueden comprar la cartera por 60.000 soles, pero Alicia no quiere regatear.

_____ Alicia se ríe de su amiga, «la experta», y dice que no quiere más lecciones.

_____ Alicia ofrece 60.000 soles por la cartera.

_____ La cartera que ven después cuesta sólo 50.000 soles.

_____ En la otra tienda ven otra cartera exactamente igual a la que Alicia compró.

_____ Van de compras y Adriana ve una cartera con un precio de 82.000 soles.

_____ La empleada dice que se la deja en 75.000 y Alicia la compra.

# RADIODRAMA: EL OTRO LADO DEL ESPEJO

## VOCABULARIO NUEVO

| | |
|---|---|
| las antigüedades | *antiques* |
| fabricar/se fabrican | *to manufacture/are manufactured* |
| sólido/a | *solid* |
| ponerse/¡No te pongas pesado! | *to get, become/Don't get difficult!* |
| con la ropa puesta | *with his/her clothes on* |
| despertar/lo despierta | *to wake up/wakes him up* |
| el murmullo | *murmur* |
| la figura de mujer | *a woman's shape; silhouette* |
| horrorizado/a | *horrified* |
| su propia imagen | *his own image* |

### Personajes

Daniel
Leticia
la vendedora
la mujer en el espejo

Esta tarde Leticia Reyes y su novio Daniel Galván pasean por un barrio viejo de la Ciudad de México. Se detienen frente a una tienda de antigüedades.

_____

Primero ponga los cuadros en orden y luego describa brevemente lo que pasa en cada cuadro para formar un resumen del radiodrama.

_____
_____
_____
_____
_____
_____
_____
_____
_____
_____

_____
_____
_____
_____
_____
_____
_____
_____
_____
_____

# Repaso del vocabulario

These are some of the words that were used in the listening passages in *Capítulo catorce*. Since they are similar to English, you will be expected to recognize them in the future. They will not be listed or defined in the chapters that follow.

agresivo/a     exagerar     fragante     precioso/a     sólido/a

Here is a list of very common new words and expressions used in the listening texts of *Capítulo catorce*. Since they will be used in subsequent chapters, you should review them carefully before going on to *Capítulo quince*.

| | | | |
|---|---|---|---|
| asegurar | *to assure* | grueso/a | *thick* |
| el cabello | *hair* | hecho/a | *made* |
| el cuero | *leather* | la peluca | *wig* |
| envolver | *to wrap up* | la sorpresa | *surprise* |
| fabricar | *to manufacture* | verdaderamente | *truly* |

# Ejercicios de ortografía

## I. DEMONSTRATIVE PRONOUNS

Whenever the demonstratives (*this, that*) are used by themselves as pronouns (*I want this one*) rather than as modifiers of something that is specified (*I want this shirt*), they must be written with an accent mark. Compare the following sentences:

1. Yo quiero comprar *este* coche, pero Martín prefiere *ése*.
2. Mi mamá recibió *esa* cartera nueva de regalo, pero siempre usa *ésta*.

Note the following pairs of words:

| | | |
|---|---|---|
| este carro | éste | *this one* |
| esta calculadora | ésta | *this one* |
| estos cuadros | éstos | *these* |
| estas raquetas | éstas | *these* |
| | | |
| ese abrelatas | ése | *that one* |
| esa plancha | ésa | *that one* |
| esos anillos | ésos | *those* |
| esas camisetas | ésas | *those* |
| | | |
| aquel cinturón | aquél | *that one* |
| aquella cartera | aquélla | *that one* |
| aquellos calcetines | aquéllos | *those* |
| aquellas playeras | aquéllas | *those* |

**A.** Listen and write the missing words. Pay close attention to accent marks on demonstrative pronouns.

1. _____ televisor es más caro que _____.

2. Pero _____ es el más caro de todos.

3. Y los tres son más caros que _____ videocasseteras que están cerca de la pared.

4. Sí, _____ son muy baratas, pero _____ son caras.

5. Sí, son caras, y no son tan buenas como _____ que están cerca de la caja.

**B.** Complete the dialogue with the correct demonstrative pronoun.

Ernesto lleva a Estela de compras para su cumpleaños.

ERNESTO:  Voy a darte tres regalos. ¿Qué te parece un vestido? ¿Te gusta _____[1]?

ESTELA:  ¿Cuál, _____[2]? No, es feísimo. Prefiero_____.[3]

ERNESTO:  Pero _____[4] es muy caro. ¿Qué te parece_____[5] que está

junto al ascensor?

ESTELA:  A ver, ¿_____[6] de flores blancas?

ERNESTO:  Sí, o uno de _____[7] a tu izquierda. Tienen los precios rebajados.

ESTELA:  ¡Ay! No, no. ¡Son horribles! Mira _____[8] que están cerca de la salida.

¡Son preciosos!

ERNESTO:  Sí, y los precios son preciosos también.

ESTELA:  Ernesto, querido, tú miras más el precio que el estilo... y ¡es mi cumpleaños! ¿Recuerdas?

Me gusta _____[9] de saco blanco.

ERNESTO:  Bueno, mi amor, te lo compro, pero como es tan caro, solamente vas a recibir un regalo
en vez de tres.

ESTELA:  De acuerdo. Es precioso. Gracias Ernesto.

## II. ADDING ACCENT MARKS WHEN ADDING EXTRA SYLLABLES

Whenever one or more pronouns are added to the end of a present participle, an accent mark must be
added to the stressed syllable. For example: *estudiándolo* (studying it).

**A.** Listen and write the following sentences with present participles and pronouns. Write each form
correctly with an accent mark.

1. _____

2. _____

3. _____

4. _____

5. _____

If a single pronoun is added to an infinitive, a written accent mark is not needed. For example: *hablarle, verla.* If two pronouns are added, however, the form must be written with an accent mark. For example: <u>*dár*</u>*melo* (to give it to me), *de<u>cír</u>selo* (to tell it to him).

**B.** Listen and write the following sentences with infinitives and pronouns. Write each infinitive correctly with an accent mark.

1. _____

2. _____

3. _____

4. _____

5. _____

# ACTIVIDADES ESCRITAS

## I. LOS PRODUCTOS, LOS MATERIALES Y SUS USOS

¡OJO! *Estudie Gramática 14.1.*

**A. Crucigrama.**

HORIZONTAL

1. Se usa para abrir latas. Es un _____.
2. Es un material parecido al[1] papel, pero más fuerte. Sirve para hacer cajas. Es el _____.
3. El _____ es un metal muy fuerte.
4. El _____ es un metal muy valioso del cual se fabrica muchas joyas.
5. La ropa del verano se hace comúnmente de este material. Proviene de una planta. Es el _____.
6. El _____ es una herramienta muy útil para un carpintero.
7. Los anillos de oro y los collares de perlas son _____.
8. El tostador, el abrelatas eléctrico, el televisor a colores, la rasuradora eléctrica y el ventilador son todos _____.
9. Si usted compra algo de buena calidad a un precio bajo, es una _____.

---
[1] parecido... *similar to*

VERTICAL

1. Muchas personas llevan un _____ de matrimonio en un dedo.
2. El _____ es la piel de animal que se usa para hacer zapatos y carteras.
3. Si usted quiere hacer un batido de leche, necesita mezclar todos los ingredientes en una _____.
4. Generalmente las chimeneas son de _____.
5. El utensilio que se usa para preparar huevos revueltos es un _____.
6. El _____ es una tela muy suave y elegante, usado mucho en vestidos para fiestas.
7. La _____ es una sustancia muy elástica que dura mucho. Las llantas se hacen de esta sustancia.
8. Para cortar el pelo o el papel se usan las _____.

**B.** Describa algunas cosas que usted tiene en su casa o garaje. ¿Dónde las compró? ¿De qué material son? ¿Son costosas? ¿Para qué se usan?

1. _____

   _____

2. _____

   _____

3. _____

   _____

4. _____

   _____

5. _____

   _____

**C.** Diga lo bueno y lo malo de comprar en cinco de estos lugares: un mercado al aire libre, un supermercado, un centro comercial, una «boutique», una «venta de garaje», una tienda muy cara, una tienda muy económica.

   MODELO:   Lo bueno de comprar en El Rastro de Madrid es que me gusta regatear. Lo malo es que no siempre encuentro lo que quiero.

1. _____

   _____

   _____

2. _____

   _____

   _____

3. _____

   _____

   _____

4. _____

_____

_____

5. _____

_____

_____

**D.** Usted es vendedor de automóviles. Un cliente joven quiere comprar un carro pero no sabe nada de carros. Usted le dice que le va a ayudar a encontrar el auto perfecto. Descríbale cinco carros. Use frases como *el rojo, el blanco, el grande, el pequeño, el barato, el nuevo, el usado,* etc.

> MODELO: El verde es barato y no gasta mucha gasolina. El azul es grande; es bueno para transportar a toda la familia.

1. _____

_____

2. _____

_____

3. _____

_____

4. _____

_____

5. _____

_____

## II. LOS PRECIOS

¡OJO! *Estudie Gramática 14.2–14.3.*

**A.** Escoja dos tiendas diferentes, una muy cara y otra muy económica, para comparar los precios de estos objetos:

un martillo        una plancha        una calculadora

unas tijeras        ¿_____?        ¿_____?

Luego diga cuánto le costó el suyo (la suya).

> MODELO: Una licuadora Osterizer cuesta $29.95 en J. C. Penney; en Bloomingdale's cuesta $39.99. La mía me costó solamente $19.69.

1. _____
   _____
   _____

2. _____
   _____
   _____
   _____

3. _____
   _____
   _____
   _____

4. _____
   _____
   _____

5. _____
   _____
   _____

**B.** Escriba comentarios sobre los objetos que están en una tienda. Describa los objetos y use los demostrativos *éste, ésta, éstos, éstas; ése, ésa, ésos, ésas* o *aquél, aquélla, aquéllos, aquéllas*.

MODELO:   Estos vasos que están aquí cuestan $15.00. Ésos que están allí son más baratos y más bonitos. Aquéllos que están detrás son baratos también pero no son tan bonitos.

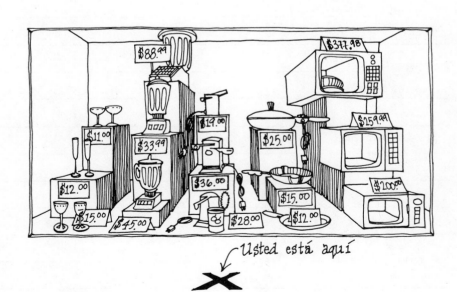

1. la licuadora _____

   _____

2. el abrelatas _____

   _____

3. el sartén _____

   _____

4. el horno de microondas _____

   _____

## III. COMPRANDO ROPA

¡OJO! *Estudie Gramática 14.4.*

A. Usted está de visita con un amigo que acaba de regresar de España. Su amigo compró mucha ropa y muchos regalos. Termine el diálogo preguntándole cuánto pagó por cada cosa y para quién es. (100 pesetas = 1 dólar)

USTED: ¿Qué compraste en España?

SU AMIGO: Compré muchas prendas de vestir: dos bufandas de lana, unos guantes de piel, un pijama de seda y unas botas de cuero.

USTED: ¿Cuánto pagaste por las bufandas?

SU AMIGO: Fueron una ganga. ¡Pagué solamente 500 pesetas por cada una!

USTED: ¿Y para quién son?

SU AMIGO: Una es para mí; la otra es para mi novia.

USTED: ¿Y cuánto _____

SU AMIGO: _____

USTED: _____

SU AMIGO: _____

USTED: _____

SU AMIGO: _____

USTED: _____

SU AMIGO: _____

USTED: _____

SU AMIGO: _____

USTED: _____

SU AMIGO: _____

    USTED: ¿Y para mí? ¿No compraste nada para mí?

SU AMIGO: _____

**B.** ¿Para qué se usan estas cosas?

    MODELO:    los bolsillos del pantalón →
                      *Los hombres usan los bolsillos para guardar las llaves, el dinero, la cartera, y otras cosas.*

1. los paraguas

_____

2. las bufandas

_____

3. las batas

_____

4. los camisones

_____

5. las carteras

_____

**C.** Imagine que usted está en una tienda de ropa y que quiere comprarse un pantalón nuevo. Complete el diálogo.

1. DEPENDIENTE: _____

    USTED: Necesito un pantalón nuevo.

2. DEPENDIENTE: _____

    USTED: Creo que uso la talla 38.

3. DEPENDIENTE: _____

    USTED: Tal vez gris.

4. DEPENDIENTE: _____

    USTED: Gracias, voy a probarme éste a ver si me queda bien.

    Tres minutos después.

5. DEPENDIENTE: _____

    USTED: No, creo que necesito una talla más pequeña.

6. DEPENDIENTE: _____

USTED: Gracias... Éste sí me queda bien. ¿Cuánto vale?

7. DEPENDIENTE: _____

        USTED: Me lo llevo. ¿Aceptan tarjetas de crédito?

8. DEPENDIENTE: _____

        USTED: Aquí la tiene.

# IV. LAS COMPRAS Y EL REGATEO

¡OJO! *Estudie Gramática 14.5–14.6.*

**A.** ¿A quién quiere regalarle estos artículos? ¿Por qué?

    MODELO: una guitarra →
        *Le quiero regalar una guitarra a mi hermano porque tiene ganas de aprender a tocarla.*

1. unas botas de cuero

_____

2. un anillo de oro

_____

3. un abrelatas eléctrico

_____

4. un disco de Julio Iglesias

_____

5. guantes para la nieve

_____

**B.** ¿Qué le regalaron los miembros de su familia y sus amigos para su último cumpleaños (o para la Navidad) Mencione 3 ó 4 regalos que usted recibió.

    MODELO: Mi padre me regaló un Ferrari rojo.

_____

_____

_____

_____

**C.** ¿Recuerda qué les regaló usted a esas personas para la Navidad? Diga qué les regaló y por qué.

    MODELO: A mi padre →
        *A mi padre le regalé un suéter de lana. Se lo regalé porque siempre tiene frío.*

1.  A mis hermanos

    _____

    _____

2.  A mi novio/a

    _____

    _____

3.  A mi abuela

    _____

    _____

4.  A mi mejor amigo/a

    _____

    _____

5.  A mi madre

    _____

    _____

**D.** Imagine que usted está en una tienda y que quiere comprar una cartera. Tiene que regatear con el comerciante para poder comprarla a un buen precio. ¿Qué le va a decir al comerciante?

1.  COMERCIANTE: ¿Quería usted alguna cosa?

    USTED: _____

2.  COMERCIANTE: Tenemos varias carteras de cuero, todas de muy buena calidad.

    USTED: _____

3.  COMERCIANTE: Están a 15.000 pesos, todas hechas a mano y...

    USTED: _____

4.  COMERCIANTE: Bueno, para usted puedo hacer una rebaja. ¿Qué le parece un precio de 12.000 pesos?

    USTED: _____

5.  COMERCIANTE: ¿8.000 pesos? Pero estas carteras son de puro cuero y están muy bien hechas. Se la puedo dejar en 10.000 pesos.

    USTED: _____

6.  COMERCIANTE: Está bien. ¿Se la envuelvo?

    USTED: _____

# LECTURAS ADICIONALES

## Un editorial: El mundo hispano en los Estados Unidos

por Pedro Ruiz

Siempre que viajo a los Estados Unidos me sorprende° el crecimiento° de la comunidad hispana en ese país. Es una sorpresa agradable, por supuesto. La tradición hispana en Norteamérica es fuerte y data° de los tiempos coloniales después del descubrimiento del continente americano. Hay estados, como Nuevo México y Texas, donde la presencia española es muy visible.

Aproximadamente veinticinco millones de personas hablan español en los Estados Unidos. Desde hace años circulan en ese país periódicos hispanos como *La Opinión* en California y el *Heraldo* en la Florida. En tiempos recientes han surgido° revistas como *Hispanic* que gozan de una gran popularidad. En el campo literario existen publicaciones especializadas, como *The Americas Review*, de Houston, Texas, que publica exclusivamente el trabajo creativo de los hispanos que viven en los Estados Unidos.

Á partir de 1987, el mundo de la música otorga° los Premios Bravo a los mejores cantantes, compositores y productores de discos hispanos. También aparece en 1987 *La Bamba*. Esta película cuenta la historia de Richie Valens (Valenzuela), el joven cantante mexicoamericano que murió en un accidente aéreo a la edad de diecisiete años. Artistas como Sting y Linda Ronstadt graban discos en español. La hermosa canción «Ellas danzan solas», del album *Nada como el sol* de Sting, es un homenaje° a las madres de los desaparecidos en Chile y Argentina.

Las estadísticas comprueban° el gran crecimiento de la población hispana en los Estados Unidos. Los grupos de hispanos que residen en ese país desde hace años aportan° su cultura y sus costumbres a la sociedad norteamericana. Y, claro, muchos latinoamericanos siguen llegando por razones económicas y políticas. Sin duda la influencia de la cultura hispana en los Estados Unidos será° cada vez más grande.

*me... surprises me*
*growth*

*dates*

*han... have appeared*

*awards*

*homage*

*are proof of*

*contribute*

*will be*

### Comprensión

¿Qué ejemplos da Pedro Ruiz de la presencia hispana en...

1. los medios de comunicación?[1]

_____

_____

_____

[1] medios... *mass media*

2. la literatura?

_____

_____

3. la música?

_____

_____

# Un editorial de SIB: Aprendamos otras lenguas

Julio Delgado para el Canal 24 en su programa «Hispanidad».

Es ventajoso° hoy en día hablar varios idiomas. Y no sólo en el mundo académico sino también en el de los negocios. De los países del oriente, son cada día más importantes el chino y el japonés. En Europa y otras partes del mundo todavía es muy útil el francés, sobre todo dentro de la Comunidad Económica Europea (CEE).° El francés, además, es una de las lenguas oficiales de nuestro país vecino, Canadá. ¿Y qué podemos decir del español? Bueno, para empezar, que la mayoría de nuestros vecinos al sur lo hablan. El español es una lengua útil incluso dentro de los Estados Unidos. Muchos ciudadanos del suroeste del país han conservado la lengua española de sus antepasados. En California, por ejemplo, el castellano° es una lengua que se habla casi en todas partes. En nuestra ciudad de Miami se escucha más el español que el inglés. Y no olvidemos que todos los puertorriqueños son ciudadanos norteamericanos y que su lengua materna es el español.

Todos conocemos la crítica que el resto del mundo les hace no sólo a los estadounidenses° sino a todos los anglohablantes:° «Son pocos los que llegan a aprender otro idioma y menos aún los que tienen interés por conocer a fondo° otra cultura». Y es que tradicionalmente la gente ha intentado aprender el idioma del país más poderoso del mundo. Así pasó en la antigüedad con el latín de Roma y con el francés en la época de Napoleón. El inglés llegó a ser una lengua internacional en el siglo diecinueve, debido sobre todo a° las conquistas y colonizaciones de Inglaterra. Ha continuado como la lengua dominante a causa de la fuerte presencia norteamericana en el comercio internacional. El inglés también ejerce° una gran influencia en el cine, la televisión y la música moderna. Por lo tanto° es fácil comprender que los anglohablantes no vean ninguna ventaja en aprender otro idioma, cuando alrededor del mundo todos se esfuerzan por aprender el inglés.

Es cierto que una gran mayoría de los anglohablantes domina° solamente el inglés, mientras que muchos europeos hablan dos idiomas y a veces tres o más. Por su parte, los asiáticos, los africanos y los latinoamericanos tratan de aprender un segundo idioma,

*advantageous*

Comunidad... *European Common Market*

español

personas de los Estados Unidos / personas que hablan inglés como lengua materna
conocer... *know well*

debido... *especially because of*

*tiene*
Por... *Therefore*

habla bien

generalmente el inglés o el francés. Los hispanos que residen en los Estados Unidos aprenden el inglés, pero a la vez° se esfuerzan cada vez más por mantener viva su lengua. Los padres les enseñan el español a sus hijos nacidos aquí, animándolos a ser bilingües. Las ventajas del bilingüismo son muchas. La América Latina es uno de los mercados más grandes del mundo; a muchas compañías norteamericanas que hacen negocios en esta región les conviene que sus empleados hablen español. Lo mismo podríamos decir de Canadá y el idioma francés. Hablar dos lenguas es un recurso° importante en el campo del comercio y también en la industria del turismo. Y claro, aquéllos que viajan a países de habla española o francesa disfrutan más de la cultura cuando pueden hablar la lengua del país que visitan.

*a... at the same time*

*resource*

Hablar un segundo idioma como el español, el francés o el japonés es hoy sin duda necesario y ventajoso para los estadounidenses. ¡Aprendamos otras lenguas!

## Comprensión

Considere las siguientes afirmaciones y diga si coinciden con lo que Julio Delgado dice en el editorial.

1. Hay muchos anglohablantes que aprenden otras lenguas. _____

_____

2. La gente intenta aprender el idioma del país más poderoso. _____

_____

3. El cine, la televisión y la música moderna han contribuido a que el inglés sea una lengua internacional. _____

_____

4. Los anglohablantes no necesitan aprender otras lenguas. _____

_____

## ¿Y usted?

1. ¿Piensa usted que es importante aprender varios idiomas? ¿Por qué? _____

_____

2. ¿Habla usted otros idiomas, además del inglés y el español? ¿Le gustaría aprender muchas lenguas? ¿Cuáles? _____

_____

_____

# Capítulo quince

## ACTIVIDADES DE COMPRENSIÓN

### A. CANAL 10, TELEVISIÓN EN ESPAÑOL, EN GRANDE

### VOCABULARIO NUEVO

| | |
|---|---|
| la variedad | *variety* |
| apasionante | *thrilling* |
| el galán | *leading man* (*actor*) |
| la pareja | *couple* |
| explosivo/a | *explosive* |
| estupendo/a | *tremendous* |
| el/la artista | *artist* |
| la temporada | *season* |
| los campeonatos | *championships* |
| la lucha libre | *wrestling* |

### Grupos y artistas mencionados

| | |
|---|---|
| Flans | *grupo femenino mexicano, cantantes de múscia «pop»* |
| Mecano | *grupo de tres cantautores[1] españoles estilo «techo-pop»* |
| Julio Iglesias | *cantante español de múscia romántica* |
| Juan Gabriel | *cantautor mexicano de múscia romántica* |
| Rocío Durcal | *cantante española que interpreta música mexicana* |

_____

Complete los espacios en blanco.

¡_____[1] en grande de la televisión en español! Canal 10, con los

_____[2] programas y la mayor variedad. No se pierda la _____[3]

programación de su Canal 10. Comience la tarde con la apasionante _____[4] «El camino

del amor», con el galán mexicano Marcelo Chávez y la _____[5] venezolana Lilia Santos.

¡Una pareja explosiva! Goce del baile y de la _____[6] con los grupos juveniles del

momento, ¡Flans!, ¡Mecano! Disfrute de las canciones más románticas, de los momentos más

_____
[1] *singer-songwriters*

_____7 y del ritmo más contagioso en nuestro estupendo programa de variedades

«_____8 de fiesta». Descubra a las grandes personalidades en _____9

exclusivas con Julio Delgado. Goce del sensacional programa de música rock en _____,10

«¡Rockísimo!», con sus videoclips _____.11 No se pierda, además, nuestros

_____12 espectaculares con artistas de fama internacional como Julio Iglesias, Juan

Gabriel, Rocío Durcal y tantos otros. Vea los _____13 más emocionantes de la temporada

de béisbol y toda la emoción de los campeonatos de lucha libre. La nueva programación de su Canal 10

tiene lo _____,14 ¡para usted y su familia! La televisión en español, ¡en grande!

## B. LA TELENOVELA «LOS VECINOS»: EPISODIO «SIEMPRE HAY UNA POSIBILIDAD»

### VOCABULARIO NUEVO

| | |
|---|---|
| echar/echarme | *to throw/throw . . . on me* |
| el apodo de dormilón | *nickname sleepy-head* |
| de vez en cuando | *once in a while* |
| dedicar/dedícales | *to dedicate/dedicate to them* |
| molestar/molesta | *to bother/bothers* |
| portarse/se porta | *to behave/is behaving* |
| los amigos imaginarios | *imaginary friends* |
| criticar/no critiques | *to criticize/don't criticize* |
| la personalidad | *personality* |
| creativo/a | *creative* |

Hoy Ernesto está en casa de su vecino, Pedro Ruiz, hablando de algunas de sus preocupaciones.

_____

Corrija estas oraciones falsas.

1. Un problema de Ernesto es que pasa todo el tiempo con su familia. _____

   _____

2. Ernesto trabaja siete días a la semana todas las semanas. _____

   _____

3. Ernestito tiene problemas en la casa. _____

   _____

4. Ernesto está preocupado porque su hijo cree que habla con los muertos. _____

   _____

5. Pedro le aconseja a Ernesto que trate a Ernestito como el niño de ocho años que es y que sea

   estricto con él. _____

   _____

6.  Pedro piensa que el amigo extraterrestre es un ser imaginario. _____

_____

# C. DESODORANTE[1] AL DÍA

## VOCABULARIO NUEVO

| | |
|---|---|
| seguro/a de mí mismo/a | *sure of myself* |
| la fragancia | *fragrance* |
| manchar | *to stain* |
| irritar | *to irritate* |
| garantizar/garantiza | *to guarantee/guarantees* |
| la frescura | *freshness* |
| la seguridad | *security* |

Y ahora, en WXET, un mensaje comercial del desodorante Al día.

_____

Complete el resumen del anuncio.

Hace mucho _____[1] hoy. Las dos mujeres están hablando del _____[2] y

antiperspirante Al día. Carolina dice que ella lo usa y que la mantiene _____[3] de sí misma

_____[4] _____[5] _____.[6] También dice que el desodorante

tiene una fragancia _____[7] y protege sin manchar la _____[8] y sin irritar la

_____.[9] Este desodorante garantiza frescura y _____[10] todo el día.

# D. ¡QUÉ BONITO PROGRAMA!

## VOCABULARIO NUEVO

| | |
|---|---|
| ¡Me dejó el cerebro frito! | *It fried my brain!* |
| convertirse/te estás convirtiendo | *to turn into/you are turning into* |
| el corto circuito | *short circuit* |

**Formas de *vosotros* usadas**

pasad          vais

José Estrada saluda a su amigo Andrés en el pasillo[2] del Centro de Ordenadores.

_____

Conteste las preguntas.

1.  ¿Por qué está cansado José? _____

_____

_____
[1] *deodorant*
[2] *hall*

2. ¿Qué van a hacer Pilar y Andrés? _____

_____

3. ¿Por qué dice Pilar que Ana va a comprender bien a José? _____

_____

4. ¿Qué dice José al conocer a Ana? _____

_____

## E.  REVISTA *LA JUVENTUD DE HOY*

**VOCABULARIO NUEVO**

las reseñas      *reviews*
al máximo        *to the utmost*

Ahora, en su estación favorita, WXET, un anuncio comercial de la nueva revista para jóvenes, *La juventud de hoy.*

_____

Complete el índice de la revista *La juventud de Hoy.*

---

### La juventud de hoy

Una revista escrita _____ ¹ y _____ ² los jóvenes de hoy

#### Contenido

R̲e̲p̲o̲r̲t̲a̲j̲e̲_____      Todo sobre el desastre en Valdez, Alaska............................ 12

E_____ ³ exclusiva con el director de la película.......................... 17
                    «Mujeres al borde de un ataque de nervios»

L_____ ⁴ fragmento de la nueva novela de Gabriel García Márquez.................. 19

R_____ ⁵ El último disco de Mecano........................................ 23

C_____ ⁶ Como gastar menos y disfrutar más de sus vacaciones..................... 24

### ¡Somos *tu* revista porque

### entendemos y expresamos las muchas formas de

ser _____ ⁷ en el _____ ⁸ de hoy!

---

## F. LA TELENOVELA «LOS VECINOS»: EPISODIO «LA BROMA DE DANIEL»

### VOCABULARIO NUEVO

| | |
|---|---|
| tener tipo de/tienes tipo de | *to look like/you look like* |
| el bailarín/la bailarina | *dancer* |
| ¡Qué alivio! | *What a relief!* |
| seguramente | *certainly* |
| ¿A que sí? | *Am I right?* |
| animar/animarla | *to enliven/to enliven it* |
| ¡Qué insulto! | *What an insult!* |
| ofenderse/no te ofendas | *to take offense/don't take offense* |
| voluntario/a | *volunteer* |
| anunciar/te anuncio | *to announce/I will announce you* |
| estupendo/a | *great* |

Daniel Galván está en una fiesta y acaba de conocer a Vicky, una joven muy simpática.

_____

¿Quién está pensando esto? ¿Con quién asocia usted esto, con Daniel (D) o con Vicky (V)?

1. _____ ¡Qué bueno que no vine con nadie a la fiesta. Voy a divertirme mucho esta noche.

2. _____ Ay, no... ¡Qué mala suerte! Aquí viene un don Juan...

3. _____ Me dijo su apodo... ¡seguramente yo le caigo bien a ella![1]

4. _____ Leticia no conoce a nadie en esta fiesta así que... ¡voy a bailar y coquetear sin preocuparme!

5. _____ Tengo que hacer algo o vamos a pasar la noche hablando.

6. _____ ¡Dios mío! ¡Estoy hablando con un loco!

7. _____ ¡Ay, esta chica es más lista que yo!

8. _____ ¡Qué vergüenza! ¿Y ahora cómo salgo de esto?

## G. LA TELENOVELA «LOS VECINOS»: EPISODIO «UN CHICO TÍMIDO»

### VOCABULARIO NUEVO

| | |
|---|---|
| ¿Cómo te va? | *How's it going?* |
| adivinar/adivinaste | *to guess/you guessed* |

### Lugares mencionados

| | |
|---|---|
| la Zona Rosa | *una zona elegante de hoteles y tiendas en México, D. F.* |
| el Parque Chapultepec | *un parque grande en el centro de la ciudad* |

Gustavo saluda a Verónica, una compañera de su clase de historia, en un pasillo del colegio Sagrado Corazón.

_____

_____

[1] yo... *she likes me*

Escoja la(s) respuesta(s) más lógica(s).

1. Probablemente Gustavo no dice mucho al principio porque...

    a. Verónica no le gusta mucho a él.

    b. está algo nervioso.

    c. es algo tímido con las chicas.

    d. él tiene prisa.

2. Verónica dice que no tiene tiempo para hablar porque...

    a. quiere estudiar para su clase de francés.

    b. Gustavo habla francés muy bien.

    c. ella quiere estudiar con Gustavo.

    d. Gustavo quiere ayudarla.

3. Verónica...

    a. es más tímida que Gustavo.

    b. tomó la iniciativa porque a ella le gusta Gustavo.

    c. no tenía ninguna idea de qué quería decirle Gustavo.

    d. no conoce a Gustavo.

4. Cuando Verónica le dice a Gustavo adonde ella quiere ir, Gustavo...

    a. se pone nervioso otra vez.

    b. tiene que confesarle que no tiene mucho dinero.

    c. dice que él estaba bromeando, que no la puede invitar.

    d. no quiere invitar a los otros amigos de Verónica.

# RADIODRAMA: EL FUTURO DE ADRIANA

## VOCABULARIO NUEVO

| | |
|---|---|
| pintoresco/a | *picturesque* |
| el paseo en barco | *boat ride* |
| los/las gitanos/as | *gypsies* |
| adivinar/adivinan | *to foretell, guess/they foretell, guess* |
| el futuro | *future* |
| revuelto/a | *tousled* |
| el/la adivino/a | *fortune-teller* |
| pragmático/a | *pragmatic* |
| el poder | *power* |
| desconfiar/desconfías | *to mistrust/you mistrust* |
| la bola de cristal | *crystal ball* |
| leer el pensamiento | *to read one's mind* |
| criar/te han criado | *to bring up/you have been brought up* |
| el espíritu | *spirit* |
| arriesgarse | *to risk* |
| la libertad | *freedom* |
| el don | *gift, knack* |
| tener/tuve el impulso | *to have/I had the desire* |
| el príncipe | *prince* |
| millonario/a | *millionaire* |

## Formas de *vos* usadas

| | | | |
|---|---|---|---|
| creés | *crees* | preguntale | *pregúntale* |
| mirá | *mira* | tenés | *tienes* |
| referís | *refieres* | decime | *dime* |
| sos | *eres* | pensás | *piensas* |
| querés | *quieres* | seás | *seas* |
| andá | *anda* | querés | *quieres* |
| oíme | *óyeme* | hablá | *habla* |

## Personajes

Adriana
Alicia
una gitana

Adriana Bolini y su amiga Alicia están de vacaciones en Barcelona. Hoy caminan por el paseo de las Ramblas. Es un día caluroso de agosto, y las dos amigas se sientan en un café para tomar algo.

———————————————————

Ponga las frases en orden para formar un resumen del radiodrama.

_____ La gitana le dijo a Adriana que sabía que ella desconfiaba pero que no desconfiaba tanto como su amiga.

_____ Entonces Alicia sintió curiosidad y ella también fue a ver a la gitana.

_____ Adriana y Alicia vieron a una gitana. Alicia dice que Adriana es una mujer moderna que no debe creer en adivinas.

_____ La gitana también adivinó que los padres de Adriana quieren que ella se case.

_____ Alicia le preguntó a Adriana qué le dijo la gitana y Adriana se lo dijo todo.

_____ Finalmente la gitana le dijo dos cosas más: que la veía feliz en el futuro y con un compañero, y que ella y Alicia iban a ser amigas para siempre.

_____ Adriana se sorprendió porque ella pensaba que la gitana no podía saber que ella estaba viajando con una amiga.

_____ Adriana se acercó a la gitana y le pidió una prueba de su poder.

# Repaso del vocabulario

These are some of the words that were used in the listening passages in _Capítulo quince_. Since they are similar to English, you will be expected to recognize them in the future. They will not be listed or defined in the chapters that follow.

| | | | |
|---|---|---|---|
| anunciar | el espíritu | el insulto | ofenderse |
| el/la artista | la fragancia | irritar | el/la voluntario/a |
| dedicar | | | |

Here is a list of very common new words and expressions used in the listening texts of this chapter. Since they will be used in subsequent chapters, you should review them carefully before going on to _Capítulo dieciséis_.

| | | | |
|---|---|---|---|
| adivinar | _to guess, foretell_ | manchar | _to stain_ |
| el apodo | _nickname_ | molestar | _to bother_ |
| de vez en cuando | _sometimes_ | el poder | _power_ |
| garantizar | _to guarantee_ | seguramente | _certainly_ |
| la libertad | _liberty_ | la seguridad | _security_ |

# Ejercicios de ortografía

## ACCENT REVIEW (PART II)

In the imperfect tense, the first person plural form (_nosotros_) of -ar verbs always has a written accent mark: _estudiábamos, cantábamos, jugábamos_. Do not forget that for regular -er and -ir verbs, all the imperfect forms have an accent mark: _comía, vivías, corríamos_. The _nosotros_ forms of _ser_ and _ir_ also have accent marks: _éramos, íbamos_.

**A.** Listen to the following narrative and write the verb forms with accent marks when necessary.

Cuando yo _____¹ ocho años, mi hermano y yo _____² mucho,

pero siempre _____³ juntos. Como yo _____⁴ el mayor,

_____⁵ muchos juguetes. Mi hermano también _____⁶ juguetes, pero

siempre _____⁷ jugar con los míos. Como yo _____⁸

que_____⁹ mis juguetes, siempre _____¹⁰ tratos (_deals_) con él. Yo

me _____¹¹ sus dulces y él _____¹² jugar con todas mis cosas. Con

nuestros padres _____¹³ de viaje todos los veranos. _____¹⁴ mucho

tiempo en el campo con los abuelos. No _____¹⁵ nada de tareas. _____¹⁶

al río a pescar o a veces nos _____¹⁷ en casa y _____¹⁸ todo el día.

Remember that the meaning of some Spanish words changes depending on whether they have a written accent mark. Some of the most frequently used word pairs of this type are: *él/el, mí/mi, tú/tu, sí/si, sé/se, dé/de,* and *té/te.*

**B.** Write the sentences you hear, remembering to add an accent mark to words when the meaning requires one.

1. _____

2. _____

3. _____

4. _____

5. _____

6. _____

7. _____

8. _____

Remember that exclamation words also have a written accent mark. For example: *¡Qué lástima!, ¡Qué divertido!.*

**C.** Write the following exclamations. Don't forget the accent marks.

1. _____      3. _____

2. _____      4. _____

When demonstratives are used as pronouns (without the noun) they must have a written accent mark. For example: *¿Te gusta esta casa o ésa?, ¿Quieres estos lentes o aquéllos?.*

**D.** Write the sentences you hear. Remember to add an accent mark if the word is used as a pronoun.

1. _____

2. _____

3. _____

4. _____

# ACTIVIDADES ESCRITAS

## I. LAS INSTRUCCIONES Y LOS MANDATOS

¡OJO! *Estudie Gramática 15.1–15.2.*

**A. Crucigrama.** Mandatos en la escuela, en casa y en los juegos. No olvide de usar los pronombres *me, te, nos, se, le, les, lo, los, la, las* si es necesario.

HORIZONTAL

1. El médico al paciente: «_____ la boca y diga «aaaa». (abrir)
2. La profesora a los estudiantes: «Quiero que me _____ la tarea mañana a más tardar». (entregar)
3. La esposa al esposo: «_____ mis zapatillas, por favor». (traer)
4. La maestra a un grupo de alumnos: «_____ que mañana vamos a tener una prueba». (recordar)
5. El esposo a la esposa: «_____ la ventana, por favor. Tengo calor». (abrir)
6. La madre al hijo: «_____ tu chaqueta. Hace frío afuera». (ponerse)
7. La madre al hijo: «_____ toda la sopa si quieres postre». (comer)
8. El profesor a los estudiantes: «Y el capítulo nueve, _____ para el viernes». (leer)
9. La niña a su hermano después de una pelea: «¡_____! ¡Sal de mi cuarto!» (irse)
10. La niña a su hermana: «¡_____ a la piscina! ¡El agua está perfecta!» (saltar)
11. El profesor al estudiante: «Es mejor que me _____ la tarea hoy». (dar)
12. La profesora a los estudiantes: «_____ papel y bolígrafo para escribir un párrafo». (sacar)

VERTICAL

1. La madre al hijo: «_____ el patio por favor. El piso está sucio». (barrer)
2. El profesor a un estudiante de secundaria: «Quiero que usted _____ el texto antes del examen». (cerrar)
3. La niña a su hermano: «_____ la pelota». (tirar)
4. La madre a su hijo: «_____ todos tus juguetes y báñate. Es hora de dormir». (recoger)
5. El padre a su hija: «_____, hija. Dame un abrazo». (venir)
6. El niño al abuelo: «Abuelo, mamá dice que se _____ las manos. Vamos a comer pronto». (lavar)
7. El profesor a un grupo de estudiantes universitarios: «Les recomiendo que _____ muy buenos apuntes». (tomar)
8. La maestra al alumno: «_____ el párrafo en voz alta, por favor». (leer)
9. La madre a su hija en la biblioteca: «Raquelita, no _____. Hay personas que están leyendo y estudiando». (gritar)
10. La maestra a la alumna: «_____ tu nombre en el papel». (escribir)
11. La madre a la hija: «No _____ tu almuerzo cuando salgas para la escuela». (olvidar)
12. El padre a su hija: «_____ las tijeras a tu abuelita». (dar)

**B.** Déle instrucciones a un/a amigo/a para llegar a su casa desde la universidad.

_____

_____

_____

_____

_____

Déle estas mismas instrucciones a su profesor/a de español.

_____

_____

_____

_____

_____

**C.** Invente mandatos originales y cómicos para sus amigos. Use pronombres como *me, te, nos, le, les, lo, los, la, las.*

MODELO:     a su hermana → *Ponte una falda morada y una blusa anaranjada. No te pongas zapatos.*

1. a su padre

_____

2. a su profesor/a

_____

3.  a su abuelo/a

_____

4.  a su novio/a

_____

5.  al presidente de los Estados Unidos

_____

## II.  LOS CONSEJOS

¡OJO! *Estudie Gramática 15.3–15.4.*

**A.**  Usted no quiere hacer estas cosas. Déle un mandato a otra persona de su familia para que las haga. Use frases como *quiero que, prefiero que* y *te aconsejo que.*

MODELO:    preparar la comida → *Mamá, quiero que tú prepares la comida.*

1.  limpiar la cocina

_____

2.  tomar un examen de química

_____

3.  ir al trabajo a medianoche

_____

4.  bañar al perro

_____

5.  devolver un libro a la biblioteca

_____

**B.**  Su hermano menor va a asistir a la escuela secundaria a la que usted asistió. Dele 5 ó 6 consejos para no meterse en líos,[1] y para no tener problemas ni con los profesores ni con los otros estudiantes. Use frases como *te sugiero que, te recomiendo que* y *te aconsejo que.*

MODELO:    asistir a clases → *Te recomiendo que asistas a clases todos los días.*

1.  no copiar durante los exámenes del profesor/a...

_____

2.  devolver los libros de la biblioteca a tiempo

_____

_____

[1] meterse... *get into trouble*

3. hacer y entregar la tarea todos los días

_____

4. (no) comer en la cafetería

_____

5. ¿ ... ?

_____

6. ¿ ... ?

_____

**C.** Usted no quiere hacer las siguientes cosas. Sugiera que las hagan otras personas que usted conoce.

MODELO:   comer las zanahorias → *¡Que las coma mi hermanito Jaime!*

1. hacer la tarea

_____

2. llevarle los paquetes a su abuelo

_____

3. preparar la cena

_____

4. ir al cine

_____

5. ayudar a su mamá

_____

# III. LA CRIANZA Y EL COMPORTAMIENTO SOCIAL

¡OJO! *Estudie Gramática 15.5.*

**A. Situación.** Usted es el padre (la madre) de un niño de trece años a quien antes le gustaba mucho la escuela. De repente ya no quiere asistir a las clases y nunca hace la tarea. Tampoco quiere jugar con sus amigos y pasa todo el día viendo la televisión. Usted está hablando con su esposa/o y Uds. tratan de decidir qué hacer para ayudar a su hijo. ¿Qué sugerencias tienen usted y su esposa/o? Piense en 4 ó 5.

MODELO:   Llevémoslo a un psicólogo. No permitamos que vea la televisión.

1. _____

2. No _____

3. _____

4. No _____

5. _____

**B.** Usted está con otras personas. Sugiera que hagan algo juntos.

MODELO:  Usted y sus amigos están en la playa. → *No comamos ahora. Nademos primero.*

1. Usted y otros dos compañeros de clase están en la biblioteca. _____

_____

2. Son las doce y media de la tarde. Usted y sus amigos están hablando en la plaza después de la

clase de español. _____

_____

3. Usted y un amigo están viendo un partido de fútbol en la televisión el sábado por la mañana.

_____

4. Usted y sus primos están en las montañas. Hace mucho frío y está nevando. _____

_____

5. Usted y su esposo/a están trabajando en el jardín un día de verano. Hace mucho calor. _____

_____

# LECTURAS ADICIONALES

## Los amigos hispanos: El talento culinario

Víctor Rivas es un joven de veintinueve años que trabaja en el
Centro Argentino de Informática en Buenos Aires. Víctor se
especializa en la inteligencia artificial. Lleva apenas° un año
trabajando en el Centro y ya sus jefes lo consideran uno de los
mejores ingenieros de la compañía. Víctor alquila un apartamento
pequeño en la Avenida Mayo. La vecina de Víctor es doña
Herminia Roldán, una simpática viuda de sesenta años. Los dos
se han hecho° buenos amigos. Él la ayuda de vez en cuando con
los mandados° y ella le cuida las plantas y el apartamento cuando
él está de viaje.

    Últimamente Víctor sale con una muchacha que conoció en el
trabajo. Hoy la ha invitado por primera vez a cenar en su apartamento. En cuanto llega a su casa, Víctor llama a su vecina.

solamente

se... *have become*
*errands*

—Qué bueno que la encuentro en casa, doña Herminia, porque necesito su ayuda. Tengo una invitada muy especial esta noche. Se llama Adriana, Adriana Bolini. Es una mujer excepcional, inteligente, bonita, culta. La conocí en el trabajo. Necesito que usted me ayude, doña Herminia.

—Cómo no, Víctor, con mucho gusto, aunque no entiendo en qué podría yo ayudarlo...

—El problema, doña Herminia, es que Adriana cree que yo tengo mucho talento culinario, que soy un gran cocinero.

—¡Cocinero! ¿Usted? Víctor, es para morirse de risa.°     *laughter*

—Estoy desesperado, doña Herminia. Me comprometí° a pre-     *Me... I promised*
parar una cena deliciosa para esta noche y no sé por dónde empezar.

—¿Y por qué no manda pedir° la comida a un buen restaurante?     *manda... order to have sent*
O mejor, ¿por qué no le pide a Adriana que lo ayude? ¿Por qué no cocinan los dos juntos?

—Es que Adriana ya me ha invitado varias veces a comer a su casa y esta vez me ofrecí yo a cocinar. Es justo, ¿no? Adriana es una mujer moderna, de aquéllas que opinan que la mujer debe tener tantos derechos como el hombre. Y usted sabe que estoy de acuerdo con eso, doña Herminia. Yo quería demostrarle que no soy uno de esos hombres dominantes y tradicionales que se niegan° a hacer los quehaceres     *se... refuse*
domésticos.

—Entonces, lo que usted quiere es que yo le diga lo que puede cocinar y... cómo cocinarlo.

—¡Necesito una de sus recetas mágicas, doña Herminia!

—Eso es fácil. ¡Manos a la obra!°     *¡Manos... Let's get to work!*

—Yo ya sabía que podía contar con usted.

—Puede cocinar algún platillo fácil, por ejemplo, filetes, arroz con legumbres. Prepare también una ensalada de lechuga y tomate. Luego pan, vino, café y el postre, que se lo voy a hacer yo.

—Todo eso parece muy sabroso, pero... ¿cómo lo preparo?

—Busque lápiz y papel y escriba todo lo que voy a decirle.

—¡Enseguida!

—Corte en pedacitos muy pequeños una cebolla, un tomate, un diente de ajo, y fríalo todo en aceite. Después, ponga a freír dos bistecs en esa salsa a fuego lento. Eso es todo. Ahora el arroz. ¿Ya lo escribió?

—Un momentito, ¡ya! ¿Y por cuánto tiempo cocino los bifes°?     *steaks (Arg.)*

—Depende de cómo los quiera, a punto, bien asados... Déjelos cocinar por lo menos cinco minutos por cada lado, luego usted verá...

—¿Y el arroz?

—Para el arroz tengo una receta muy simple. Pero mejor yo se la escribo.

Doña Herminia anota la receta con cuidado. Luego le devuelve el lápiz y el papel a Víctor.

—Ya está. Muy fácil.

—¿Y la ensalada?

—Corte dos tomates en trozos pequeños, corte una lechuga y mézclelo todo. Tenga por lo menos dos tipos de aderezo.

—Fantástico, doña Herminia.

—Y no olvide de venir a buscar el postre antes de que llegue su invitada. ¡Les voy a hacer el mejor pastel de chocolate que han comido en su vida!

—Gracias, doña Herminia. Ahora me voy corriendo al mercado para comprar todo lo necesario.

—¡Buena suerte, muchacho!

Suena el timbre de la puerta. Víctor corre a recibir a su invitada.

—Buenas noches, Adriana. Entra, entra, por favor. Te ves muy hermosa...

—Gracias, Víctor.

—La cena está casi lista. ¿Te gustaría tomar algo?

—Sí, un poco de vino, por favor... La mesa está preciosa. Hasta pusiste flores. No tenías que haberte molestado,° Víctor.

No... *You shouldn't have bothered.*

—No es ninguna molestia, Adriana, al contrario. Aquí está el vino. Espero que te guste.

—Gracias. Está muy bueno.

—Y bien, la comida está lista. Sentémonos ya y... ¡buen provecho!°

¡buen... *bon appetit!*

Víctor le sirve a su invitada una porción de cada platillo. Conversan mientras comen y Adriana lo felicita por una noche inolvidable y una cena tan bien preparada. Víctor, satisfecho, se alegra de que las recetas de doña Herminia hayan dado resultado.° Pero al llegar la hora del postre... ¡Víctor olvidó por completo ir a buscar el pastel de doña Herminia!

hayan... *turned out well*

—¿Qué hago? —se pregunta—.° No puedo dejar a Adriana sola; pero tampoco quiero que nos quedemos sin postre. ¡Ya sabía yo que todo no podía salir perfecto!

se... *he asks himself*

En ese momento suena el timbre. Víctor se levanta y cuando abre la puerta encuentra a doña Herminia, quien le sonríe.

—Entre, por favor. Adriana, te presento a mi vecina, doña Herminia.

—Encantada, señora.

—El gusto es mío, señorita. No quería interrumpirlos, pero es que Víctor me pidió que pusiera° este pastel en mi refrigerador, porque en el suyo ya no había más espacio. Y se le olvidó ir a buscarlo.

me... *he asked me to put*

—¡Qué memoria la mía! —dice Víctor, aliviado—.° Quédese a tomar el café con nosotros, doña Herminia.

*relieved*

—Sí, acompáñenos —dice Adriana.

—Les agradezco mucho la invitación, pero esta noche voy a acostarme temprano; me encuentro un poco cansada. Quizá la próxima vez. Mucho gusto en conocerla, Adriana.

—Igualmente, doña Herminia.

Víctor acompaña a su vecina a la puerta.

—Es usted un ángel, doña Herminia. ¡Me salvó la vida!

—Aunque usted no lo crea —responde doña Herminia, guiñándole el ojo° a Víctor— yo también fui joven una vez... ¡Hasta pronto, señor cocinero!

guiñándole... *winking*

## Comprensión

1. Describa las relaciones entre Víctor y doña Herminia. ¿Cómo se ayudan los vecinos mutuamente?

_____

_____

2. ¿Por qué necesita Víctor los consejos de doña Herminia?

_____

_____

3. ¿Cómo resultó la comida que preparó Víctor?

_____

_____

Ahora narre la lectura en sus propias palabras, siguiendo estos pasos:

1. los consejos de doña Herminia.

2. la visita de Adriana.

3. el postre.

_____

_____

_____

_____

_____

_____

# Capítulo dieciséis

## ACTIVIDADES DE COMPRENSIÓN

### A. LA TELENOVELA «LOS VECINOS»: EPISODIO «PAÑALES Y TOMATES»

**VOCABULARIO NUEVO**

| | |
|---|---|
| harto/a | *fed up* |
| monótono/a | *monotonous* |
| los pañales | *diapers* |
| encerrado/a | *locked up* |
| distraerse/te distraes | *to amuse oneself/you amuse yourself* |
| la catástrofe | *catastrophe* |

En nuestro episodio de hoy, Estela conversa con Ernesto sobre su rutina de ama de casa.

_____

Conteste las preguntas según el diálogo.

1. ¿De qué está harta Estela? _____
   _____

2. Según Ernesto, ¿cuál es una ventaja de ser ama de casa? _____
   _____

3. Según Ernesto, ¿cuál es una desventaja de trabajar en una oficina? _____
   _____

4. ¿Qué solución sugiere Estela? _____
   _____

5. ¿Qué solución sugiere Ernesto? _____
   _____

### B. LA REINA DEL BAILE[1]

**VOCABULARIO NUEVO**

| | |
|---|---|
| el refrán | *saying* |
| los seres inferiores | *inferior beings* |
| la pesadilla | *nightmare* |

_____

[1] La... *the belle of the ball*

| | |
|---|---|
| las aspiraciones | *aspirations* |
| felicitar/no me felicites | *to congratulate/don't congratulate me* |
| sacrificar | *to sacrifice* |
| liberado/a | *liberated* |
| la trampa | *trap* |
| el machismo | *male chauvinism* |
| la amabilidad | *kindness* |
| la cortesía | *courtesy* |
| el delantal | *apron* |
| ocurrir/no se me ocurrió | *to occur/it didn't occur to me* |

**Los refranes mencionados**

La mujer sale del yugo del padre para pasar
al yugo del marido y luego al de los hijos.

*Women get out of their fathers' yoke to take
on their husbands' and later their children's.
(Women go from being oppressed by their
parents to being oppressed by their
husbands and children.)*

Del dicho al hecho hay un gran trecho.

*There is a big gap between what is said and
what is done. (Easier said than done.)*

Silvia Bustamante está almorzando con su amiga Marianne Brown, una estudiante norteamericana, en un restaurante cerca de la UNAM.

_____

Conteste las preguntas según el diálogo.

1. Según Silvia, ¿cómo sería estar casada con un hombre tradicional y machista? _____

   _____

2. ¿Qué quiere Carlos que Silvia haga? _____

   _____

3. ¿Qué es lo que Silvia no quiere sacrificar? _____

   _____

4. Según Marianne, ¿por qué está asustada Silvia? _____

   _____

5. ¿Qué dice Silvia que le va a responder a Carlos? _____

   _____

# C. LA PELÍCULA «LAS FRONTERAS DEL AMOR»

## VOCABULARIO NUEVO

| | |
|---|---|
| darle risa a alguien/me da risa | *to make someone laugh/ it makes me laugh* |
| el/la cirujano/a de estética | *plastic surgeon* |
| quitar/quita | *to remove/removes* |
| las arrugas | *wrinkles* |
| el/la pediatra | *pediatrician* |

| desilusionado/a | *disappointed* |
| empeorar | *to worsen* |
| enterarse/se enteran | *to find out/they find out* |
| apostar/te apuesto | *to bet/I bet you* |
| nombrar/nombra | *to appoint/appoints* |
| prohibir/prohiben | *to forbid/they forbid* |

**Formas de *vos* usadas**

| pensás | *piensas* | perdoná | *perdona* |
| contame | *cuéntame* | sabés | *sabes* |
| querés | *quieres* | decime | *dime* |

Adriana Bolini se encuentra con su amiga Alicia en la piscina del Centro de Recreo de Buenos Aires.

_____

Complete los espacios en blanco.

1. El padre quiere que John estudie _____

2. Lo que quiere John es _____

3. John se enamora de _____

4. Al final el padre de María lo nombra a John _____

5. ¿Por qué no sabemos lo triste de la película? _____

_____

## D. LA PROFESIÓN Y LA PERSONALIDAD

### VOCABULARIO NUEVO

| la labor humanitaria | *humanitarian work* |
| el/la banquero/a | *banker* |
| la empresa multinacional | *multinational enterprise* |
| las armas nucleares | *nuclear arms* |
| el/la criminalista | *criminal lawyer* |
| convencer | *to convince* |
| los ángeles inofensivos | *inoffensive angels* |

Carmen, Alberto y Esteban están en la clase de español hablando sobre las profesiones que piensan seguir.

_____

Diga qué profesión dicen estas personas que quieren seguir y por qué dicen sus compañeros que va bien con su personalidad.

1. Alberto dice que piensa ser _____. Va bien con su personalidad porque _____

_____

2. Carmen dice que va a ser _____. Va bien con su personalidad porque _____

_____

3. Esteban dice que quiere ser _____. Va bien con su personalidad porque _____

_____

## E. LAS PREDICCIONES[1] DE DOÑA OLGA

### VOCABULARIO NUEVO

| | |
|---|---|
| la leyenda | *legend* |
| fallar/nunca fallan | *to fail/they never fail* |
| predecir/predigo | *to predict/I predict* |
| la boda esplendorosa | *resplendent (fabulous) wedding* |
| ¡Adelante! | *Go ahead!* |
| tener terror de/tengo terror de | *to be terrified of/I am terrified of* |
| convertirse/te convertirás | *to turn into, become/you will become* |
| estrenar/estrenaré | *to debut/I will debut* |
| en primera fila | *in the front row* |
| dedicar/te dedicaré | *to dedicate/I will dedicate . . . to you* |

A continuación, ¡el programa de Julio Delgado, «Hablemos con la comunidad»! ¡Desde Miami, en su emisora[2] favorita, WXET!

_____

Conteste las preguntas.

1. ¿Por qué es tan famosa doña Olga? _____

_____

2. Después de saludar a doña Olga, Julio quiere que ella hable con los radioyentes que están

    llamando por teléfono. ¿Qué prefiere hacer ella? _____

_____

3. ¿Cuáles son otras dos predicciones de doña Olga para el futuro de Julio?

    a. _____

    b. Se enamorará.

    c. _____

4. ¿Qué le pregunta la primera radioyente a doña Olga? _____

_____

5. ¿Qué le pregunta el segundo radioyente a doña Olga? _____

_____

_____
[1] *predictions*
[2] *radio station*

6. ¿Cuál va a ser la nueva profesión de Julio según doña Olga? _____

_____

7. ¿Quién es la tercera persona que llama? ¿Qué le pregunta a doña Olga? _____

_____

8. ¿Qué dice doña Olga al final? _____

_____

## RADIODRAMA: EL NUEVO EMPLEO

### VOCABULARIO NUEVO

| | |
|---|---|
| el conocimiento | *knowledge* |
| recortar/recorta | *to cut out/cuts out* |
| el papel estelar | *starring role* |
| despedido/a | *fired* |
| contratar/contrató | *to hire/hired* |
| exigente | *exacting, demanding* |
| las credenciales apropiadas | *appropriate credentials* |
| el cine mudo | *silent movies* |

### Personajes

Rafael Castillo
el jefe de Rafael
el secretario
la actriz francesa

Rafael Castillo es un joven español, estudiante de lingüística en la Universidad Complutense de Madrid. Para costear[1] sus estudios, trabaja en un restaurante del barrio de Argüelles. Pero Rafael detesta su trabajo.

_____

Conteste las preguntas.

1. ¿Por qué decide Rafael buscar un nuevo empleo? _____

_____

2. ¿Cómo imagina Rafael a la actriz francesa? _____

_____

3. ¿Piensa su jefe que Rafael va a encontrar un nuevo empleo? _____

_____

_____

[1] pagar

4. ¿Cómo es la casa de la actriz? ¿Qué ve Rafael en la casa que le hace pensar que ya conoce a la actriz? _____

_____

5. ¿Tiene Rafael las credenciales apropiadas para el trabajo? _____

6. ¿Por qué se sorprende Rafael cuando ve a la actriz en persona? _____

_____

_____

# Repaso del vocabulario

These are some of the words that were used in the listening passages in *Capítulo dieciséis*. Since they are similar to English, you will be expected to recognize them in the future. They will not be listed or defined in the chapters that follow.

la aspiración          la catástrofe          monótono/a          sacrificar

Here is a list of very common new words and expressions used in the listening texts of *Capítulo dieciséis*. Since they will be used in subsequent chapters, you should review them carefully before going on to *Capítulo diecisiete*.

| | | | |
|---|---|---|---|
| ¡Adelante! | *Go ahead!* | distraerse | *to amuse oneself* |
| la amabilidad | *kindness* | felicitar | *to congratulate* |
| el conocimiento | *knowledge* | la leyenda | *legend* |
| la cortesía | *courtesy* | prohibir | *to prohibit* |
| desilusionado/a | *disappointed* | el refrán | *saying* |

# ACTIVIDADES ESCRITAS

## I. LA FAMILIA, LAS AMISTADES Y EL MATRIMONIO

¡OJO! *Estudie Gramática 16.1–16.2.*

**A.** Use la forma correcta de estos verbos para completar las oraciones.

| | | | |
|---|---|---|---|
| abrazarse | comprenderse | golpearse | pedirse perdón |
| ayudarse | comunicarse | gritarse | pelearse |
| besarse | escribirse | hablarse | |
| casarse | enojarse | insultarse | |

MODELO:  Mis padres están enamorados todavía porque... →
*Se abrazan y se besan frecuentemente.*

1. Una pareja se lleva[1] bien cuando... _____

_____

2. Una pareja no se lleva bien cuando... _____

_____

3. Dos personas que han tenido problemas y quieren resolverlos... _____

_____

4. Los hermanos pequeños casi siempre... _____

_____

5. Los novios que viven en ciudades diferentes... _____

_____

**B.** Complete este párrafo usando las formas apropiadas de *ser* o *estar*.

Hoy _____[1] domingo. Roberto y Graciela _____[2] en el parque.

Roberto _____[3] un joven alto y bien parecido. También _____[4] un

poco gordo. Graciela _____[5] bonita y simpática. Los dos _____[6]

jóvenes muy activos. En la mañana vinieron en bicicleta al lago y nadaron por varias horas. Ahora

_____[7] muy cansados y tienen hambre. También _____[8] algo

preocupados porque van a merendar con otra pareja, Amanda y Ramón, y no han llegado. Hace una

hora que los esperan y no comprenden qué pasa porque normalmente _____[9]

puntuales. Graciela dice que tal vez Amanda y Ramón _____[10] enojados. Roberto dice

---

[1] se... *gets along*

que no, que _____ [11] imposible, porque ellos _____ [12] muy enamorados.

Dice que probablemente se les olvidó la merienda precisamente porque _____ [13] tan

enamorados. Luego dice que deben empezar a comer. Aunque Ramón _____ [14] muy

buen amigo, también _____ [15] algo desconsiderado. ¡Roberto no

_____ [16] contento, porque tiene mucha hambre! La merienda _____ [17]

lista y a él no le gusta esperar cuando tiene hambre.

**C.** Describa a un buen amigo (una buena amiga). ¿Cómo es frecuentemente? ¿Cómo es su personalidad? ¿Cuáles son las características de esta persona que a usted le agradan[1] especialmente? ¿Tiene esta persona algún rasgo[2] negativo?

_____

_____

_____

_____

_____

_____

_____

_____

_____

_____

## II. LAS POSIBILIDADES Y LAS CONSECUENCIAS

¡OJO! *Estudie Gramática 16.3*.

**A.** ¿Qué haría usted en estas situaciones?

> MODELO: Usted tiene 17 años. Su hermana menor está enferma y su madre no está en casa. → *Yo la llevaría al médico.*

1. Hace mucho frío y usted no tiene que estudiar esta noche.

   Yo _____

---

[1] le... le gustan
[2] característica

2. A usted se le acaba[1] la gasolina mientras maneja su carro en la autopista.

   Yo _____

3. Su esposo/a (novio/a) tarda hoy tres horas en volver del trabajo. Normalmente tarda 30 minutos.

   Yo _____

4. Usted tiene mucha hambre, pero no tiene mucho dinero.

   Yo _____

5. Usted está durmiendo y huele humo[2] en la casa.

   Yo _____

B. **Composición.** Imagine que usted se casa con un hombre (una mujer) quien le dijo que nunca ha estado casado/a. Todo va bien hasta que ustedes regresan de la luna de miel. Entonces él/ella le informa a usted que es divorciado/a y que tiene cuatro hijos (de dos, cuatro, seis y ocho años) y que los cuatro van a vivir con ustedes. En una composición exprese: ¿Cómo reaccionaría usted? ¿Cómo se sentiría? ¿Cómo resolvería usted este problema? ¿Qué le diría? ¿Qué haría?

   _____

   _____

   _____

   _____

   _____

   _____

   _____

   _____

   _____

   _____

# III. EL FUTURO Y LAS METAS PERSONALES

¡OJO! *Estudie Gramática 16.4–16.5.*

A. Haga una lista de cinco cosas que usted hará y cinco que no hará en el futuro.

   MODELO: Yo haré un viaje alrededor del mundo.
   Yo no viajaré en barco.

   Lo que haré.

   1. _____

---

[1] *run out of*
[2] *smoke*

2. _____

3. _____

4. _____

5. _____

Lo que no haré.

1. _____

2. _____

3. _____

4. _____

5. _____

**B.** Escriba oraciones originales para completar estas ideas. Incluya la preposición *por* o la preposición *para* en cada oración.

MODELO:  ¡Ay, es domingo y no puedo ir al cine! (tarea/lunes) →
*Tengo que hacer la tarea para el lunes.*

1. Es el cumpleaños de mamá.  (regalo/ella)

   _____

2. ¡Qué vestido más bonito!  (pagar/él)

   _____

3. Voy a ir a Europa. Me gustaría hacer un crucero, pero no tengo tiempo.  (viajar/avión)

   _____

4. Tengo tanto que hacer antes de empezar mis vacaciones.  (salir/Australia mañana)

   _____

5. ¡Ay, se me quedó la cartera en casa!  (necesitar/comprar gasolina)

   _____

6. Es importante estudiar en una universidad de mucho prestigio.  (trabajar/compañía muy importante)

   _____

7. El profesor de física está enfermo.  (profesor de química/dar clase/él)

   _____

8. Si tu coche no funciona puedo llevarte a la universidad.  (pasar/mi casa/las 6:00)

   _____

# LECTURAS ADICIONALES

## Los amigos hispanos: La boda de la abuelita

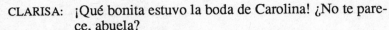

Clarisa está hablando con su abuela mientras mira las fotos de la boda de Carolina, una prima.

CLARISA: ¡Qué bonita estuvo la boda de Carolina! ¿No te parece, abuela?

ABUELA: Sí, muy hermosa, pero había tan poca gente.

CLARISA: ¡Poca gente! A mí me pareció que había demasiada. ¿En tu boda había más?

ABUELA: Pues, ya ves lo grande que es nuestra familia hoy; en aquellos días era más grande todavía.

CLARISA: ¡Ay, abuelita! ¡Me gustaría tanto que me hablaras de tu boda!

ABUELA: ¿De verdad?

CLARISA: Me encantaría.

ABUELA: Pues, fíjate,° Clarisa, que el día de mi boda la casa estaba llenísima° de gente ¡y todos eran familiares! ¡Cuántas madrinas y padrinos, por Dios°!

*just think*
*muy llena*
*por... my goodness*

CLARISA: ¿No tienes fotos de tu boda, abuela?

ABUELA: Sólo tengo ésta. Es una foto ya muy vieja y no se pueden apreciar muchas cosas. Mi vestido era de encaje,° con una cola° larga, y el velo° era el mismo que llevó mi madre, tu bisabuela Beatriz, en su boda. Me sentía tan orgullosa de llevar una prenda que habían llevado todas las novias de mi familia.

*lace*
*train / veil*

CLARISA: ¿Quiénes son estas otras personas que se ven en la foto?

ABUELA: Ésta es mi hermana Isabel y éste es mi cuñado Arturo. Fueron padrinos de velación.[1] Y aquí están mi hermano José Alfredo y mi cuñada Ramona; fueron padrinos de lazo.[2] Mi tío Pascual y su esposa fueron los padrinos de arras.[3]

CLARISA: ¿Y de la familia del abuelo no escogieron a nadie?

ABUELA: No, creo que no; pero sí recuerdo que invitó a un ejército° de tíos y primos... ¡Y cómo bailaron!

*army*

CLARISA: Cuéntame de la ceremonia, abuela.

ABUELA: ¡Como si hubiera sido un velorio!° Todas las tías sentadas junto a mi madre lloraron durante toda la misa; no se oía ni la música.

¡Como... *It was like a wake!*

CLARISA: ¿Pero no estaban felices?

ABUELA: Pues sí, claro. Tal vez lloraban de alegría... tal vez porque ellas eran solteronas°... ¡Qué sé yo! Nunca les pregunté.

*unmarried women*

---

[1] veiling ceremony (part of the nuptial Mass)

[2] *symbolic tying ceremony*

[3] *giving of symbolic dowry*

## Comprensión

1. ¿Qué le pareció a la abuela la boda de su nieta Carolina? ¿Cómo la compara con su propia boda?

_____

_____

2. ¿Cómo estaba vestida la abuela? ¿Quiénes la acompañaban?

_____

_____

3. ¿Lloraron algunos parientes durante la ceremonia? ¿Por qué?

_____

## ¿Y usted?

1. ¿Ha participado usted en una boda? Descríbala.

_____

_____

2. ¿Qué importancia tiene una ceremonia, como una boda, en nuestra cultura?

_____

# Capítulo diecisiete

## ACTIVIDADES DE COMPRENSIÓN

### A. UN DEBATE: LOS ANUNCIOS COMERCIALES

PARTE I

**VOCABULARIO NUEVO**

| | |
|---|---|
| las imágenes falsas | *false images* |
| el/la consumidor/a | *consumer* |
| relacionar/relacionemos | *to relate/(that) we relate* |
| el hecho | *fact* |
| el cáncer | *cancer* |
| a cargo de | *in charge of* |

Hoy los estudiantes de la clase de español de la profesora Martínez están discutiendo el tema de los anuncios comerciales. La profesora Martínez les ha pedido a Esteban y a Carmen que presenten los aspectos negativos del tema.

———————————————

Escoja la(s) mejor(es) respuesta(s).

1. La meta de los anuncios comerciales, según Esteban es...

   a. informar al público sobre los productos nuevos.

   b. saber qué piensan los consumidores.

   c. crear imágenes falsas basadas en estereotipos.

   d. crear necesidades artificiales para vender sus productos.

2. Según Carmen la meta del anuncio de los cigarrillos es hacer que el público...

   a. compre varias revistas en el país.

   b. masculino piense: «Si los fumo puedo ser atractivo como este hombre».

   c. femenino crea que si los fuma va a atraer a hombres como ése.

   d. piense que fumar es peligroso para la salud.

3. Según Esteban y Carmen, la función de la hermosa joven del anuncio de refrescos es que...

   a. pensemos en beber el refresco en una de sus dos formas, clásica o de dieta.

   b. olvidemos que sería mejor beber agua pura.

   c. olvidemos que el azúcar no es bueno para la salud.

   d. pensemos sólo en el refresco y no en la chica linda del anuncio.

4. Carmen y Esteban señalan,[1] indirectamente, que los anuncios usan... para vender sus productos.

   a. nuestro deseo de ser más atractivo al sexo opuesto

   b. nuestros conocimientos científicos

   c. la presentación de Carmen y Esteban

   d. la educación universitaria del público

5. Los anuncios que Carmen y Esteban presentan para apoyar su argumento...

   a. son una buena selección para probar su punto de vista.

   b. prueban el punto de vista opuesto.

   c. ilustran los aspectos positivos de la propaganda comercial.

   d. ilustran los aspectos negativos de la propaganda comercial.

## B. UN DEBATE: LOS ANUNCIOS COMERCIALES

PARTE II

**VOCABULARIO NUEVO**

| | |
|---|---|
| mantenerse/mantenernos al tanto | *to keep oneself/to keep ourselves informed* |
| los adelantos tecnológicos | *technological advances* |
| la fotocopiadora | *photocopier* |
| paso por paso | *step-by-step* |
| el resumen | *summary* |
| los trucos | *tricks* |
| la goma de mascar | *chewing gum* |

El debate en la clase de español de la profesora Martínez continúa. Hoy hablan Mónica y Luis sobre los anuncios comerciales.

_____

Conteste las preguntas.

1. Según Mónica, ¿cuál es una función importante de la propaganda comercial?

   _____

2. ¿Qué explica el anuncio de la fotocopiadora?

   _____

3. ¿Por qué consideran positivo Mónica y Luis el anuncio de la goma de mascar? Dé dos razones.

   _____

   _____

---

[1] *point out*

4. Según Mónica y Luis, ¿qué pasaría si no hubiera anuncios comerciales? Mencione dos

consecuencias. _____

_____

## C. EL VIAJE DE CARMEN

### VOCABULARIO NUEVO

| | |
|---|---|
| hospitalario/a | *hospitable* |
| perceptivo/a | *perceptive* |
| los silbidos | *whistles* |
| delante de | *in front of* |

Ayer Carmen regresó a San Antonio después de hacer un viaje por la América Latina. Hoy está hablando con su amigo Raúl sobre sus experiencias.

_____

Complete los espacios en blanco.

1. A Carmen los mexicanos le parecieron _____ y _____.

2. Carmen cree que los puertorriqueños son _____.

3. Según Raúl, las opiniones de Carmen son _____.

4. Según Carmen, ¿qué fue la mejor parte del viaje?

_____

5. Carmen dice que ella hizo «como las mujeres latinas». Explique.

_____

## D. LAS MARAVILLAS DEL MUNDO HISPÁNICO

### VOCABULARIO NUEVO

| | |
|---|---|
| la belleza | *beauty* |
| la hospitalidad | *hospitality* |
| la villa medieval | *medieval village* |
| coronado/a | *crowned* |
| majestuoso/a | *majestic* |
| las ruinas incaicas | *Inca ruins* |
| tibio/a | *warm* |
| cálido/a | *hot* |

### Lugares mencionados

| | |
|---|---|
| Segovia | *Ciudad medieval española al norte de Madrid. Tiene un acueducto romano y un hermoso alcázar.* |
| alcázar | *Nombre de varias fortalezas[1] en diferentes ciudades de España, entre ellas Toledo, Segovia y Sevilla.* |

---

[1] *forts, fortresses*

| Granada | Ciudad de Andalucía en el sur de España. |
| la Alhambra | El palacio de los reyes árabes en Granada. |
| Sevilla | Ciudad de Andalucía en el sur de España. Allí hay un alcázar hermoso y también la Giralda. |
| la Giralda | Una torre de 97 metros, de construcción árabe, que ahora es parte de la Catedral de Sevilla. Fue construida por los árabes a fines del siglo XII. |
| Córdoba | Ciudad de Andalucía en el sur de España. |
| la Mezquita de Córdoba | Famosa mezquita[1] que los árabes empezaron a construir en el siglo VIII. En el siglo XVI una catedral católica fue construida en el medio de la mezquita. |
| Machu Picchu | Una fortaleza incaica y las ruinas de una ciudad en el pico de una montaña en los Andes, cerca de Cuzco, Perú. |
| Teotihuacán | Antigua ciudad de México, cerca del Distrito Federal. Tiene dos pirámides grandes, la del sol y la de la luna. |
| Tikal | Antigua ciudad maya en la selva de Guatemala. Tiene pirámides y templos mayas. |

Y ahora un mensaje especial de su agencia de viajes favorita, Agencia Mercurio.

_____

Lea los comentarios y diga dónde están estas personas.

1. —¿Crees que todavía usan el acueducto para traer agua a la ciudad?

    —Creo que sí. Está en muy buenas condiciones.

    Están en _____.

2. —¡Vamos a visitar la Alhambra!

    Están en _____.

3. —¿Quieres ver la Giralda?

    Están en _____.

4. —¿Qué te parece ver la Mezquita primero?

    Están en _____.

5. —Los incas decían que eran descendientes del sol.

    —Sí, tal vez por eso construyeron Machu Picchu encima de las montañas.

    Están en _____.

6. —¿Qué pirámides te gustan más, las de los mayas o éstas?

    Están en _____.

_____
[1] mosque

7. —¡Qué verde es toda la vegetación aquí!

—Sí, ¡y qué agua más cristalina!

Están en _____.

# E. LOS ÁRABES EN ESPAÑA

## VOCABULARIO NUEVO

| | |
|---|---|
| la ocupación | (foreign) *occupation* |
| el riego | *irrigation* |
| reprender/reprendió | *to scold/scolded* |
| añorar/añorando | *to long for/longing for* |
| picar/me picaste la curiosidad | *to pique/you piqued my curiosity* |

## Personas mencionadas

| | |
|---|---|
| Cristóbal Colón | *Christopher Columbus* |
| el rey Boabdil | *el último rey árabe de Granada* |

## El dicho histórico mencionado

¡No llores como un niño lo que no supiste defender como un hombre!     *Don't cry like a child for what you couldn't defend like a man.*

En 1492, Cristóbal Colón descubrió el Nuevo Mundo. En ese mismo año los árabes fueron expulsados[1] de la Península Ibérica después de haber vivido allí casi ochocientos años.

Hoy Pilar Álvarez y su amigo venezolano, Ricardo Sícora, se preparan para asistir a un seminario en Madrid sobre el período árabe de España.

_____

Complete los apuntes con la información de la conversación entre Pilar y Ricardo.

1. 1492:

   a. el descubrimiento del _____ _____

   b. la expulsión de los _____ de España

2. Los árabes estuvieron _____ años en España.

3. En la época de los árabes, España tuvo grandes:

   a. _____      d. _____

   b. matemáticos      e. filósofos

   c. _____

4. Innovaciones en la agricultura traídas a España por los moros:

   a. el sistema de riego de _____, Valencia y _____

   b. el cultivo de productos como el _____ y la caña de _____

_____

[1] *expelled*

5. Boabdil: el último _____ árabe de Granada

6. La _____ de Boabdil dijo: «No llores como un niño lo que no supiste defender como un hombre».

7. En 1492 Boabdil regresó a _____.

# F. LA REVOLUCIÓN MEXICANA

## VOCABULARIO NUEVO

| | |
|---|---|
| el emperador | *emperor* |
| el paraíso | *paradise* |
| la potencia internacional | *international power* |
| privar | *to deprive* |
| estallar/estalló | *to break out/broke out* |
| tolerar | *to tolerate* |
| encabezar/encabezó | *to head/headed* |
| huir/huyó | *to flee/fled* |
| derrocar/fue derrocado/a | *to overthrow/was overthrown* |
| la sublevación militar | *military uprising* |
| asesinar/fue asesinado/a | *to assassinate/was assassinated* |
| los caudillos | *leaders; political bosses* |
| el orden feudal | *feudalism* |
| las reformas agrarias | *agrarian* (land) *reforms* |
| sangriento/a | *bloody* |
| el organismo burocrático | *bureaucracy* |
| el partido | (political) *party* |
| corrupto/a | *corrupt* |

### Personas y partidos mencionados

| | |
|---|---|
| Maximiliano | *Maximiliano de Hapsburgo (1832–1867); nombrado emperador de México en 1864 cuando los franceses ocuparon a México. Fue asesinado en 1867.* |
| Benito Juárez | *(1806–1872) popular líder liberal; presidente de México de 1861 a 1863 y de 1867 a 1871* |
| Porfirio Díaz | *(1830–1915) presidente de México de 1876 a 1880 y de 1884 a 1911; considerado hoy en día un dictador represivo aunque durante su presidencia el país logró muchos progresos.* |
| Francisco I. Madero | *(1873–1913) líder del movimiento que derrocó a Porfirio Díaz; presidente de México de 1911 a 1913* |
| Emiliano Zapata | *(1883–1919) revolucionario mexicano, promotor de la reforma agraria* |
| el PRI (Partido Revolucionario Institucional) | *Institutional Revolutionary Party* |

En Texas se estrenó[1] recientemente una película sobre la Revolución Mexicana y la profesora Martínez les ha recomendado a sus estudiantes que vayan a verla. Para prepararlos, le ha pedido a su amigo Raúl Saucedo que la ayude a hacer en clase una breve presentación sobre el tema de la Revolución.

---

[1] se... *premiered*

Ponga las frases en orden cronológico para formar un breve resumen de la historia de México desde 1810.

_____ Porfirio Díaz quería convertir a México en una potencia mundial, por eso les daba tantas ventajas a las compañías extranjeras.

_____ El período más violento de la Revolución comenzó en 1913 cuando Madero fue asesinado.

_____ Algunos de esos gobernantes incluyen a Benito Juárez, un indio, y a Maximiliano, un emperador impuesto por los franceses.

_____ Los mexicanos llamaban a su país «madre de los extranjeros y madrastra de los mexicanos».

_____ Emiliano Zapata encabezaba una de las facciones más importantes.

_____ Entre 1810, año de la Declaración de Independencia, y 1910, año en que estalló la Revolución Mexicana, México tuvo cuarenta y cinco gobernantes.

_____ Raúl termina su presentación diciendo que al cabo de los años la Revolución se ha institucionalizado y el país está otra vez en manos de políticos corruptos.

_____ Porfirio Díaz gobernó a México desde 1876 hasta 1910.

_____ Cuando el pueblo mexicano ya no pudo tolerar la opresión y la miseria, estalló la Revolución.

## RADIODRAMA: EL ÚLTIMO SOL

PARTE I

### VOCABULARIO NUEVO

| | |
|---|---|
| los seres monstruosos | *monstrous beings* |
| avisarle | *to warn him* |
| el emperador | *emperor* |
| los invasores | *invaders* |
| reunir/reúne | *to gather/gathers* |
| el creador | *creator* |
| los libros sagrados | *sacred books* |
| la era del quinto sol | *the age of the fifth sun* |
| reclamar su reino | *to reclaim his kingdom* |
| el comando | *command* |
| la armada | *army* |
| las semillas de cacao | *cocoa seeds* |
| las piedras preciosas | *precious stones* |
| oler/huele | *to smell/smells* |
| los dioses | *gods* |
| retirarse/se retira | *to withdraw/withdraws* |
| el campamento | *camp* |
| presentir/presiento | *to have a presentiment of/I have a presentiment* |
| las patas | *paws* |
| poderoso/a | *powerful* |
| convencer | *to convince* |
| el fin | *end* |

**Personas, dioses y lugares mencionados**

Ayapango                    *el pueblo entre los volcanes*

| Popocatépetl e Iztaccíhuatl | *los volcanes en las afueras de México, D. F.* |
| Hernán Cortés | *(1485–1547) conquistador español de México* |
| Tenochtitlán | *la capital azteca y lugar actual de México, D. F.* |
| Quetzalcóatl | *el dios azteca de la creación* |

## Personajes

un habitante de Ayapango
Tozani, el guerrero
Chalchi, la esposa de Tozani
Moctezuma, el emperador azteca

Hay un pueblito que se llama Ayapango, en las afueras[1] de la Ciudad de México, situado entre los volcanes Popocatépetl e Iztaccíhuatl. Los relatos orales[2] cuentan que por Ayapango pasó Hernán Cortés en 1519 en su ruta hacia la capital, Tenochtitlán. Y cuentan también que allí, entre los dos volcanes, el capitán español tuvo que enfrentarse con[3] un valiente guerrero[4] azteca llamado Tozani. Ésta es la historia de aquel encuentro. Todo empieza un día, cuando un habitante de Ayapango llega a su pueblo contando una historia fantástica.

_____

Complete correctamente el siguiente resumen del radiodrama.

Un día un habitante del pueblo de Ayapango llegó al pueblo diciendo: «_____[1]

_____[2] seres monstruosos, mitad hombre y mitad animal». Los habitantes de Ayapango le

mandaron un mensaje a Moctezuma, el _____[3] azteca. Moctezuma reunió a sus

_____[4] para avisarles que había regresado Quetzalcóatl, su _____.[5] Luego

organizó una _____[6] para recibir a los seres blancos. Puso a la cabeza al guerrero Tozani y

le dijo que su misión era de _____.[7] Envió semillas de cacao, _____,[8]

_____[9] y plumas.

Tozani llegó al _____[10] de los seres blancos y les ofreció los _____[11]

enviados por el emperador Moctezuma. Al acercarse Tozani se dio cuenta de que el jefe de los seres

blancos se veía _____,[12] olía mal y no _____[13] la lengua de los dioses. Se

retiró convencido de que los seres _____[14] no eran dioses, sino _____.[15]

Regresó a Tenochititlán y habló con Chalchi, su _____.[16] Le dijo que tenía que

convencer a Moctezuma de que los seres blancos no eran _____,[17] sino hombres. También

le dijo que antes de hablar con Moctezuma iba a _____[18] a los blancos para destruirlos y

acabar con el peligro.

_____
[1] en... *on the outskirts*
[2] relatos... *oral accounts*
[3] enfrentarse... *to confront*
[4] *warrior*

# RADIODRAMA: EL ÚLTIMO SOL

PARTE II

## VOCABULARIO NUEVO

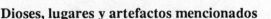

| | |
|---|---|
| la superficie | *surface* |
| las voces lejanas | *distant voices* |
| el escudo | *shield* |
| las plumas | *feathers* |
| la obsidiana | *obsidian* (volcanic rock) |
| las armas de fuego | *firearms* |
| vencido/a | *defeated* |
| tardar/has tardado mucho | *to take time/you have taken much time* |
| desobedecer/desobedicí | *to disobey/I disobeyed* |
| maldecir/¡Que te maldigan los dioses! | *to curse/May the gods curse you!* |
| empujar/lo empujan | *to push/they push him* |

### Dioses, lugares y artefactos mencionados

| | |
|---|---|
| la Piedra del Sol | *conocida como el calendario azteca; los aztecas hacían sacrificios frente a esta piedra* |
| Tonatiuh | *el dios azteca del sol* |
| Tenochtitlán | *la capital azteca y lugar actual de México, D.F.* |
| Ayapango | *el pueblo entre los volcanes* |
| Quetzalcóatl | *el dios azteca de la creación* |
| Huitzilopóchtli | *el dios azteca de la guerra* |

### Personajes

Tozani, el guerrero
Chalchi, la esposa de Tozani
Moctezuma, el emperador azteca
un sacerdote[1]

Esa noche Tozani sueña con la Piedra del Sol. Ve claramente en el centro de la piedra redonda la cara de Tonatiuh, dios del sol. La boca de Tonatiuh está abierta, lista para recibir los corazones del sacrificio. Alrededor de Tonatiuh ve representadas las cuatro eras anteriores.[2] La primera destruida por tigres, la segunda por vientos, la tercera por lluvia ardiente[3] y la cuarta por agua. Y ve la quinta era, la presente, destruida por los seres blancos. Tozani, angustiado,[4] habla dormido...

_____

Complete los espacios en blanco para formar un resumen del radiodrama.

Durante la noche Tozani sueña con la Piedra del _____.[1] Ve claramente en el centro

de la piedra la cara de _____,[2] el dios del sol. Alrededor del dios, Tozani ve las

_____[3] eras anteriores que fueron todas destruidas.

_____

[1] *priest*
[2] eras... *previous eras*
[3] *burning*
[4] *anguished*

Tozani está convencido que hay que combatir a los _____ [4] blancos antes de que sea

demasiado _____.[5] Al llegar la mañana, Tozani se viste con su _____ [6] y su

_____ [7] de plumas amarillas y sale con sus soldados para el _____ [8] de los

blancos. Pero los soldados aztecas son _____ [9] por los seres blancos porque los seres

blancos tienen armas de _____.[10]

Tozani se presenta ante Moctezuma para decirle que _____ [11] a los blancos. Admite

que cometió un _____ [12] pero dice que los seres blancos no son _____;[13]

son hombres. Moctezuma no le cree a Tozani y dice que cuando los blancos lleguen a la

_____,[14] les van abrir las _____ [15] y ofrecerles el _____ [16]

de Tozani como regalo.

Cuando murió el _____ [17] Tozani, empezó a morir también la civilización azteca. El

quinto sol fue para los aztecas el _____ [18] sol.

# Repaso del vocabulario

These are some of the words that were used in the listening passages of *Capítulo diecisiete*. Since they are similar to English, you will be expected to recognize them in the future. They will not be listed or defined in the chapter that follows.

el campamento          el cáncer          la fotocopiadora          la imagen          perceptivo/a

Here is a list of very common new words and expressions used in the listening texts of *Capítulo diecisiete*. Since they will be used in the subsequent chapter, you should review them carefully before going on to *Capítulo dieciocho*.

| a cargo de | in charge of | el fin | end |
| la belleza | beauty | huir | to flee |
| cálido/a | hot | la pata | paw |
| delante de | in front of | poderoso/a | powerful |
| desobedecer | to disobey | tibio/a | warm |

# ACTIVIDADES ESCRITAS

## I. LAS OPINIONES Y LAS REACCIONES

¡OJO! *Estudie Gramática 17.1–17.2.*

**A.** Un amigo (Una amiga) de usted tiene opiniones acerca de todo, pero usted no está de acuerdo siempre con lo que opina. Reaccione a estas afirmaciones de su amigo/a usando expresiones de duda como *no creo que, es imposible que, es ridículo pensar que, no puede ser que* o expresiones positivas como *es verdad que, es seguro que, estoy de acuerdo con la idea de que.*

> MODELO: Marta estudia muchísimo. → *Yo no creo que ella estudie tanto como tú crees.*

1. El aborto es un homicidio.

   _____

2. Los orientales son inteligentes.

   _____

3. Hoy las mujeres están en todas las profesiones.

   _____

4. El amor dura para siempre.

   _____

5. La religión es la cosa más importante de la vida.

   _____

6. Las rubias se divierten más.

   _____

7. Los alemanes son agresivos.

   _____

8. Los hombres hispanos son tradicionales.

   _____

9. Ya no hay racismo en los Estados Unidos.

   _____

10. Los ricos son felices.

    _____

**B.** Piense en lo que está pasando en el mundo, en su país o en su ciudad en este momento y dé su opinión comenzando con algunas de estas frases.

| | | |
|---|---|---|
| *Siento que* | *¡Qué bueno que!* | *No puedo creer que* |
| *¡Qué lástima que!* | *Me alegro de que* | *(No) Me sorprende que* |

MODELO: Me sorprende que *haya* discriminación racial en Argentina.

1. _____

2. _____

3. _____

4. _____

5. _____

## II. LOS VALORES EN LA SOCIEDAD MODERNA

¡OJO! *Estudie Gramática 17.3.*

**A.** Diga lo que pasaría si...

MODELO: Si viviera en México,... → *comería platillos deliciosos.*

1. Si los niños no vieran tanta televisión,...

   _____

2. Si nos dedicáramos más a nuestro trabajo,...

   _____

3. Si a los políticos les interesara más lograr la paz,...

   _____

4. Si la gente no tomara bebidas alcohólicas antes de manejar,...

   _____

5. Si la venta de drogas fuera legal,...

   _____

6. Si _____,

   no habría tanta violencia.

7. Si _____,

   no habría muchos accidentes automovilísticos.

8. Si _____,

   la gente no usaría drogas.

9. Si _____,

   no veríamos tanta propaganda en la televisión.

10. Si _____,

más personas tendrían trabajo.

**B.** Éstas son las consecuencias. ¿Cuáles son las condiciones?

MODELO: Habría menos crímenes violentos si... →
*hubiera menos escenas de violencia en los programas de televisión.*

1. Los niños leerían mejor si...

_____

2. Habría menos divorcios si...

_____

3. El problema de la contaminación no sería grave si...

_____

4. Los jóvenes no abusarían de las drogas si...

_____

5. Menos mexicanos pobres emigrarían a los Estados Unidos si...

_____

**C.** Considere la función de la televisión en la sociedad moderna. Escriba dos párrafos: uno sobre los aspectos positivos de la televisión y uno sobre los aspectos negativos.

_____

_____

_____

_____

_____

_____

_____

_____

**D.** Usted sospecha que su hermano/a mayor está tomando drogas. Una noche usted oye que él/ella le pregunta a un amigo por teléfono dónde venden cocaína. Después de la conversación usted quiere hablar con él/ella. Escriba un diálogo entre usted y su hermano/a en el que usted lo/la confronta con una acusación.

_____

_____

_____

_____

_____

_____

_____

_____

_____

## III. LA GEOGRAFÍA Y LA HISTORIA

¡OJO! *Estudie Gramática 17.4.*

**A.** Complete estas oraciones.

> MODELO:   Estoy buscando un carro... → *que gaste poca gasolina.*

1. Quiero viajar a un país donde...

_____

2. No hay una sola ciudad latinoamericana que...

_____

3. Quiero vivir en un lugar que...

_____

4. Pensamos pasar el verano en una isla que...

_____

5. La gente quiere un presidente que...

_____

6. Busco una persona que...

_____

7. Necesito tomar unas vacaciones en un lugar que...

_____

8. Me gustaría tener un novio (una novia) que...

_____

**B.** ¿Han tenido impacto estos eventos históricos latinoamericanos en la historia de los Estados Unidos? Explique su opinión.

1. la Revolución Mexicana

_____

_____

2. la Revolución Cubana

_____

_____

3. la guerra de las Islas Malvinas[1]

_____

_____

4. la Revolución sandinista en Nicaragua

_____

_____

5. la construcción del Canal de Panamá

_____

_____

# LECTURAS ADICIONALES

## Un editorial: Los cuentos infantiles

por Pedro Ruiz

     Hay escenas de varios cuentos infantiles que nunca voy a olvidar. Recuerdo la fuerte impresión que me causaron cuando

_____

[1] Islas... *Falkland Islands*

las leí por primera vez. Voy a describirlas y luego comentar algunas. Estoy seguro que los lectores reconocerán los cuentos inmediatamente.

- Una niña de trenzas rubias está tratando de escaparse del lobo° feroz que quiere comérsela.

*wolf*

- Dos niños perdidos están presos° en una casa cubierta de dulces y golosinas.° Han caído en la trampa° de una bruja° que va a engordarlos para después comérselos.

*trapped*
*treats / trap / witch*

- Una madrastra odiosa° maltrata a su hijastra. Hace de ella una esclava, le da órdenes y la hace trabajar como un animal. La esconde de todos los visitantes y del príncipe° que viene a buscarla para casarse con ella.

*hateful*
*prince*

- Una reina siente celos de su hermosa hijastra y da órdenes para que la maten. Cuando se entera° de que la muchacha sigue viva, se transforma en una vieja arrugada° y fea y le da de comer una manzana envenenada a la joven.

*se... she finds out*
*wrinkled*

Podríamos hacer una larga lista con escenas de este tipo, tomadas todas de esos cuentos que escuchábamos o leíamos cuando éramos niños y que aún hoy nuestros hijos o hermanos menores escuchan fascinados.

¿Qué características tienen en común todas estas escenas? Hay varias: la oposición entre el bien y el mal, entre la belleza y la fealdad, la juventud y la vejez, la realidad y la fantasía. Si tuviéramos que escoger una característica predominante en todas y probablemente aquélla que afecta más a los pequeños, tendríamos que hablar entonces de la violencia. Me refiero a la agresión del más fuerte hacia el más débil. Es cierto que al final siempre el «malo» es vencido° por el «bueno». Pero yo me pregunto si no podemos enseñarles a nuestros hijos a distinguir entre el bien y el mal sin tener que recurrir° a historias tan llenas de opresión y abuso.

*defeated*
*to resort*

El niño que crece escuchando estos cuentos aprende, por ejemplo, que el ser humano es envidioso (la madrastra en *Cenicienta*), vanidoso (la reina en *Blanca Nieves*) y que el mundo está poblado por monstruos (el lobo en *La caperucita roja* y la bruja en *Hansél y Gretel*). ¿Recibe el niño a través de estos cuentos una visión realista de la sociedad en que le tocará vivir cuando sea adulto? En mi opinión, es hora ya de que dejemos de aceptar la maldad de la naturaleza humana como algo fijo° e inescapable. No siempre hay un lobo feroz esperando entre los árboles o una bruja detrás de una caldera. Quizá sea ésta una posición idealista, pero es preferible a la de aquellas personas que se conforman con los males del mundo y no tratan de mejorar nada.

*fixed*

Al escoger los textos de lectura para los niños, debemos cuidarnos de no reforzar los estereotipos, de no presentarles relaciones enfermizas° y de no acentuar sentimientos humanos negativos, como la vanidad y la envidia. Después de todo, los niños de hoy serán los adultos de mañana. No perdamos la esperanza de que «mañana» sea un mundo sin violencia.

*sick, ill-conceived*

## Comprensión

Explique cómo las siguientes afirmaciones corresponden a o se diferencian del punto de vista del editorial.

1. Los cuentos infantiles no tienen nada en común.

_____

_____

2. Los cuentos infantiles se basan en los opuestos; por ejemplo, en la oposición entre la belleza y la fealdad. _____

_____

3. En los cuentos infantiles no aparece la violencia.

_____

_____

4. En los cuentos infantiles siempre ganan los buenos.

_____

_____

**¿Y usted?**

1. ¿Cree usted que leer cuentos fantásticos, como *La Cenicienta* o *Blanca Nieves* sea dañino para los niños? Explique. _____

_____

2. ¿Cree usted que hay aspectos positvos en los cuentos infantiles? ¿Podemos usarlos de una manera constructiva? Explique. _____

_____

# Nota cultural: Los ancianos

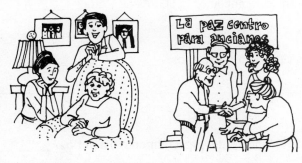

José Estrada y Clara Martin conversan sobre las diferencias culturales en relación con el trato° que se les da a los ancianos en sus países.

    JOSÉ: No comprendo por qué quieren que tu abuela viva alejada° de ustedes en ese centro para ancianos.

    CLARA: Es la costumbre en los Estados Unidos. Mi otra abuela, la madre de mi padre, estuvo en un centro cuando ya estaba muy viejita y no podía vivir sola. Era un centro solamente para personas mayores de setenta años.

    JOSÉ: ¡Qué aburrido para ella!

    CLARA: No, al contrario. Yo no lo habría creído° si no hubiera visto todo lo que hacían: nadaban, jugaban al tenis, hacían fiestas con bailes, salían de excursión...

*treatment*

*apart, distant*

*Yo... I wouldn't have believed it*

JOSÉ: Bueno, mi abuela siempre ha vivido con nosotros. Cuando era más joven ayudaba a mi mamá con la casa, pero ahora ya tiene más de ochenta años y no puede hacer mucho...

CLARA: Mi abuelita fue siempre una mujer activa. Luego, cuando murió el abuelo, cambió mucho. Parecía haber perdido el interés por todo.

JOSÉ: ¿Y el centro la ayudó?

CLARA: Muchísimo. Cuando mi padre le habló de ese lugar por primera vez ella se entristeció un poco. Después se entusiasmó cuando papá, bromeando, le dijo que allí había muchos viudos. Fíjate que en una semana mi abuela ya había hecho amistad con dos viejecitos.

JOSÉ: ¡Ah! Pero no está con ustedes. A mi hermana y a mí nos gusta mucho charlar con la abuela. Yo le hablo de mis amigos y de mis estudios; mi hermana Teresa planeó toda su boda con la ayuda de la abuela.

CLARA: Visito a mi abuela cuando tengo ganas de hablar con ella.

JOSÉ: ¡Nuestras costumbres son tan diferentes! Creo que mi abuela se moriría si no viviera con nosotros.

## Comprensión

1. Según Clara, ¿cuáles son cuatro actividades que hacían las personas en el centro de ancianos?

   _____

   _____

2. ¿Qué hacía la abuela de José cuando era más joven? _____

   _____

3. ¿Por qué cambió de opinión sobre el centro para ancianos la abuela de Clara? _____

   _____

4. ¿Por qué no le gusta a José la idea de un centro para ancianos? _____

   _____

## ¿Y usted?

¿Cree usted que es mejor que los ancianos vivan en centros especialmente para ellos? _____

_____

# Capítulo dieciocho

## ACTIVIDADES DE COMPRENSIÓN

### A. RADIO LIBRE DORASELVA

PARTE I: *Los desaparecidos*

#### VOCABULARIO NUEVO

| | |
|---|---|
| llevarse/se llevaron | *to take (away) / took away* |
| desaparecer/desaparecen | *to disappear/disappear* |
| subversivo/a | *subversive* |
| los ciudadanos | *citizens* |
| subterráneo/a | *underground* |
| torturar/las torturan | *to torture/torture them* |
| dar a luz/dan a luz | *to give birth/give birth* |
| entregado/a | *handed over* |
| criar/los crian | *to bring up/bring them up* |
| el abuso | *abuse* |
| el Frente Revolucionario | *Revolutionary Front* |
| dispuesto/a | *willing* |
| las garras | *claws* |
| la masacre | *massacre* |

En Doraselva se ha creado una estación de radio clandestina, Radio Libre Doraselva, que ofrece noticias a los países vecinos de la América Latina. Su objetivo es combatir la dictadura del general Reinaldo Ramos. Escuchemos algunas de sus noticias.

_____

Corrija estas oraciones falsas.

1. Según el locutor, las personas que desaparecen en Doraselva son guerrilleros, personas

   subversivas._____

   _____

2. Los soldados se llevan solamente a los estudiantes universitarios. _____

   _____

3. Los militares tratan bien a estas personas. Las interrogan y luego las dejan libres. _____

   _____

4. Si hay bebés que nacen mientras sus madres están en prisión, viven en prisión con sus madres.

   _____

   _____

5. Hace poco tiempo que empezó la opresión en Doraselva. _____

   _____

PARTE II: *La excusa del narcotráfico*

## VOCABULARIO NUEVO

| | |
|---|---|
| el/la portavoz | *spokesperson* |
| cosechar/cosechan | *to harvest/harvest* |
| los intermediarios | *middlemen* |
| verdadero/a | *true* |
| los armamentos | *weapons* |
| la prueba | *proof, evidence* |
| los rivales políticos | *political rivals* |
| el líder sindicalista | *union leader* |
| erradicar | *to erradicate* |

Conteste las preguntas según el reportaje.

1. ¿Quién es responsable de las grandes cantidades de drogas que se exportan de Doraselva?

   _____

2. ¿Qué hace el gobierno de Doraselva con el dinero que obtiene del narcotráfico?

   _____

   _____

3. ¿Cuál es la prueba de esto? (Vea su respuesta a la preguna 2.)

   _____

   _____

4. ¿Para qué usa el dictador de Doraselva la excusa del narcotráfico?

   _____

   _____

5. ¿Cuál es el primer paso para erradicar el problema de las drogas en Doraselva?

   _____

   _____

PARTE III: *El sol de la democracia*

## VOCABULARIO NUEVO

| | |
|---|---|
| el derrocamiento | *overthrow* |
| opresivo/a | *oppressive* |
| unirse/se han unido | *to unite/have united* |
| la vergüenza | *shame* |
| la etapa | *phase, stage* |

Complete los espacios en blanco del reportaje.

En Caracas, el expresidente venezolano Carlos Andrés Pérez afirmó hoy que el

_____[1] de Doraselva le ha perdido el miedo a la _____[2]

del general Ramos. Dijo el expresidente: «Éste es el primer paso hacia el derrocamiento de esta

_____[3] _____[4]». Declaró que los sectores sociales de Doraselva se

han unido en un fuerte movimiento de _____[5] a la dictadura militar. Añadió Pérez:

«Los doraselveños pronto verán el sol de la _____[6] en su patria. Muy pronto esta

dictadura será una _____[7] de vergüenza y horror en la América Latina, una etapa del

_____[8] que no deberá repetirse nunca.

## B. RADIO OFICIAL DORA

PARTE I: *El narcotráfico en Doraselva*

### VOCABULARIO NUEVO

| | |
|---|---|
| detener/ha detenido | *to stop/has stopped* |
| los registros | *searches* |
| los departamentos | *provinces, states* |
| dirigido/a | *directed* |
| asesinar/asesinaron | *to assassinate/assassinated* |
| pronunciar un discurso político | *to give a political speech* |
| las pistas | *clues, tracks* |
| la indignación | *indignation* |
| la madrugada | *dawn* |
| rendir homenaje/han rendido homenaje | *to pay homage/have paid homage* |
| los restos mortales | *remains* |

A continuación, noticias de la estación de radio oficial del gobierno de Doraselva, Radio Dora.

_____

Conteste las preguntas.

1. ¿A cuántas personas ha detenido la policía doraselveña?

   _____

2. ¿Por quién fue dirigida la operación?

   _____

3. ¿Cómo ha reaccionado el pueblo ante el asesinato del candidato Jorge Elías Blanco?

   _____

PARTE II: *Baja la tasa de crímenes[1] en Dora*

## VOCABULARIO NUEVO

| | |
|---|---|
| reducirse/se redujo | *to reduce/was reduced* |
| la detención | *detention* |
| los sospechosos | *suspects* |
| los detenidos | *those under arrest* |
| interrogados/as | *interrogated* |
| la Asociación de Hoteleros y Proyectos Turísticos | *Association of Hotel Owners and Tourist Projects* |
| la vigilancia | *vigilance* |
| acortar/han acortado | *to shorten/have shortened* |
| ahuyentar | *to scare away* |

Complete los espacios en blanco.

1. La tasa de crímenes en la zona turística de Doraselva se redujo en un _____

   por ciento en el mes de _____ .

2. El programa _____ consiste en una intensa labor de _____

   y detención de todos los _____ .

3. «Es importante _____ al país de los _____ ».

PARTE III: *Mariano Cárdenas, víctima de un asalto*

## VOCABULARIO NUEVO

| | |
|---|---|
| fallecer/falleció | *to die/died* |
| los disparos | *shots* |
| enmascarado/a | *masked* |
| el vocero | *spokesperson* |
| desatarse/se ha desatado | *to unleash/has been unleashed* |

Escoja la(s) mejor(es) respuesta(s).

1. El señor Cárdenas murió en el hospital...

   a. de causas naturales.

   b. porque fue víctima de un ataque cardíaco.

   c. porque unos asaltantes le dispararon varias veces.

   d. porque la policía no ha encontrado a los criminales.

---

[1] tasa... *crime rate*

2. Según el informe,...

   a. este crimen fue cometido por miembros del Frente Revolucionario.

   b. este crimen fue cometido por unos ladrones.

   c. ya fueron arrestados los culpables.

   d. Todas: a., b. y c.

## C. EL TERRORISMO

### VOCABULARIO NUEVO

| | |
|---|---|
| condenar | *to condemn* |
| enfocar | *to focus* |
| acaso | *by chance* |
| las atrocidades | *atrocities* |
| clandestinamente | *secretly* |

Pilar Álvarez y José Estrada conversan sobre un secuestro[1] efectuado recientemente en la República de Doraselva.

_____

Conteste las preguntas.

1. ¿Qué dice Pilar sobre la violencia?

   _____

2. ¿Qué dice José sobre la violencia en este caso?

   _____

3. ¿Qué se dijo en las noticias que había hecho el Frente Revolucionario?

   _____

4. Según José, ¿qué efecto va a tener sobre el resto del mundo lo que hicieron los guerrilleros del Frente Revolucionario?

   _____

   _____

5. Pilar asegura que el embajador es inocente, pero, ¿qué insinúa José?

   _____

_____

[1] *kidnapping*

6. ¿Qué pasaría según José, si nadie hiciera nada para detener al general Ramos?

_____

## D. LAS MINORÍAS Y SUS PROBLEMAS

### VOCABULARIO NUEVO

| | |
|---|---|
| la discriminación | _discrimination_ |
| beneficiar/beneficia | _to benefit/benefits_ |
| las escuelas nocturnas | _night schools_ |
| el oficio | _job skill, trade_ |
| resolver/resuelve | _to solve/solves_ |

Adela Martínez y su colega Alejandro López forman parte de un comité del gobierno de Texas para mejorar la situación de la minoría hispana en ese estado. Hoy Adela y Alejandro conversan antes de la reunión del comité.

_____

Complete el cuadro que la profesora Martínez está preparando para la próxima reunión del Comité pro minorías hispanas.

---

## Gobierno del estado de Texas
## Comité pro minorías hispanas

| Problema principal: | Factores relacionados: | Soluciones a proponer: |
|---|---|---|
| _____ | 1. _____<br><br>2. _____<br><br>3. _____ | Para los niños:<br><br>_____<br><br>Para los adultos:<br><br>Escuelas _____<br>donde se enseñe:<br><br>_____<br><br>y _____ |

## E. LA HISTORIA DE JUAN

### VOCABULARIO NUEVO

| | |
|---|---|
| los trabajadores indocumentados | *undocumented workers* |
| dispuesto/a a | *ready to* |
| sembrar/sembraba | *to sow/sowed* |
| la parcela | *plot* (of land) |
| heredar/heredé | *to inherit/I inherited* |
| la sequía | *drought* |
| el pollero | *person who brings illegal aliens across the U.S.-Mexico border* |
| la migra | *Immigration and Naturalization Services* (slang) |
| juntar dinero | *to save money* |

Y ahora, Julio Delgado de SIB nos va a dar un reportaje especial.

_____

Complete los espacios en blanco para formar un resumen del reportaje.

1. Juan es un joven _____ que escapó de la _____ del General Reinaldo Ramos.

2. En Doraselva, Juan tenía un pedazo de _____ donde _____ maíz y frijol.

3. Cuando vino la _____ en su país y no llovió durante dos años, Juan no pudo pagar el préstamo de su parcela al _____.

4. Los _____ que llegaron a su casa para quitarle su tierra le dijeron que para quedarse en su tierra, tendría que sembrar _____ para venderla a los militares.

5. Juan se negó y la familia tuvo que ir a vivir en casa de un _____.

6. Cuando Juan llegó a Mexicali, tenía poco _____ y no pudo pagar a un _____ para ayudarlo a cruzar la frontera.

7. Juan dice que ya _____ el dinero para que puedan venir a este país su mujer y los niños.

## RADIODRAMA: LADRÓN DE PACOTILLA[1]

### VOCABULARIO NUEVO

| | |
|---|---|
| agarrar | *to catch* |
| la chamba | *job* (Mex.) |
| pedir limosna | *to beg* |

_____

[1] Ladrón... *Petty thief*

| | |
|---|---|
| estar preso/a /está preso | *to be in prison/is in prison* |
| la cárcel | *jail* |
| la fianza | *bail* |
| el mostrador | *counter* |
| las pesadillas | *nightmares* |
| la cadena perpetua | *life imprisonment* |
| la mentira | *lie* |
| el juicio | *trial* |
| el expediente | *record, file* |
| culpable | *guilty* |
| mudo/a | *speechless* |
| la libertad provisional | *parole* |
| retirarse | *to leave* |
| sobrevivir | *to survive* |

**Personajes**

Mario Gutiérrez
Josefa, la esposa de Mario
Rodolfo, el hijo de Mario y Josefa
un policía
dos amigos de Mario
la juez

Mario Gutiérrez vive con su esposa y seis hijos en la Ciudad de México. La familia está pasando por una situación muy difícil. Desde hace varios meses Mario no consigue trabajo. Desesperado, Mario ha empezado a robar comida en los supermercados para poder alimentar a su familia. Hace unos días su hijo mayor, Rodolfo, habló con él.

––––––––––––––––––––––

Ponga las oraciones en orden para formar un resumen del cuento.

_____ Un día la madre de Rodolfo llegó al taller de reparaciones donde trabajaba Rodolfo para decirle que habían arrestado a su padre.

_____ Mario preparó un discurso para pronunciarlo delante del juez. Pensaba explicarle su situación con todos los detalles.

_____ Mario le dijo a Rodolfo que era necesario robar porque no tenían suficiente para comer.

_____ El policía dijo que si ellos pagaban la fianza, Mario podía salir, pero que tenía que presentarse ante el juez dentro de una semana.

_____ Durante la semana Mario hizo muchos planes y habló con sus amigos.

_____ La juez le preguntó si se declaraba culpable o inocente. Cuando él se declaró culpable, ella le dijo que quedaría en libertad provisional después de pagar una multa de $100.000 pesos.

_____ Rodolfo, preocupado porque podían meter a su padre en la cárcel, habló con él y le pidió que no siguiera robando comida.

_____ Josefa y Rodolfo fueron a la estación de policía para pagar la fianza.

_____ Un amigo le dijo que no se preocupara; otro le dijo que sin abogado no iba a poder quedar libre. Mario estaba tan preocupado que todas las noches tenía pesadillas.

# ACTIVIDADES ESCRITAS

## I. LOS SISTEMAS POLÍTICOS Y ECONÓMICOS

¡OJO! *Estudie Gramática 18.1–18.2.*

**A.** Diga lo que habría pasado en estas situaciones.

> MODELO: Si España hubiera conquistado la parte norte del continente americano,... →
> *todos habríamos hablado español desde niños.*

1. Si los españoles no hubieran llegado nunca a América...

   _____

2. Si los aztecas no hubieran creído que los españoles eran dioses...

   _____

3. Si los misioneros católicos hubieran respetado la cultura y las religiones indígenas...

   _____

4. Si la sociedad hubiera condenado la esclavitud desde el principio...

   _____

5. Si México no hubiera perdido más de la mitad de su territorio en la guerra contra los Estados Unidos...

   _____

**B. Aplicaciones personales.** Y en estas situaciones, ¿qué habría pasado?

1. Si mis padres no se hubieran conocido...

   _____

2. Si mis padres no se hubieran casado...

   _____

3. Si mi hermano/a no hubiera nacido...

   _____

4. Si yo no hubiera terminado la escuela secundaria...

   _____

5. Si hubiera estudiado más en mi clase de _____...

   _____

C. Complete estas oraciones con las formas correctas de estos verbos: *leer, oír, aprender, olvidar, pensar, resolver, estudiar*.

1. Antes de asistir a la universidad yo no _____ _____ nada sobre el comunismo.

2. Desde que estudio Ciencias Sociales _____ _____ mucho sobre este tema.

3. Ojalá que para cuando me gradúe _____ _____ bastante sobre éste y otros sistemas económicos porque quiero dedicarme a la política.

4. Espero que para entonces ya la Unión Soviética _____ _____ todos sus problemas.

5. Hay tantos países en África de los que yo nunca _____ _____ hablar antes, y todos tienen problemas políticos y económicos.

6. Voy a trabajar para el servicio diplomático de los Estados Unidos y voy a poder usar todo lo que _____ _____.

7. Voy a graduarme en 1996. Ojalá que para entonces no _____ _____ nada de lo que sé ahora.

8. ¡Ay! No _____ _____ en que con la edad uno pierde la memoria... Debo tomar vitaminas ya para no olvidarlo todo.

D. Describa las funciones de un gobierno. ¿Cuáles son las cuestiones sociales sobre las que debe tener control un gobierno? ¿Cuáles son las que deben ser totalmente independientes del gobierno?

El gobierno debe controlar...

_____

_____

_____

_____

_____

_____

El gobierno no debe controlar...

_____

_____

_____

_____

_____

_____

**E.** Escoja uno de estos temas.

1. la importancia de un líder fuerte en el gobierno de una nación

2. la importancia de la ayuda económica y técnica para las naciones en vías de desarrollo[1]

_____

_____

_____

_____

_____

_____

_____

_____

_____

_____

## II. LOS PROBLEMAS DE LA SOCIEDAD URBANA

¡OJO! *Estudie Gramática 18.3–18.4.*

**A.** Usted está hablando con unos amigos que vivían en el campo. Ahora son sus vecinos. Como no saben mucho de la vida urbana, le hacen muchas preguntas. Termine las oraciones con la información necesaria.

> MODELO: ¿Cuándo será mejor traer los muebles?
> Es mejor traerlos después de que... → *pongan la alfombra.*

1. ¿Qué se hace cuando hay una persona extraña en el jardín de la casa de los vecinos?

   Es necesario llamar a la policía antes de que... _____

   _____

2. ¿Cuándo hay que sacar los botes de basura?

   Pues, no se puede dejarlos afuera toda la noche a causa de los perros. Hay que sacarlos en

   cuanto... _____

   _____

---

[1] en... *developing*

3. ¿Qué pasa cuando hay problemas con la tubería [1] del baño?

   Pues es necesario llamar al plomero[2] y esperar hasta que... _____

   _____

4. ¿Cuándo hay que regar el césped?

   No hay reglas para eso. Pueden regarlo cuando... _____

   _____

5. Los niños no conocen a nadie aquí. ¿Deben empezar a asistir a la escuela inmediatamente?

   Sí, debes inscribirlos tan pronto como... _____

   _____

B. Ahora usted y sus amigos están hablando de los problemas urbanos en general. Complete estas oraciones.

   MODELO:   La contaminación ambiental será cada día peor a menos que... →
   *todos manejemos menos y usemos más el transporte público.*

1. ¡Es increíble! Los narcotraficantes venden drogas en los barrios del centro a todas horas sin que...

   _____

2. —Es un problema grave. Pero ahora algunos drogadictos están ayudando a la policía.

   —Sí, pero dicen que los drogadictos dan información con tal que...

   _____

3. —¿Sabías que los Pérez son alcohólicos?

   —Sí. Cuando el juez lo supo, dijo que su hijo no podría vivir con ellos a menos que...

   _____

4. Los abuelos de Pepito Pérez tuvieron que hablar con el juez para que...

   _____

5. —¿Crees que debemos tener cursos de educación sexual en las escuelas?

   —Creo que es buena idea si los maestros la presentan de manera que los niños...

   _____

C. Usted acaba de leer en una revista un artículo titulado «La cárcel es el lugar de entrenamiento para el criminal perfecto». Escriba una carta al editor dando su opinión sobre el tema. Ofrezca alternativas al sistema carcelario actual o justifique la existencia del mismo.

   _____

_____

[1] *plumbing*
[2] *plumber*

_____

_____

_____

_____

_____

_____

_____

_____

_____

## III.  LA INMIGRACIÓN Y LOS GRUPOS MINORITARIOS

¡OJO! *Estudie Gramática 18.5*.

**A.** Haga una lista de algunas de las contribuciones políticas, económicas y culturales (arte, música, comida, etcétera) de los grupos minoritarios de los Estados Unidos.

_____

_____

_____

_____

_____

_____

_____

_____

_____

_____

**B.** Escriba oraciones usando las palabras que aparecen en cada número y la voz pasiva.

> MODELO:  los caballos / las vacas / traer / conquistadores →
> *Los animales como los caballos y las vacas fueron traídos a América por los conquistadores españoles.*

1. hay / inmigrantes / Nicaragua / aquí / dictador Somoza / derrocar / Sandinistas

_____

2. inmigrantes cubanos / venir / Miami / Batista / derrotar / Fidel Castro / 1959

_____

3. ferrocarriles de México y Estados Unidos / construir / inmigrantes chinos

_____

4. jardines / casas / barrios / clase media / mantener / obreros indocumentados

_____

5. ritmos africanos / introducir / a este país / músicos del Caribe

_____

# LECTURAS ADICIONALES

# En el periódico: ¿Una tercera guerra?

En *La Voz* acaban de publicarse dos cartas al editor con referencia al tema de la guerra. ¿Con qué ideas de cada carta está usted de acuerdo?

### A la tercera va la vencida°

The Third Time is the Charm

Me interesó mucho el editorial «¿Una tercera guerra?» que se publicó en la última edición de su periódico. Ese artículo es una llamada a la paz. Felicitaciones. En un momento como éste, cuando las potencias mundiales gastan millones en la defensa militar, nosotros, los ciudadanos debemos responder con un rotundo°; ¡no! a la guerra y ¡no! a las armas.

*absolute, firm*

Vivimos aterrorizados pensando que un día de éstos nos vuelan a todos en pedazos por el aire. El gobierno nos asegura que el enemigo acecha° para destruir nuestra felicidad. De pronto idealizamos los uniformes y prometemos defender la patria cueste lo que cueste. Y hasta nos hacen creer que las bombas nucleares son necesarias. ¿Será posible que no hayan bastado° los horrores de Hiroshima, de Guernica y de todas las guerras anteriores para mostrarnos el futuro que nos espera?

*lies in wait*

no... *haven't been sufficient*

La amenaza° nuclear es el problema más serio que hoy enfrentamos. Debemos darnos cuenta, pronto, ¡inmediatamente!, de que la tercera guerra mundial será la definitiva.° ¿Quién quedará con vida para reconstruir el mundo? ¿Alguien logrará salvarse? Lo dudo. Porque como dice el dicho, «a la tercera va la vencida».

*threat*

la... *la última*

Ciudadano paz

## Los pies en tierra firme

El editorial «¿Una tercera guerra?» intenta describir una situación objetivamente pero termina haciendo propaganda. ¿De qué sirve° mostrar estadísticas sobre cuántas bombas nucleares existen en el mundo cuando estas estadísticas van acompañadas de frases como: «¡Qué desaparezcan las armas nucleares! Es hora de que el hombre comprenda su misión en el mundo: construir, no destruir; crear, no matar... » Eso parece una lección de filosofía barata y no un artículo de prensa.

Las posibilidades de guerra han existido siempre en el mundo. El hombre es así, agresivo y guerrero, y nada podemos hacer para cambiar su naturaleza. Tenemos que vivir con la amenaza de una guerra nuclear porque las armas, como toda la tecnología moderna, se han hecho más sofisticadas, más poderosas. Pero hay que recordar que se trata de una amenaza, de una posibilidad, no de un hecho. Otros problemas más inmediatos no nos quitan el sueño,° la contaminación ambiental, por ejemplo.

Venimos al mundo para correr riesgos° y luchar por la supervivencia. Una vez aquí, lo peor que podemos hacer es quejarnos y llenarnos de miedo; lo mejor que podemos hacer es poner los pies sobre tierra firme, en el *presente*. El hombre sabe el peligro que corre, pero hay que seguir viviendo. Y a veces es necesario cerrar los ojos para poder ser un poco feliz.

Ciudadano feliz

¿De... *Of what use is it?*

no... *don't make us lose sleep*

correr... *run risks*

## Comprensión

¿Quién diría lo siguiente, Ciudadano Paz (CP) o Ciudadano Feliz (CF)?

1. _____ La amenaza de guerra siempre ha existido.

2. _____ Tenemos miedo de morir.

3. _____ Lo importante es vivir feliz en este momento.

4. _____ El gobierno nos hace ver la necesidad de crear armas nucleares.

5. _____ Hay otros problemas más inmediatos.

6. _____ Es imposible cambiar la naturaleza humana.

7. _____ Después de la tercera guerra mundial nadie va a quedar con vida.

8. _____ Debemos aprender una lección de las guerras anteriores.

9. _____ Es necesario luchar para ser feliz en la vida.

# La ficción: El color de un recuerdo

¡Viva Cuba! ¡Viva nosotros!

Silvia y yo negábamos estar enamorados. «Sólo somos amigos, buenos amigos» —respondíamos a los chismosos° que preguntaban. Los dos teníamos catorce años de edad. Íbamos juntos a la escuela, estudiábamos juntos y sufríamos cada segundo del tiempo que estábamos separados.

    Vivíamos en el mismo barrio. Silvia era la vecina de al lado. Los padres de Silvia eran gente de campo y tenían una pequeña finca a las afueras° del pueblo. A veces, los domingos, la familia de Silvia me invitaba a pasar el día con ellos en el campo. Luego Silvia y yo sobre el lomo de un caballo,° galopando, gritando al viento ¡Viva Cuba! ¡Viva nosotros!

    Recuerdo que una tarde la mamá de Silvia me presentó a su hija de la siguiente manera: —Alberto, ésta es Silvia, tiene catorce años como tú. Háganse amigos.— Aquel mandato nos dejó sorprendidos. Era como una orden militar: ¡Háganse amigos! Nos miramos, nerviosos. Ella sonrió y se ajustó los espejuelos.° Yo le pregunté si asistía a la secundaria Latour. De pronto me veo caminando a la secundaria junto a Silvia, pasando por el cine Principal, por la iglesia, atravesando el parque y llegando lentamente al plantel,° los dos puntuales para el himno nacional. Y nos veo retozando° en el patio de su casa, comparando sueños y jugando a estar enamorados...

    Silvia y yo nos queríamos sin saber cómo querernos. Hablar de «ser novios» nos daba risa. Pensar que los demás creían que nosotros... Ja. Nosotros éramos amigos y colaboradores, pero nada más. Escribiríamos juntos un cuento. Yo pondría el argumento y los personajes, ella las palabras. Porque Silvia conocía muchas palabras, algunas asombrosas.° Me aterrorizaba pensar que un día estaríamos lejos el uno del otro, yo probablemente en los Estados Unidos, ella atrás, fiel a su patria, con todas las palabras y yo sin ninguna.

    Una noche, bajo un cielo de estrellas, le conté a Silvia que mi familia se iba del país. Yo estaba eufórico de la alegría, claro, porque viajaría a ciudades fantásticas, aprendería el inglés, miles y miles de palabras, todas nuevas, distintas, misteriosas, todas mías...

    —A mi papá no le gusta este gobierno; dice que se va a convertir en una dictadura... Tú podrías irte también, Silvia.

    —¿Yo? No, Alberto, imposible. Mis padres están a favor de la Revolución.

    —Porque no tienen nada, porque son unos campesinos pobres... por eso —le dije, repitiendo las mismas palabras que escuchaba en mi casa, donde no se hablaba de otra cosa que no fuera la Revolución.

*busybodies*

a... *on the outskirts*

sobre... *on horseback*

anteojos (Cuba)

*campus*
jugando

*amazing*

—No seas tonto, Alberto. Nosotros nunca pasamos hambre, pero hay mucha gente que sí pasa hambre, que anda a veces sin zapatos y trabaja de sol a sol para que le paguen unos cuantos centavos. Otros tienen grandes mansiones y se dan° sus viajes a Miami todos los años... Pero claro, todo eso a ti te parece muy justo.

se... pueden hacer

—No discutamos política, Silvia. No vamos a resolver ni a cambiar nada con eso.

—Podemos discutir sólo cuando tú estás ganando, ¿no?

Después por cualquier razón peleábamos. Silvia me pedía que me quedara con ella, que no saliera del país, que no emigrara. Trataba de explicarme los beneficios que había traído la Revolución. Yo, a pesar de que tomaba en serio sus ideas, sólo quería persuadirla, hacerle ver que su futuro estaba a mi lado, lejos de la Revolución y sus políticos.

Una mañana, como de costumbre, Silvia y yo caminábamos juntos al colegio. Yo me sentía triste, irritado. Sabía que mi familia y yo pronto abandonaríamos el país y que tendría que olvidarme de Silvia, de mis amigos. Pensar en ese viaje me alegraba y a la vez me entristecía.

—Alberto, ¿vas a quedarte a jugar a la pelota hoy después de las clases?

—No sé.

—Te pregunto para saber si debo esperarte.

—Entonces, ¿por qué no vas al grano?° ¿Por qué no me preguntas si quiero que me esperes o no? Siempre andas con rodeos,° siempre con un misterio, —le dije casi gritando.

¿por... why don't you get to the point?
Siempre... You're always beating around the bush

—Alberto, no tienes que hablarme así...

Silvia simplemente siguió caminando. Yo traté de detenerla, pero no me hizo caso.° Le apreté° un brazo para que se detuviera° y casi por instinto me clavó sus largas uñas en la mano. Yo no podía comprender aquella reacción de Silvia. Eché a correr, la pasé y al llegar a la escuela, me paré en el mismo centro del patio para esperarla. Cuando la vi llegar, le grité delante de todos nuestros compañeros:

no... she didn't pay attention to me / I held / para... so that she would stop

—¡Eres una imbécil! ¡Una imbécil cualquiera!°

¡Una... An absolute imbecile!

Silvia permaneció en silencio unos segundos; luego se fue a la oficina de la directora. Las rodillas me temblaban. Estaba avergonzado.° Mis amigos me miraban con cara de desprecio;° las amigas de ella, con cara de odio.°

ashamed / disdain
hatred

Cuando la directora me mandó llamar, yo pensé que no podría moverme, que se me había paralizado el cuerpo. Pero fui, lentamente. La imaginaba enfurecida. Estaba seguro de que me expulsarían de la escuela. Al entrar en la oficina me pidió que me sentara. Luego me dijo, calmada:

—Está muy mal lo que has hecho. Ese tipo de ofensa no se la merece Silvia, no se la merece nadie.

—¡Mire! ¡Mire usted lo que ella me hizo! ¡Mire! —le mostré las marcas de las uñas de Silvia.

—Anda, Alberto. Pídele perdón. Anda.

Abrí una puerta y allí, dándome la espalda, estaba Silvia. Se volteó.

—Perdóname —le pedí casi sin voz.

—Perdonado —dijo ella.

Silvia me perdonó, pero yo no he logrado perdonarme a mí mismo todavía.

Un mes después mi familia y yo partimos para los Estados Unidos con el propósito de comenzar una nueva vida. Hoy, veinte años más tarde, me miro el brazo para buscar las huellas° de las uñas de Silvia. Un puntito negro, una rayita, sí, todavía se ve la cicatriz.°

las marcas
scar

Hoy quisiera decirle a Silvia lo mucho que deseaba traerla conmigo, seguir escribiendo nuestros cuentos. Quisiera verla, abrazarla, saber cómo está, qué cosas hace, pero hay tanta distancia entre nosotros.

Sólo me consuela saber que ciertas palabras siempre me recordarán a Silvia. Cada vez que las encuentro las acaricio, las peino, les doy de comer y las guardo, acurrucadas° entre otras menos brillantes y menos elocuentes. Las de Silvia son mimadas y todas las otras lo saben. Todavía hoy corro desesperado al diccionario cuando pienso en Silvia, aterrado al descubrir que el idioma se me está saliendo, que se me vierte° entre los dedos, gota a gota. Que un día ya no podré, sin Silvia, describir el color de un recuerdo.

*curled up*

*se... it pours*

## Comprensión

1. ¿Qué actividades compartían Silvia y Alberto? ¿Cuál era la más especial? _____

   _____

2. ¿Qué conflicto surge entre los dos amigos? _____

   _____

3. Describa la última pelea que tuvieron. ¿Qué ocurrió? ¿Cuál fue el resultado? _____

   _____

4. ¿Por qué no se han visto en los últimos veinte años? _____

   _____

5. ¿A qué se refiere Alberto cuando habla de tanta distancia? _____

   _____

6. ¿Qué temor profundo siente Alberto al estar separado de Silvia y lejos de su patria? _____

   _____

# Answers

## Paso A

**ACTIVIDADES DE COMPRENSIÓN A. 1.** póngase de pie **2.** caminen **3.** corran **4.** miren arriba **5.** bailen **6.** canten «La cucaracha» **7.** digan «hola» **8.** siéntense **B. 1.** Luis **2.** Esteban **3.** Mónica **4.** Linda **C. 1.** Mónica **2.** Nora **3.** Luis **D. 1.** C **2.** F **3.** C **4.** F **5.** C **E.** 1, 5, 3, 4, 2 **F. 1.** Cuatro **2.** Tres **3.** Seis **4.** Más de diez **5.** Un **G.** 5, 9, 18, 26, 4, 15, 23, 20, 34 **H. 1.** C **2.** F **3.** F **4.** F **5.** F

**ACTIVIDADES ESCRITAS I. 1.** lean **2.** bailen **3.** escuchen **4.** escriban **5.** salten **III. A.** *Answers may vary.* **1.** negro **2.** blanco **3.** verdes **4.** roja **5.** verdes, rojas **B.** *Answers may vary.* **1.** Mis blusas son bonitas y blancas. **2.** Mis camisas son viejas y negras. **3.** Mis faldas son cortas y rojas. **4.** El sombrero es nuevo y negro. **5.** La chaqueta es grande y vieja. **6.** El saco es pequeño y gris. **7.** El suéter es feo y azul. **8.** Los trajes son rojos y largos. **9.** El abrigo es largo y negro. **10.** Los pantalones son verdes y viejos. **IV. 1.** O, E, 12; **2.** U, I, E, 15; **3.** E, I, I, U, A, O, 24; **4.** E, I, A, I, O, 35; **5.** O, O, 8 **V. 1.** ¿Cómo se llama? **2.** gracias **3.** Muy; gracias; ¿Y usted? **4.** Cómo; Me llamo; Mucho gusto.

## Paso B

**ACTIVIDADES DE COMPRENSIÓN A. 1.** usted **2.** tú **3.** usted **4.** tú **B.** 38, 11, 14, 26, 15 **C. 1.** no **2.** sí **3.** sí **4.** no **5.** sí **6.** sí **7.** sí **8.** sí **9.** sí **10.** sí **11.** no **12.** no **D. 1.** los hombros **2.** la boca **3.** las manos **4.** las piernas **5.** la cabeza **6.** el pelo **7.** los pies **8.** un brazo **9.** el estómago **10.** la nariz **E. 1.** F **2.** F **3.** F **F. 1.** d **2.** f **3.** b **4.** a **G. 1.** 20 **2.** 80 **3.** 50 **4.** 40 **5.** 90 **6.** 100 **7.** 70 **8.** 30 **9.** 10 **10.** 60 **H. 1.** 89 **2.** 57 **3.** 19 **4.** 72 **5.** 15 **6.** 60 **7.** 100 **8.** 94 **I. 1.** Alberto, 23 **2.** Nelson, 29 **3.** Víctor, 27 **4.** Nora, 19 **5.** Esteban, 19 **6.** Miguel, 29 **7.** Profesora Martínez, treinta y muchos **EJERCICIOS DE ORTOGRAFÍA I. 1.** ¿Cómo? **2.** ¿Qué? **3.** ¿Quién? **4.** ¿Cuántos **5.** ¿Cuál? **II. A. 1.** niño **2.** niña **3.** señorita **4.** señor **5.** compañera **B. 1.** llama **2.** amarillo **3.** silla **4.** ella **5.** apellido **C. 1.** chico **2.** muchacha **3.** escuchen **4.** chaqueta **5.** coche

**ACTIVIDADES ESCRITAS I. 1.** estás, tú **2.** está usted, usted **3.** estás, usted **III. Horizontal: 1.** pies **2.** brazos **3.** cara **4.** oreja **Vertical: 1.** piernas **2.** hombros **3.** nariz **4.** cabeza **5.** estómago **IV. A.** *Answers may vary.* **1.** Susana es divertida y entusiasta. **2.** María, Juan y Pedro son dedicados e inteligentes. **3.** La profesora es reservada y artística. **4.** Mi papá es nervioso y tímido. **5.** Mi amigo es dedicado e idealista. **6.** Javier y Elena son reservados y antipáticos. **V. B. Horizontal: 1.** treinta **2.** cien **3.** veinte **4.** nueve **5.** cincuenta **6.** ochenta **7.** setenta **8.** cuatro **Vertical: 1.** trece **2.** tres **3.** noventa **4.** seis **5.** catorce **6.** sesenta **7.** uno **8.** cuarenta **DIÁLOGOS Y DIBUJOS 1.** divertida; ¡Cómo cambia el mundo! **2.** tímido **3.** entusiasta, dedicada **4.** por favor **5.** gracias, De nada

## Capítulo uno

**ACTIVIDADES DE COMPRENSIÓN A.** Álvaro Ventura; Lisa Méndez de Ventura; Diana; Toni y Andrés **B. 1.** C **2.** C **3.** C **4.** C **5.** F **C. 1.** La chaqueta (amarilla) es de Alberto. **2.** El bolígrafo es de Alfredo. **3.** El suéter (morado) es de Carmen. **4.** Los lentes son de Esteban. **D. 1.** pelo rubio, tenis **2.** Gabriela Sabatini **3.** pelo negro **4.** Greg Louganis, clavadista **5.** pelo negro, fútbol **E. 1.** M **2.** M **3.** M **4.** L **5.** L **F. 1.** C **2.** F **3.** F **4.** C **5.** C **6.** C **G. 1.** sí **2.** no **3.** no **4.** no **5.** sí **6.** sí **7.** no **8.** sí **H. 1.** 2-55-50-25 **2.** 3-15-70-85 **3.** 4-31-27-73 **4.** 5-55-31-42 **5.** 5-97-40-03 **EJERCICIOS DE ORTOGRAFÍA 1.** borrador **2.** hora **3.** doctor **4.** correcto **5.** rojo **6.** bailar **7.** pizarra **8.** perro **9.** pero **10.** nariz

**ACTIVIDADES ESCRITAS I. A. Horizontal: 1.** padre **2.** hijo **3.** hermana **4.** hija **5.** esposo **6.** abuela **Vertical: 1.** hermano **2.** esposa **3.** madre **4.** nieto **5.** abuelos **B.** *Answers may vary.* **1.** Mi hermano es idealista. **2.** Mi novio es generoso. **3.** Mi mamá es reservada **4.** Mi abuelo es divertido.

**5.** Mi hija es simpática. **C.** *Answers may vary.* **1.** Yo tengo un sombrero viejo. **2.** Mi papá tiene un coche nuevo. **3.** Mi mamá tiene una falda nueva. **4.** Mis hermanas tienen muchos libros. **5.** Mi hermano y yo tenemos una bicicleta roja. **D.** *Answers may vary.* **1.** Los pantalones azules son de mi amiga. **2.** La camisa nueva es de mi hermana. **3.** El libro de español es del profesor. **4.** Los zapatos de tenis son de mi novio. **5.** El carro nuevo es del vecino. **6.** Los perros simpáticos son de mi abuela. **7.** Las plantas bonitas son de mi hijo. **II. 1.** chinas, chino **2.** franceses, francés **3.** alemán **4.** español **5.** canadienses, francés, inglés **6.** Italia **7.** Inglaterra **8.** japonés, Japón **9.** ruso **10.** España **III. A.** *Answers may vary.* **1.** Me gusta jugar al tenis. **2.** Me gusta comer en restaurantes elegantes. **3.** No me gusta nadar en el mar. **4.** No me gusta ver la televisión. **5.** Me gusta estudiar. **6.** Me gusta escuchar música. **7.** Me gusta salir con mis amigos. **8.** Me gusta ir de compras. **B.** *Answers may vary.* **1.** A Carmen le gusta jugar al fútbol. **2.** A Juan le gusta bailar. **3.** A Esteban le gusta cocinar. **4.** A Linda le gusta leer el periódico. **5.** A Susana le gusta dormir. **C.** *Answers may vary.* **1.** ver telenovelas **2.** ir al cine **3.** salir a cenar **4.** escuchar música **5.** ir de vacaciones **IV. A.** *Answers may vary.* **1.** El nombre de mi amiga es Silvia Alicia Bustamante Morelos. Tiene 21 años. Silvia es de México y vive en la Ciudad de México. Vive en el Paseo de la Reforma, número 5064, apartamento número 12. Su número de teléfono es el 62-03-18. Es soltera. **DIÁLOGOS Y DIBUJOS 1.** ¿Bailamos? **2.** no entiendo **3.** ¿Cómo se escribe? **4.** ¡qué mala memoria! **LECTURAS ADICIONALES Los saludos y las despedidas 1.** I **2.** F **3.** I **4.** F **5.** I

# Capítulo dos

**ACTIVIDADES DE COMPRENSIÓN A. 1.** 23 de junio **2.** 22 de diciembre **3.** 4 de agosto **4.** 19 de agosto **5.** 12 de junio **B. 1.** e **2.** a **3.** d **4.** b **5.** c **C. 1.** 9, 12, 2, 8, domingos, 135 **2.** 10, 5, todos los días, 10, 8, 550 **3.** Máximo, 8, 10, lunes, domingo, 718 **D.** Durango: 6:50; Puebla: 8:00 AM; Monterrey: 1º 9:30, 2º 12:45; Tampico: 1º 8:15, 2º 11:20, 3º 5:30; Guadalajara: cada hora **E. 1.** C **2.** C **3.** F **4.** C **F. 1.** F **2.** C **3.** F **4.** C **5.** C **G. 1.** C **2.** C **3.** R **4.** R **5.** C **6.** C **H. 1.** abrigo **2.** traje de verano **3.** traje de baño, traje de verano **4.** abrigo, paraguas **5.** abrigo **EJERCICIOS DE ORTOGRAFÍA I. 1.** estómago **2.** teléfono **3.** antipático **4.** artística **5.** simpático **6.** matemáticas **7.** dólares **8.** América **9.** química **10.** gramática **11.** tímido **12.** sábado **13.** física **14.** décimo **15.** México

**ACTIVIDADES ESCRITAS I. A. 1.** Esteban Brown nació el cuatro de agosto. **2.** Silvia Bustamante nació el quince de abril. **3.** Albert Moore nació el veintidós de diciembre. **4.** Luis Ventura nació el primero de diciembre. **5.** Monica Clark nació el diecinueve de agosto. **B.** 400: cuatrocientos; 200: doscientos; 700: setecientos; 800: ochocientos; 600: seiscientos; 900: novecientos; 500: quinientos; 100: cien **II.** *Answers may vary.* **1.** Yo voy a estudiar. **2.** Mi hijo va a hacer la tarea. **3.** Un amigo va a cenar conmigo. **4.** Mis padres van a ir al cine. **5.** Mi hermana y yo vamos a pasear. **6.** Mi novio va a leer un libro. **III. 1.** Son las nueve en punto. **2.** Son las ocho y cuarto. **3.** Son las diez menos trece. **4.** Son las tres y media. **5.** Son las once y veinte. **6.** Son las doce en punto. **7.** Es la una y cinco. **8.** Son las cinco menos cuarto. **9.** Son las nueve menos dos. **10.** Son las siete menos cinco. **V. A. 1.** quiero jugar **2.** quieren cenar **3.** quiero leer **4.** quiere esquiar **5.** quieren hacer **6.** quiere terminar **7.** queremos comer **8.** quieren escuchar **B.** *Answers may vary.* **1.** Prefiero jugar al tenis. **2.** Prefiero cocinar. **3.** Prefiero andar en motocicleta. **4.** Prefiero bucear. **5.** Prefiero limpiar la casa. **6.** Prefieren ir al cine. **7.** Prefiere patinar. **8.** Prefiere esquiar. **VI. A.** *Answers may vary.* **1.** Hace frío y nieva. **2.** Hace sol y hace calor. **3.** Hace calor y hace sol. **4.** Hace buen tiempo. **5.** Hace frío y nieva. **B.** *Answers may vary.* **1.** nieva; Cuando nieva, prefiero ir a esquiar. **2.** llueve; Cuando llueve, prefiero tomar una siesta. **3.** hace mucho calor; Cuando hace mucho calor, prefiero montar a caballo. **4.** hace buen tiempo; Cuando hace buen tiempo, prefiero dar una fiesta en el patio. **5.** hace mucho viento; Cuando hace mucho viento, prefiero andar en velero. **DIÁLOGOS Y DIBUJOS A.** a sus órdenes **B.** Para servirle. **C.** ¿Estás bromeando? **LECTURAS ADICIONALES Ernestito 1.** C **2.** F **3.** C **4.** F **5.** C **Los nombres hispanos A. 1.** F **2.** F **3.** C **B. 1.** María Luisa, García, Fernández **2.** José Ignacio, Martínez, Gutiérrez **3.** Irma Angélica, Hernández, Ochoa **4.** Carlos Rafael, Álvarez, Carrasco

# Capítulo tres

**ACTIVIDADES DE COMPRENSIÓN A. 1.** cafetería **2.** laboratorio de ciencias **3.** Facultad de Derecho **4.** piscina **B. 1.** D **2.** D **3.** PR **4.** M **5.** PR **6.** M y A **7.** M **C. 1.** lunes, miércoles y viernes, desde las 3:30 hasta las 5 **2.** lunes en la mañana, desde las 8:00 hasta las 9:50; miércoles en la tarde, de 2:00 a 4:00 **3.** martes y jueves, de 1:00 a 2:45 **4.** lunes y jueves, de 11:30 a 1:40 **D. 1.** español a las 8:00; literatura inglesa desde las 9:30 hasta las 10:50; química a las 2:00 **2.** español a las 8:00; física a las 10:00 **3.** estudia en la biblioteca, después almuerza algo. En la tarde juega al tenis y estudia varias horas más. **E. 1.** a **2.** a, c, d **3.** d **4** d **5.** a **F. 1.** Managua, Nicaragua **2.** Madrid, España **3.** Valparaíso, Chile **4.** La Habana, Cuba **G. 1.** está mirando **2.** debajo **3.** están leyendo **4.** casa **5.** izquierdo **H. 1.** Está viendo la televisión **2.** Está leyendo un libro. **3.** Están mirando por la ventana y hablando. **4.** Está jugando a las cartas con sus amigos. **5.** Está comiendo **I. 1.** Carmen está escribiendo en su casa. **2.** Mónica está pintando algo para el escenario en el garaje. **3.** Alberto está preparando el equipo de video en el jardín. **4.** Luis y Nora están leyendo afuera. **5.** Todos van a hacer un video en casa de Carmen. **6.** Esteban está en su casa, va a traer una pizza. **EJERCICIOS DE ORTOGRAFÍA I. 1.** hablan **2.** hombres **3.** hola **4.** hasta luego **5.** hora **6.** hermana **7.** hispano **8.** hace buen tiempo **9.** humanidades **10.** hospital **II. 1.** suéter **2.** lápiz **3.** fácil **4.** difícil **5.** fútbol

**ACTIVIDADES ESCRITAS I.** *Answers may vary.* **1.** Yo estoy en la biblioteca. **2.** Mi madre está en su oficina. **3.** Mis hermanos están en clase. **4.** Mi amigo está en casa. **II. B.** *Answers may vary.* **1.** ¿Te gusta bailar? ¿Prefieres bailar en fiestas o en discotecas? **2.** ¿Te gusta dar fiestas? ¿Te gustan las fiestas grandes o pequeñas? **3.** ¿Haces ejercicio? ¿Qué te gusta hacer como ejercicio? **4.** ¿Te gusta limpiar? ¿Limpias mucho o poco? **5.** ¿Te gusta salir? ¿Te gusta salir sólo los fines de semana, o todos los días? **IV. A.** *Answers may vary.* **1.** Joe está durmiendo **2.** Karen está bailando en una fiesta. **3.** María está almorzando en casa. **4.** Esteban está estudiando español. **5.** Elizabeth está levantando pesas. **B.** *Answers may vary.* **1.** Mi papá está manejando a la oficina. **2.** Mi mejor amigo/a está estudiando para un examen. **3.** Mi hermano/a está viendo la televisión. **4.** Mis compañeros de clase están caminando a una fiesta. **5.** Mi abuelo/a está leyendo un libro. **DIÁLOGOS Y DIBUJOS 1.** ¿Qué pasa? **2.** Un placer, Encantada. **3.** Hasta pronto. **4.** ¡No hay de qué! **LECTURAS ADICIONALES El «diyei» mágico 1.** c **2.** b **3.** d **4.** h **5.** g **6.** e **7.** a **8.** f **Las actividades de Pilar 1.** Tiene veinte años. Estudia diseño y artes gráficas. **2.** Le gusta dar un paseo por el parque. **3.** Los domingos, porque los estudiantes pueden entrar gratis. **4.** Una discoteca muy buena. **5.** Porque hay muchas distracciones y mucha gente.

# Capítulo cuatro

**ACTIVIDADES DE COMPRENSIÓN A.** 2, 8, 3, 1, 5, 4, 7, 6 **B. 1.** 16 **2.** septiembre **3.** día **4.** independencia **5.** fiesta **6.** mexicana **7.** teatro **8.** bailes **9.** fuegos **10.** música **11.** mexicana **12.** antojitos **C. 1.** F **2.** F **3.** F **4.** C **D. 1.** Nombre: Inés Valle de Torres; Ciudadanía: colombiana; Profesión: maestra; Estado civil: casada; Hijos/as: tres hijas; Horario de la mañana: de 9 a 12 **2.** 7, 1, 5, 3, 6, 2, 4 **E. 1.** don Eduardo **2.** don Eduardo **3.** don Eduardo **4.** su esposa **5.** don Anselmo **6.** don Anselmo **F. 1.** P **2.** A **3.** E **4.** A **5.** A **6.** P **7.** E **8.** A **9.** P **G. 1.** F **2.** C **3.** C **4.** F **5.** C **H. 1.** C **2.** F **3.** C **4.** C **EJERCICIOS DE ORTOGRAFÍA I. 1.** los ojos **2.** geografía **3.** joven **4.** rojo **5.** jugar **6.** recoger **7.** vieja **8.** generalmente **9.** anaranjado **10.** bajo **11.** gente **12.** el traje **13.** generosa **14.** las hijas **15.** jueves **II. 1.** yo **2.** silla **3.** voy **4.** llorar **5.** hay **6.** llegar **7.** muy **8.** playa **9.** amarillo **10.** llamar **11.** apellido **12.** mayo **13.** llueve **14.** hoy **15.** estoy **16.** calle **17.** millón **18.** leyendo **19.** soy **20.** caballo

**ACTIVIDADES ESCRITAS I. A. 1.** Voy al restaurante. **2.** Voy a la piscina. **3.** Voy a la biblioteca. **4.** Voy a la librería. **5.** Voy a la papelería. **B. 1.** miramos el arte **2.** compramos zapatos **3.** compramos ropa **4.** nadamos **5.** rezamos **III. A. 1.** me despierto **2.** me levanto **3.** Me baño **4.** se despierta **5.** prepara **6.** desayunamos **7.** sale **8.** salgo **9.** vuelvo **10.** Duermo **11.** hablo **IV. A. 1.** estoy borracho/a **2.** estoy preocupado/a **3.** tengo miedo **4.** estoy enamorada **5.** Tengo prisa **DIÁLOGOS Y DIBUJOS 1.** Cuidado. **2.** ¡Ni pensarlo! **3.** ¡Gracias a Dios! **4.** de ahora en adelante **LECTURAS ADICIONALES Adriana Bolini 1.** Trabaja en un centro de informática. **2.** Trabaja con los últimos modelos de computadoras y a veces entrena a los nuevos empleados en el uso de ciertos programas. **3.** Visita a Brasil, Venezuela, México y los Estados Unidos. **4.** Habla italiano, español, francés e inglés.

5. Sale con sus amigos, va a fiestas, al teatro y al cine. **La vida de Bernardo 1.** B **2.** ED **3.** F **4.** B **5.** B **6.** F **7.** B **8.** I **9.** F **10.** F

# Capítulo cinco

**ACTIVIDADES DE COMPRENSIÓN A. 1.** C **2.** S **3.** C **4.** S **5.** S **6.** C **B. 1.** d **2.** c **3.** e **4.** b **5.** a **C. 1.** D **2.** C **3.** C **4.** N **5.** D **6.** D **7.** C **8.** C **9.** N; **1.** cocinar **2.** hablar francés **3.** patinar **4.** esquiar **5.** bailar los bailes modernos **6.** pilotear **D. 1.** I **2.** B **3.** B **4.** B **E. 1.** d **2.** c **3.** a **4.** b **5.** d **F. 1.** F **2.** C **3.** C **4.** F **5.** F **G. 1.** c **2.** a, b, c **3.** a, b, c **4.** b **5.** b **H. 1.** C **2.** C **3.** F **4.** C **5.** C **6.** C **EJERCICIOS DE ORTOGRAFÍA I. 1.** caro **2.** ¿Cuánto cuesta? **3.** poco **4.** parque **5.** ¿Qué es? **6.** ¿Quién está aquí? **7.** corto **8.** chaqueta **9.** cosa **10.** aquí **II. A. 1.** café **2.** está **3.** entendí **4.** así **5.** papá **B. 1.** cafés **2.** también **3.** francés **4.** alemán **5.** dirección **6.** profesión **7.** campeón **8.** televisión **9.** perdón **10.** jabón **C. 1.** canción, canciones **2.** japonés, japonesa **3.** definición, definiciones **4.** opinión, opiniones **5.** inglés, ingleses

**ACTIVIDADES ESCRITAS I. A.** *Answers may vary.* **1.** enseña, aprenden **2.** entiendo, explica **3.** hablan, oigo **4.** terminar, empezar **5.** escucho, entiendo, dice **6.** hago **7.** entienden, preguntan **8.** prepara **9.** recoge **10.** escribe, escribimos **B. 1.** me **2.** te **3.** le **4.** le **5.** nos **6.** les **7.** les **8.** nos **9.** les **10.** me **11.** te **12.** te **13.** le **14.** le **15.** le **16.** le **17.** me **II. A.** *Answers may vary.* **1.** Yo no sé patinar en el hielo pero mi hermana sí sabe. **2.** Yo no sé nadar pero mi amiga María sí sabe. **3.** Yo no sé cocinar pero mi mamá sí sabe. **4.** Yo no sé escribir a máquina pero Esteban sí sabe. **5.** Yo no sé pilotear un avión pero mi hermano sí sabe. **6.** Yo no sé pintar pero mi novio sí sabe. **C.** *Answers may vary.* **1.** No, porque la gente no me puede entender cuando hablo y como a la vez. **2.** No, porque los perros no pueden hablar. Sí, porque la gente repite las palabras. **3.** No, porque escribo con la mano derecha. **4.** Sí, porque viven en el agua. Algunos pájaros pueden nadar porque viven cerca del agua y comen peces. **5.** No, porque es imposible dormir y estudiar a la vez. **III. A. 1.** médico **2.** maestras **3.** mecánico **4.** peluquera **5.** ingenieros **6.** cajera **7.** piloto **8.** cantantes **9.** mesero **B. Horizontal: 1.** mesero **2.** peluquería **3.** cuida **4.** hospital **5.** sirve **6.** enseña **7.** mecánico **Vertical: 2.** dependiente **3.** fábrica **4.** avión **V. A.** *Answers may vary.* **1.** Voy a comprar un carro. **2.** Quiero pasar más tiempo con mi familia. **3.** Tengo ganas de vivir en la playa. **4.** Me gustaría comprar mi propia casa. **5.** Quisiera escribir una novela. **C.** *Answers may vary.* **1.** Primero se viste. Después recoge sus libros y sale de su casa. Finalmente entra en su clase. **2.** Primero pregunta quién está en el baño. Luego espera a la puerta del baño. Después pregunta otra vez quién está en el baño. Finalmente entra en el baño. **3.** Primero recoge los platos. Luego limpia las mesas. Después pregunta a un cliente qué quiere beber. Y finalmente le trae café. **D. 1.** duchándose, secarse **2.** lavándose los dientes, afeitarse **3.** desayunar, leer el periódico **4.** ponerse el sombrero, salir de casa **LECTURAS ADICIONALES Las actividades de Carlos Padilla 1.** f **2.** e **3.** d **4.** a **5.** c **6.** b **Silvia Bustamante 1.** Vive en la Ciudad de México con sus tíos. **2.** Ellos conversan, observan a la gente y repasan sus apuntes. **3.** Ella dice que sus tíos son muy estrictos. Se preocupan por ella porque sólo tiene diecinueve años.

# Capítulo seis

**ACTIVIDADES DE COMPRENSIÓN A. 1.** c **2.** b **3.** a **4.** d **5.** c **B. 1.** moderno **2.** 85 **3.** 4-75-82-34 **4.** Miami **5.** 450 **6.** Octava, 323 **7.** 10, 9 **C.** 2, 4, 5, 3, 1 **D. 1.** alquiler **2.** condominios **3.** dormitorios **4.** sala **5.** cocina **6.** 700 **E. 1.** R **2.** R **3.** R **4.** R **5.** A **F. 1.** C **2.** C **3.** C **4.** C **5.** F **6.** F **G. 1.** habla español **2.** en casa **3.** Nueva York, Argentina **4.** comer algo con él **5.** la universidad **H. 1.** b, d **2.** d **3.** a **4.** c, b **5.** e **6.** e **7.** b **8.** b **9.** d **EJERCICIOS DE ORTOGRAFÍA I. 1.** portugués **2.** hamburguesa **3.** guitarra **4.** Guillermo

**ACTIVIDADES ESCRITAS I. A.** *Answers may vary.* **1.** El sofá es más grande que el sillón. La mesita es más pequeña que el sillón. La mesita es la más pequeña de las tres. **2.** El abuelo es mayor que el joven. El joven es menor que el hombre. El abuelo es el mayor de los tres. **3.** El carro es más barato que la casa. La casa es más cara que la bicicleta. La bicicleta es la más barata de las tres. **4.** Amanda tiene tanto dinero como Graciela. Graciela tiene tanto dinero como Amanda. Ernestitito tiene menos dinero que Graciela y Amanda. **5.** La casa de los Ramírez no tiene tantas ventanas como la casa de los Ruiz. La casa de los Rivero no tiene tantas ventanas como la casa de los Ruiz. La casa de los Rivero tiene tantas ventanas como la casa de los Ramírez. **6.** El edificio Gonzaga no es tan moderno como el edificio Torres. El edificio Gonzaga no es tan moderno como el edificio Echeverría. El edificio Echeverría es tan moderno como el edificio Torres. **B.** *Answers may vary.* **1.** Mi casa tiene tantos muebles como la casa de mis padres. **2.** Mi casa no tiene tantos cuartos como la casa de Michael Jackson. **3.** Los muebles de mi dormitorio son tan caros como los muebles del dormitorio de mi mejor amiga. **4.** Nuestro refrigerador es tan grande como el refrigerador de nuestro restaurante favorito. **5.** La sala de la Casa Blanca es más elegante que nuestra sala. **II. A. 1.** nadamos **2.** tomamos café **3.** tomamos el sol **4.** compramos medicinas **5.** lavamos la ropa **6.** le ponemos gasolina al carro **7.** compramos ropa **8.** paseamos **C. Horizontal: 1.** cama **2.** dormitorio **3.** aspiradora **4.** regar **5.** fregadero **6.** cocina **Vertical: 1.** gabinetes **2.** cafetera **3.** estufa **4.** refrigerador **5.** baño **6.** cómoda **III. A.** *Answers may vary.* **1.** Yo tengo que cortar el césped. **2.** Mi madre tiene que preparar la cena. **3.** Mi padre necesita sacar la basura. **4.** Mis hermanos tienen que pasar la aspiradora. **5.** Mi hermana debe ayudar a mamá. **B.** *Answers may vary.* Hay que barrer el patio a menudo. Es necesario regar las plantas frecuentemente. Hay que sacudir los muebles cada semana. Es necesario hacer las compras todos los días. Hay que bañar el perro todos los fines de semana. **IV.** *Answers may vary.* **A. 1.** No, me levanté muy tarde. **2.** Me quedé en casa. **3.** No, no estudié para mi clase de español. **4.** Sí, visité a unos amigos. **5.** No, no limpié mi casa. **6.** Sí, recibí muchos regalos. **7.** No, cené en casa. **8.** Sí, comí todos mis platos favoritos. **V. A.** *Answers may vary.* quiero presentarte, Mucho gusto, Igualmente **LECTURAS ADICIONALES Las posadas** *Answers may vary.* Cada noche, empezando el dieciséis de diciembre, los niños llevan velas y cantan una letanía mientras van tocando de puerta en puerta pidiendo hospedaje. Cada noche entran en una casa seleccionada con anterioridad. Allí se les ofrecen refrescos, tamales, buñuelos y dulces, y a veces rompen una piñata. **Los «grandes» problemas de Ernestito 1.** EE **2.** ER **3.** ER **4.** ES **5.** ES

# Capítulo siete

**ACTIVIDADES DE COMPRENSIÓN A. 1.** Fue a una fiesta y bailó mucho. **2.** Salió a las siete de la tarde. **3.** Terminó a las cinco de la mañana. **4.** Charló con don Enrique. **5.** Está cansada porque durmió sólo tres horas anoche. **B. 1.** a, c **2.** a, b, c **3.** a, b **4.** b **C. 1.** la América Latina **2.** cantó, las discotecas **3.** nervioso, la comida **4.** usar la escena **D. 1.** A **2.** A **3.** S **4.** S **5.** S **6.** S, A **7.** M **8.** A **E. 1.** F: Carla pasó todo el día en la playa. **2.** F: Hacía buen tiempo y el agua estaba tibia. **3.** F: Carla nadó hasta muy adentro. **4.** F: Un amigo de Jorge sacó a Carla del agua porque ella estaba ahogándose. **F. 1.** c **2.** b **3.** c **4.** c **5.** a **G.** 3, 2, 5, 1, 4 **H. 1.** bomba **2.** restaurante **3.** edificios **4.** restaurante **5.** personas **6.** responsables **7.** descansar **8.** llegó **9.** misa **10.** asistieron **11.** comenzó **12.** éxito **13.** directores **14.** película **15.** exposición **16.** histórica **17.** viajes **18.** hicieron **19.** noticias **20.** misma **21.** Informó **Radiodrama Parte I.** 5, 3, 1, 2, 4 **Parte II.** 3, 2, 5, 1, 4 **EJERCICIOS DE ORTOGRAFÍA I. A. 1.** saco **2.** sombrero **3.** silla **4.** casa **5.** seis **B. 1.** brazo **2.** nariz **3.** izquierda **4.** rizado **5.** azul **C. 1.** cierre **2.** lacio **3.** gracias **4.** bicicleta **5.** cereal **II. 1.** economía **2.** cafetería **3.** zapatería **4.** geografía **5.** librería **6.** día **7.** sociología **8.** biología **III. A. 1.** comí **2.** estudié **3.** salí **4.** trabajé **5.** entendió **6.** llegó **7.** lavó **8.** corrí **9.** jugó **10.** terminó **B. 1.** hice **2.** puse **3.** pude **4.** quise **5.** dijo **6.** trajo **7.** vino **IV. A. 1.** Juan no quiso buscar el reloj ni los lentes que perdió. **2.** Yo busqué el reloj pero encontré solamente los lentes. **3.** Roberto no jugó al tenis porque llegó muy tarde. **4.** Yo llegué temprano y jugué con su compañero. **5.** No pude leer el periódico ayer; mi padre sí lo leyó. **6.** Hoy busqué el periódico pero no llegó. **7.** Dije que no, pero mi hermano no me creyó. **8.** Esta tarde empecé a hacer la tarea a las dos; Luis empezó a las cuatro. **9.** Cuando llegamos a Acapulco, busqué mi traje de baño. **10.** Yo no pagué el viaje; pagó mi esposo. **B. 1.** me bañé **2.** hablé **3.** dije **4.** manejaste **5.** llegué **6.** tuviste **7.** levantó **8.** salió **9.** vino **10.** desayunamos **11.** hicimos **12.** quiso **13.** compraron **14.** se lavó **15.** incluyó

**ACTIVIDADES ESCRITAS I. A.** *Answers may vary.* **1.** No. Ya estudié anoche. **2.** No. Ya vi una película ayer. **3.** No. Ya visité a mis padres la semana pasada. **4.** No. Ya hice ejercicio ayer. **5.** No. Ya fui de compras la semana pasada. **II. A.** *Answers may vary.* **1.** Mi hermano/a hizo su tarea, jugó al voleibol y vio la televisión. **2.** Mi mejor amigo asistió a sus clases, estudió español y en la noche fue a una fiesta. **3.** Julio Iglesias cantó en la televisión, almorzó con Willie Nelson y viajó a España para visitar a su familia. **4.** Mis padres trabajaron, hablaron con nosotros y prepararon la cena. **C.** *Answers may vary.* ¿Viste el puente Golden Gate en San Francisco? ¿Tomaste fotos del edificio Empire State en Nueva York? ¿Paseaste por la Quinta Avenida en Nueva York? ¿Comiste comida cubana en Miami? ¿Fuiste a ver el Space Needle en Seattle? **D.** *Answers may vary.* ¿Asististe en la escuela? ¿Estudiaste para tu clase de español?

¿Hiciste tu tarea? ¿Almorzaste en la escuela? ¿Tendiste la cama? ¿Sacaste la basura? ¿Practicaste un deporte? ¿Fuiste al trabajo? **III. C. Horizontal: 1.** tuvimos **2.** puse **3.** dio **4.** vine **5.** trajimos **6.** pudiste **Vertical: 1.** traje **2.** pudo **3.** vinieron **4.** vieron **5.** vi **6.** supo **7.** quiso **8.** hizo **LECTURAS ADICIONALES Los piropos 1.** No le gustan los piropos de mal gusto que ofenden. **2.** Les dice: «Hola». No, no es realmente un piropo. **Pedro Ruiz, el escritor 1.** Pedro Ruiz opina que es valiosa y necesaria. **2.** Pedro Ruiz se queda en casa y su esposa trabaja fuera de la casa. No, no es un arreglo común en los Estados Unidos.

# Capítulo ocho

**ACTIVIDADES DE COMPRENSIÓN A. 1.** Llegó su nieto. **2.** A Raúl le gusta mucho la comida de su abuela. **3.** Raúl quiere invitar a su abuela, pero no piensa que es mala idea comer en casa durante las vacaciones. **4.** Para ella no es trabajo preparar los platos favoritos de Raúl. **B. 1a.** azul **1b.** brisa **1c.** agua **2a.** natural **2b.** rico **2c.** jamón, queso **3a.** fácil **3b.** leche **3c.** tiempo, dinero **4.** delicioso **C.** No, 3, 5, No, 1, 4, 2 **D. 1.** a **2.** a **3.** c **4.** b **5.** d **E.** Supermercados Calimax: 1Kg carne molida/4.200; 2Kg chuletas/12.600; 1Kg camarones/12.000; 3Kg naranjas/5.070; una canasta de fresas/1.500; 2Kg uvas/6.000; Restaurante Tres Estrellas: **1.** El restaurante está en la Avenida Costera, esquina con Bolívar. **2.** Ofrece a sus clientes una vista magnífica de la bahía. **3.** Los viernes, sábados y domingos presentan a Manuel Rodríguez y su conjunto. **4.** Abierto desde las seis hasta las dos de la mañana. **5.** Para hacer reservaciones llame al 3-17-21-14. **F. 1.** Y **2.** D **3.** Y **4.** E **5.** E **6.** Y **7.** Y **G. 1.** ES **2.** ER **3.** ES **4.** ER **5.** N **Radiodrama 1.** Ernesto piensa trabajar. Finalmente deciden ir al parque con los niños. **2.** Porque Ernesto dice que tiene que trabajar. **3.** Ernesto juega con los niños y Estela camina sola. **4.** Un enorme pastel de cumpleaños. **5.** Los amigos estuvieron esperando para darle una fiesta sorpresa a Estela. **EJERCICIOS DE ORTOGRAFÍA I. 1.** ¿Cuál es su profesión? **2.** ¿Es usted médico? **3.** No, soy mecánico. **4.** ¿Dónde estudia? **5.** ¿Aquí en esta universidad? **6.** Sí, y ahora mi hermano va a estudiar aquí también. **7.** ¿Qué profesión prefiere su hermano? **8.** Bueno, le gustaría ser médico. **9.** Por el momento trabaja en un taller de mecánica. **10.** ¿Va a estudiar biología? **11.** Este año, no. **12.** Es difícil trabajar y estudiar. **13.** ¿Por qué no busca otro empleo? **14.** De recepcionista, por ejemplo. **15.** Buena idea. Es fácil; solamente tiene que contestar el teléfono.

**ACTIVIDADES ESCRITAS I. B.** *Answers may vary.* **1.** ¿Dónde está la manzana? **2.** ¿Quieren preparar la cena? **3.** ¿Compran ustedes espárragos? **4.** ¿Sabes dónde están las cebollas? **C. 1.** pastel **2.** lo **3.** lo **4.** tamales **5.** los **6.** refrescos **7.** los **8.** los **9.** los **10.** refrescos **11.** bebidas **12.** los refrescos **13.** beber algo **14.** refrescos **15.** jugos **16.** los **17.** flan **18.** flan **19.** lo **20.** lo **21.** el flan **22.** los tacos **23.** los **24.** Los **25.** ensalada. **D.** *Answers may vary.* **1.** No, no son para él, son para ti. **2.** No, no son para ellas, son para nosotros. **3.** No, no es para ella, es para él. **4.** No, no es para ti, es para mí. **5.** No, no son para mí, son para ti. **6.** No, no son para nosotros, son para ellos. **II. A.** *Answers may vary.* **1.** Primero se le pone mostaza y mayonesa al pan. Luego se pone el jamón, el queso, unas rebanadas de tomate y lechuga entre las dos rebanadas de pan. **2.** Para hacer una ensalada de fruta, primero se escoge la fruta que se quiere usar. Yo voy a hacer una ensalada con albaricoques, ciruelas, fresas, melocotones, piña y plátanos. Después de lavarla, se corta la fruta en rebanadas pequeñas. **3.** Primero se cortan las papas en rebanadas largas. Después se fríen las rebanadas en aceite bien caliente y se agrega sal. **C. Vertical: 1.** limón **2.** tortilla **3.** sal **4.** helado **5.** jugo **6.** pollo **7.** mantequilla **8.** paella **9.** sopa **10.** sandía **11.** manzana **Horizontal: 1.** mariscos **2.** legumbres **3.** tomate **4.** queso **5.** galletitas **6.** papas **7.** lechuga **8.** pepino **9.** fresas **10.** papaya **11.** azúcar **III. A.** *Answers may vary.* **1.** pastel para el postre, creo que voy a pedir fruta **2.** quiero comer, dulce esta noche **3.** tomar café, yo quiero un café con leche y una naranja para el postre **4.** ningún pastel **5.** pedir pastel, porque estoy a dieta **D.** *Answers may vary.* **1.** pedir **2.** chuletas **3.** sirven **4.** carne **5.** pescado **6.** mariscos **7.** pedimos **8.** bebidas **9.** pido **10.** vino **11.** pedir **12.** batidos **13.** sirven **14.** batidos **15.** pides **16.** cervezas **17.** cervezas **18.** almejas **19.** pedí **20.** sirven **21.** camarones **22.** pido **23.** almejas **24.** pides **25.** camarones **26.** almejas **27.** camarones **LECTURAS ADICIONALES La piñata de Ernestito 1.** Tenía forma de estrella; era grande y amarilla. **2.** Tienen dulces, frutas y premios adentro. **3.** Se cuelga la piñata y se mueve la cuerda. Luego los niños tienen que golpearla para romperla. **Apuntes de un viaje al Caribe 1.** Después del postre, la gente charla y comparte impresiones, ideas, gustos y habla de política. **2.** Hay que ponerle mucho azúcar y leche caliente porque es muy fuerte.

# Capítulo nueve

**ACTIVIDADES DE COMPRENSIÓN A. 1.** Alicia **2.** Roberto **3.** Gabriela **4.** Jorge **5.** Eduardo **6.** Pablo **B. 1.** Felipe tiene quince años. Tomás tiene tres años. Carmen tiene diez años. Luci tiene nueve años. Linda tiene seis años. **2.** Felipe quiere ser futbolista. Luci quiere ser actriz. Carmen quiere ser actriz. **C. 1.** F **2.** C **3.** C **4.** C **5.** C **6.** C **D. 1.** tenía **2.** jugaba **3.** conocía **4.** gustaba **5.** metíamos, pescábamos **6.** Iba, pagaba, patinaba **7.** manejaba **E. 1.** M **2.** E **3.** E **4.** M **5.** M **6.** E **7.** E **F. 1.** gustaban **2.** era **3.** leía **4.** sentía **5.** hacían **2. a.** Pinocho **b.** Robin Hood **c.** la Cenicienta **d.** Blancanieves **f.** Alicia (en el país de las maravillas) **3.** *Answers may vary.* **a.** lavar la ropa, preparar la comida **b.** convierten todos los quehaceres de la casa en un juego de niños **c.** para limpiar el horno **G. 1.** b **2.** a, b, c **3.** a, b, d **4.** a, c **5.** c, d **Radiodrama** 3, 6, 7, 1, 9, 2, 5, 8, 4 **EJERCICIOS DE ORTOGRAFÍA I. 1.** boca **2.** cabeza **3.** joven **4.** viejo **5.** bonito **6.** rubio **7.** verde **8.** ventana **9.** vez **10.** por favor **II. 1.** (yo) comía **2.** (Juan) dormía **3.** (Marta) peleaba **4.** (nosotros) tomábamos **5.** (ellas) corrían **6.** (yo) montaba **7.** (tú) tenías **8.** (usted) quería **9.** (nosotras) contábamos **10.** (ellos) subían

**ACTIVIDADES ESCRITAS II. A.** *Answers may vary.* **1.** Sí, yo jugaba al escondite en el vecindario con mis amigos. **2.** Sí, yo corría por la casa con mis hermanos. **3.** Sí, yo nadaba en la playa con mi familia. **4.** Sí, yo comía helados en el verano con mi mamá. **5.** Sí, yo iba de vacaciones a las montañas con mi familia. **6.** Sí, yo estudiaba por la tarde solo en mi cuarto. **7.** Sí, yo andaba en bicicleta en el vecindario con mis amigos. **8.** Sí, yo me subía a los árboles enfrente de mi casa con mis hermanos. **9.** Sí, yo saltaba la cuerda con mis amigos en el vecindario. **10.** Sí, yo jugaba con muñecas con mi hermana. **III. A.** *Answers may vary.* **1.** hacía ejercicio **2.** iba a casa de un amigo a una amiga **3.** bailaba mucho **4.** iba al cine con mis amigos **5.** dormía hasta muy tarde. **B.** *Answers may vary.* **1.** íbamos a fiestas y nos divertíamos **2.** bailábamos juntos toda la noche **3.** íbamos a comer algo **4.** siempre íbamos a la playa por un mes **5.** conversábamos sobre lo que íbamos a hacer durante el fin de semana **III. D 1.** supe, sabías **2.** conocí, conocías **3.** pude, podías **4.** quiso, quería **5.** tenías, tuve **E.** *Answers may vary.* **1.** Papá, la iba a sacar pero estaba lloviendo. **2.** Papá, lo iba a cortar pero el vecino tenía la maquina de cortar. **3.** Papá, lo iba a pasear pero Amanda ya lo paseó. **4.** Papá, lo iba a recoger pero mamá me llamó para ayudarle con otra cosa. **5.** Papá, lo iba a regar pero no había agua. **LECTURAS ADICIONALES La familia 1.** La vida de los Smith es aburrida. **2.** Porque no le gusta estar solo. Esperaba una familia más al estilo hispano. **3.** Porque así siempre hay algo que se puede hacer. **4.** Lo más importante es ser independiente. **La crianza de los niños 1.** A **2.** H **3.** N **4.** H **5.** H

# Capítulo diez

**ACTIVIDADES DE COMPRENSIÓN A. 1.** No hizo buen tiempo en la Ciudad de México hoy. **2.** Mucha gente salió de casa hoy. **3.** El paraíso que las chicas imaginan es una isla sin gente, donde siempre hace sol. **4.** Las dos chicas no quieren vivir en un lugar muy primitivo donde no haya tiendas ni teléfono. **5.** Los sueños de Amanda y Graciela incluyen la presencia de sus novios. **6.** Las dos chicas deciden ir de vacaciones a su isla con sus novios cuando se cansen de la ciudad. **B. 1.** rápida, confortable **2.** ocho, doce, viernes, domingos **3.** terminal **4.** 6-12-48-83, 6-12-48-60 **C. 1.** visitado **2.** viajando **3.** trenes **4.** 150 **5.** costo **6.** modernos **7.** cómodamente **8.** asientos **9.** paisaje **10.** rápidamente **11.** viajes **12.** viaje **13.** tiempo **14.** dinero **15.** ofertas **D.** 5, 3, 6, 1, 2, 4 **E. 1.** b **2.** d **3.** a **4.** d **5.** a **F. 1.** llantas **2.** la mejor calidad **3.** la más alta tecnología **4.** al mejor precio **5.** con garantía de 50.000 kilómetros **6.** para viajar en caminos, carreteras y autopistas **7.** Hernández e Hijos, Sociedad Anónima **8.** talleres en toda la República **Radiodrama 1.** d **2.** f **3.** g **4.** a **5.** b **6.** h **7.** k **8.** j **9.** c **10.** e **11.** i **EJERCICIOS DE ORTOGRAFÍA I. 1.** borrador **2.** caro **3.** pizarra **4.** carro **5.** pero **6.** claro **7.** mesero **8.** perro **9.** barrer **10.** arrecife **II. 1.** Mi, tu **2.** Te, té **3.** Sí, si **4.** De **5.** sé, si, se

**ACTIVIDADES ESCRITAS I. A.** *Answers may vary.* **1.** Yo he ido a acampar. **2.** Yo he tomado el sol. **3.** Yo he hecho un viaje en barco. **4.** Yo he buceado. **5.** Yo he esquiado. **6.** Yo he ido de vacaciones. **7.** Yo he nadado. **8.** Yo he montado un camello **9.** Yo he jugado al tenis. **10.** Yo he subido al pico. **II. A.** *Answers may vary.* **1.** Una ventaja de viajar en tren es que se puede ver el paisaje, y otra es que se puede dormir cómodamente durante el viaje. Una desventaja es que los trenes no viajan siempre cuando uno los necesita. **2.** Una ventaja importante de viajar en avión es que se viaja rápidamente. Otra ventaja es que hay vuelos frecuentes. Una desventaja es que viajar por avión es más caro que viajar por otros medios.  **3.** Dos ventajas de viajar por autobús son que es muy barato y hay servicio a casi todos los pueblos. Una desventaja es que es incómodo.  **4.** Viajar por automóvil tiene las ventajas de poder viajar rápidamente y de poder parar cuando uno quiera. Una desventaja es que se viaja lentamente cuando hay mucho tráfico.  **5.** Las ventajas son que se viaja tranquilamente y se puede descansar. Una desventaja es que se viaja lentamente. **B.** *Answers may vary.* **1.** Voy a salir para la oficina a las seis en punto de la mañana porque tengo que terminar algo importante.  **2.** Voy a salir para la estación de tren a las diez y cuarto porque el tren sale a las once.  **1.** Me gusta pasear por el parque en la tarde.  **2.** Me gusta andar en bicicleta por el vecindario con mis hijos.  **1.** Nunca he viajado por avión porque es muy caro.  **2.** Nunca he viajado por barco pero me gustaría. **C.** *Answers may vary.* **1.** Cuando tengo prisa, camino rápidamente. **2.** Cuando viajo por avión, viajo rápidamente.  **3.** Cuando estoy enamorado/a, pienso constantemente en el amor.  **4.** Llego puntualmente al trabajo.  **5.** Cuando hay neblina, manejo lentamente.  **6.** Cuando regreso de un viaje largo, celebro alegremente. **III. A.** *Answers may vary.* **1.** Los frenos se usan para parar el coche.  **2.** El limpiaparabrisas se usa para quitar la lluvia del parabrisas.  **3.** El radio se usa para escuchar música en el coche.  **4.** El cinturón de seguridad se usa para evitar daños a los pasajeros.  **5.** El parachoques se usa para proteger el coche de los golpes. **B.** *Answers may vary.* **1.** ¡Qué río más largo! **2.** ¡Qué montaña más alta!  **3.** ¡Qué vuelo más largo!  **4.** ¡Qué viaje más maravilloso!  **5.** ¡Qué bahía tan tranquila!  **6.** ¡Qué desierto más caluroso!  **7.** ¡Qué playa más bonita!  **8.** ¡Qué selva más primitiva! **9.** ¡Qué arena tan blanca!  **10.** ¡Qué vista tan hermosa! **LECTURAS ADICIONALES Pasando la frontera** 1, 2, 4, 3, 6, 5, 8, 7 **El transporte 1.** Los hispanos usan los autobuses, el metro y los taxis. **2.** auto, carro, coche, máquina  **3.** Porque muchas tiendas y comercios cierran al mediodía y los trabajadores van a sus casas a comer y regresan al trabajo en la tarde otra vez.

# Capítulo once

**ACTIVIDADES DE COMPRENSIÓN A. 1.** viaje  **2.** lugar  **3.** medio  **4.** transporte  **5.** pasajes **6.** viaje  **7.** años  **8.** planes  **9.** itinerario  **10.** pasaporte  **11.** tarjetas  **12.** abordaje  **13.** viaje  **14.** 537-28-59 **B. 1.** Mazatlán  **2.** contenta y ansiosa  **3.** preparado  **4.** sol, mar, playa, arena  **5.** camarones **6.** aceite, radiador  **7.** luces  **C. 1.** Las dos chicas no encuentran el recibo de la reservación para el viaje en tren.  **2.** No fue fácil conseguir las reservaciones en primera clase. Tuvieron que hacer cola por una hora. **3.** Ellas tienen amigos en Barcelona.  **4.** En Barcelona se van a divertir mucho paseando por las Ramblas y comiendo mariscos deliciosos. **D. 1.** F  **2.** C  **3.** C  **4.** C  **5.** F  **6.** C  **7.** F  **E. 1.** a  **2.** a, b, c  **3.** a, b **4.** a, b  **5.** b  **F. 1.** Venezuela  **2.** moderna  **3.** clima  **4.** playa  **5.** agua, arena  **6.** arrecife, raya  **G. 1.** C **2.** JO  **3.** C, P  **4.** C, P  **5.** JV  **6.** C, P  **7.** JV  **8.** JO  **H. 1.** Javier es de Madrid.  **2.** Le va a llevar a discotecas adonde va la juventud.  **3.** Porque el ambiente no se pone bueno hasta después de medianoche. **Radiodrama** 5, 9, 1, 4, 6, 8, 7, 3, 2 **EJERCICIOS DE ORTOGRAFÍA I. A. 1.** Mi novio no conoce a mis padres. Quiero que los conozca. Debe llegar a las 7:00. Espero que no llegue tarde.  **2.** Hijo, quiero que busques tu tarea ahora. No importa, mamá. El profesor no quiere que la entreguemos.  **3.** Usted traduce muy bien. Por favor, tradúzcame esta carta. ¿Y quiere que le explique la gramática también?  **4.** Si quieren comenzar temprano, es mejor que comiencen a las 5:00. Está bien, pero el director no quiere que empecemos hasta las 6:00.

**ACTIVIDADES ESCRITAS I. A. 1.** Pensáis  **2.** Tenéis  **3.** Sabéis  **4.** Lleváis  **5.** Estuvisteis **6.** Visitasteis  **7.** Comprasteis  **8.** Os divertisteis  **B.** *Answers may vary.* **1.** acaba de hacerlas hace media hora  **2.** La empleada doméstica acaba de ponerlas en el refrigerador.  **3.** Acabo de ponerlos en el coche. **4.** Sí, acabo de revisarla.  **5.** Acabo de revisarlos.  **II. A.** *Answers may vary.* **1.** Camine por la Calle Hamburgo. Doble a la derecha en la Calle Burdeos. Camine hasta el final de la calle y cuando llegue al Paseo de la Reforma doble a la izquierda. Siga derecho. Encontrará el museo de Arte Moderno a su izquierda.  **2.** Siga derecho hasta llegar al Paseo de la Reforma. Doble a la derecha. Camine por el Paseo de la Reforma hasta el Monumento a la Independencia. Allí doble a la izquierda y verá el Hotel del Ángel. **3.** Salga a la Calle Víctor Hugo. Doble en la Calle Liebnitz. Camine hasta el Paseo de la Reforma. Siga hasta casi el final del Paseo y allí encontrará el Monumento a la Independencia.  **4.** Salga a la Calle Víctor Hugo. Camine por la Calle Víctor Hugo hasta llegar a la Calle Melchor. Cruce Melchor en la Calle Panuco. Siga derecho y cuando cruce la Calle Mississippí doble a la derecha. El Hotel el Romano Diana está allí. **III. A.** *Answers may vary.* **1.** estaban tomando el sol en la playa  **2.** estaban leyendo o mirando la televisión  **3.** estaba paseando por la playa  **4.** estaban haciendo una excursión en barco  **5.** estaba mirando unos cuadros de Goya.  **B.** *Answers may vary.* **1.** Estaba durmiendo.  **2.** Estaba almorzando.  **3.** Estaba estudiando.  **4.** Estaba preparando la cena.  **5.** Estaba escuchando música con unos amigos.  **C.** *Answers* *may vary.* **1.** Estaba leyendo el periódico. **2.** Estaban saliendo de la escuela. **3.** Estaban conversando en la cafetería. **4.** Estaba preparando los exámenes para el lunes. **5.** Estaban durmiendo. **D.** *Answers may vary.* **1.** supieron que no era el vuelo correcto. **2.** el indio subió al barco y los despertó. **3.** entraron unos criminales y robaron el banco. **4.** les dijeron que las maletas estaban todavía en el aeropuerto. **5.** un cuadro se cayó enfrente de ellos. **6.** empezó a llover. **LECTURAS ADICIONALES El viajero escondido 1.** Porque cree que van a descubrir a su amigo Eeer. **2.** Porque él nunca ha viajado en avión. **3.** Su equipaje tiene exceso de peso. **4.** Porque Estela decide pagar el exceso. **Una estudiante norteamericana en España 1.** La clase de arte. **2.** Visitó la casa de El Greco. **3.** Vio el Alcázar y el acueducto romano.

# Capítulo doce

**ACTIVIDADES DE COMPRENSIÓN A. 1.** c **2.** a, b, c **3.** d **4.** a, c **B. 1.** A **2.** J **3.** J **4.** A **5.** A **6.** J **7.** A **C. 1.** En la agencia de viajes Mercurio, viajarán a Santo Tomás también. **2.** En la agencia de viajes Mercurio, el viaje dura 17 días. En la agencia de viajes Geomundo, sólo dura 14 días. **3.** El viaje por la agencia Mercurio cuesta $2.500 dólares. En la agencia Geomundo el viaje cuesta $3.100 dólares. **4.** En el viaje de la agencia Mercurio, el desayuno es continental. En la agencia Geomundo el desayuno es americano. **5.** Geomundo incluye la cena pero Mercurio no. **6.** En la agencia Mercurio se ofrecen dos excursiones. En Geomundo sólo una. **7.** La agencia Geomundo incluye todo el transporte, propinas y trámite de visas. Mercurio no incluye nada de eso. **8.** En Mercurio aceptan tarjetas de crédito. En Geomundo sólo aceptan pago en efectivo. **D. 1.** Ricardo vivió en una pensión en Argüelles. **2.** A Ricardo le gustó la pensión porque era como una casa particular. También le gustó la comida que cocinaba la señora. **3.** Porque se conoce a mucha gente de todas las regiones de España. **4.** Porque se siente muy solo y aislado. **5.** Hay más libertad, se puede regresar a casa a la hora que se quiera y se puede dar fiestas. **E. 1. a.** rutina **b.** aburrido **c.** visitar, nuevos **d.** gente **2. a.** La torre Eiffel **b.** el cambio de guardia **c.** las ruinas en Machu Picchu **d.** el carnaval **F. 1.** C **2.** C **3.** C **4.** C **5.** C **G. 1.** ocupada **2.** solteros, salir **3.** dos, mediodía **4.** Marta **5.** noche **6.** antiguos **Radiodrama** 9, 6, 1, 7, 5, 4, 8, 3, 2 **EJERCICIOS DE ORTOGRAFÍA I. 1.** frío **2.** media **3.** junio **4.** biología **5.** día **6.** oír **7.** secretaria **8.** colegio **9.** lluvia **10.** continúe **11.** negocios **12.** bueno **13.** cuidado **14.** se peina **15.** reía **II. 1.** ¡Qué alto es tu hermano! **2.** ¡Cuánto dinero! ¿De quién es? **3.** ¡Qué muchacho más guapo! **4.** ¡Qué chica tan inteligente! **5.** ¡Cuánta tarea! Es imposible terminarla en un día. **6.** ¡Cuántos coches, Angélica! ¿Por qué necesitas tantos?

**ACTIVIDADES ESCRITAS I. B.** *Answers may vary.* **1.** lo llame todos los días **2.** practique mucho el español **3.** salga con otros chicos **4.** tengamos que estudiar mucho; yo quiero divertirme **5.** me hablen en español **C.** *Answers may vary.* **1.** Quiero que vayan solos a ver los cuadros de Goya ahora. **2.** Quiero que pongan atención a los altares en la catedral. **3.** Quiero que salgan de la catedral en silencio. **4.** Quiero que traigan las cámaras cuando vayamos a visitar el Valle de los Caídos. **5.** Quiero que vengan aquí para escuchar un resumen corto sobre la dictadura de Francisco Franco. **D.** *Answers may vary.* **1.** la **2.** grande **3.** la **4.** lo **5.** la **6.** los **7.** los **8.** lo **9.** fotos **10.** las **11.** las **II. A.** *Answers may vary.* **1.** ¿Tienen una habitación libre para dos personas? **2.** ¿Es cómoda la habitación? **3.** ¿Hay un baño? **4.** ¿Está incluido el desayuno en el precio de la habitación? **5.** ¿Qué precio tiene la habitación? **6.** ¿Cuánto es en dólares? **B.** *Answers may vary.* **1.** salgamos de la habitación **2.** estemos todos vestidos para cenar **3.** hayamos terminado de poner todas nuestras cosas adentro **4.** lleguemos a casa **5.** estemos listos para irnos **III. A.** *Answers may vary.* **1.** ¡Vamos a sentarnos en el bar y tomar un refresco! **2.** ¡Vamos adentro donde hace calor! **3.** ¡Vamos a nadar! **4.** ¡Vamos a bucear! **5.** ¡Vamos a comer en un buen restaurante argentino! **6.** ¡Vamos a dormir la siesta! **C.** *Answers may vary.* **1.** para **2.** sale **3.** estar **4.** por **5.** viajar **6.** allí **7.** mes **8.** tiempo **9.** me **10.** por **11.** para **LECTURAS ADICIONALES Primera noche de carnaval 1.** Tiene música. Hay puestos de comida. Las personas se saludan. La gente se divierte. Muchas personas se disfrazan. **2.** El desfile de las Polleras: mujeres con trajes hermosos, bordados en detalle y con sus adornos en el cabello. **3.** Julio se puso un poco nostálgico porque le recordó el carnaval de su patria. **La vida nocturna en Madrid 1.** f **2.** a **3.** g **4.** d **5.** e **6.** c **7.** b

# Capítulo trece

**ACTIVIDADES DE COMPRENSIÓN A. 1.** catarro **2.** gripe **3.** frío **4.** suéter **5.** llueve **6.** manos **7.** enfermedades **8.** niños **9.** salud **B.** El segundo anuncio. **C. 1.** a **2.** c, d **3.** a **4.** b **5.** c **D. 1.** R **2.** R **3.** G **4.** A **5.** R **6.** R **7.** G **8.** R **9.** G **10.** R **E. 1.** Roberto hizo una cita con el médico. **2.** Roberto tiene que llenar un formulario **3.** El médico piensa que Roberto tiene que bajar quince kilos, por lo menos. **4.** A Roberto le gustan la lechuga, los tomates, las zanahorias, los pepinos, el apio, las naranjas y las manzanas. **5.** Roberto come galletitas, chocolates y helado. **6.** El médico le recomienda a Roberto una dieta más razonable. **7.** Roberto cree que la dieta es muy estricta. **8.** Probablemente está pensando en Amanda. **F. 1.** Tiene tos. Ha estado estornudando. Tiene dolor de cabeza. Tiene calentura. Le duelen los pulmones. Tiene una infección en la garganta. **2.** El doctor le recomienda descansar. **3.** Tetraciclina. **4.** La profesora se preocupa porque los estudiantes no van a poder tomar sus exámenes. **5.** Tristes. **G. 1.** c **2.** a **3.** b **4.** c **5.** a **H. 1.** ambulancia **2.** inmediatamente **3.** morirme **4.** techos **5.** cabeza **6.** pierna **7.** libro **Radiodrama** 4, 1, 7, 3, 2, 5, 8, 6 **EJERCICIOS DE ORTOGRAFÍA A. 1.** ¿Cómo se llama? **2.** ¿Dónde vive? **3.** ¿Cuándo es su cumpleaños? **4.** ¿Qué quiere que le den sus amigas? **5.** ¿Por qué no contesta? **B. 1.** canción **2.** libros **3.** así **4.** escuchen **5.** café **6.** bonito **7.** soltera **8.** inglés **9.** Perú **C. 1.** pastel **2.** ventilador **3.** difícil **4.** niñez **5.** hospital **6.** azúcar **7.** automóvil **8.** bistec **9.** juventud **D. 1.** recámaras **2.** plástico **3.** típico **4.** estómago **5.** periódico **6.** médicos **7.** módico **8.** cómoda **9.** mecánicos **10.** gramática **11.** América **12.** teléfono **E. 1.** geografía **2.** librería **3.** María **4.** sociología **5.** continúa **F. 1.** Mamá preparó la cena de Navidad. **2.** José no la comió porque tuvo que trabajar hasta medianoche. **3.** Jorge trajo cerveza, pero no la bebió; prefirió tomar vino. **4.** Yo no cociné; compré pan, queso y algunos antojitos.

**ACTIVIDADES ESCRITAS I. A.** *Answers may vary.* **1.** Caminamos con los pies. **2.** Pensamos con el cerebro. **3.** Comemos con la boca. **4.** Tragamos con la garganta. **5.** Tocamos la guitarra con las uñas. **B. Horizontal: 1.** uñas **2.** muñeca **3.** cintura **4.** dientes **5.** pecho **6.** besar **7.** hueso **8.** encías **9.** riñones **Vertical: 1.** cuello **2.** muslo **3.** oír **4.** garganta **5.** rodillas **6.** espalda **7.** pulmones **8.** esqueleto **9.** abrazar **II. A.** *Answers may vary.* **1.** cuando no tengo suficiente tiempo para hacer las cosas que tengo que hacer **2.** estoy nervioso/a **3.** los estudiantes no hacen la tarea **4.** no lo/la invito a mis fiestas **5.** tengo un examen **6.** cuando les miento **7.** le doy regalos **8.** no como bien **B.** *Answers may vary.* **1.** me pongo de mal humor. **2.** me pongo triste. **3.** me pongo contento/a. **4.** me pongo nervioso/a. **5.** me enojo. **III. A.** *Answers may vary.* **1.** cuida a los enfermos. **2.** examina a los pacientes. **3.** cura a los animales. **4.** aconseja a los pacientes. **5.** surte las recetas. **B.** *Answers may vary.* **1.** Le recomiendo (a usted) que tome dos aspirinas con un vaso de leche. **2.** Le recomiendo (a usted) que no camine más de lo necesario. **3.** Le recomiendo (a usted) que tome un jarabe. **4.** Le recomiendo (a usted) que tome dos aspirinas y que se quede en la cama por una semana. **5.** Le recomiendo (a usted) que se ponga un vendaje. **C.** *Answers may vary.* **1.** le sirva **2.** les lleve **3.** me traiga **4.** le prepare **5.** les tome **IV. A. Horizontal: 1.** veterinario **2.** roja **3.** psicólogo **4.** choque **5.** jarabe **6.** herida **7.** pastilla **8.** paperas **9.** farmacéutico **10.** vitaminas **11.** culpa **Vertical: 1.** gárgaras **2.** quemadura **3.** resfriado **4.** cirujano **5.** aspirinas **6.** testigos **7.** curita **8.** infección **9.** fiebre **10.** camilla **B.** *Answers may vary.* **1. a.** Sí, he estado en el hospital porque tuve una herida muy grave. **b.** Sí, he tenido dos catarros este año. **c.** No, nunca me he golpeado la cabeza. **d.** Sí, he tenido un brazo enyesado porque me caí de un árbol. **2. a.** caía **b.** rompí **c.** corté **d.** estornudé **e.** enfermó **f.** desmayó **g.** tenían **LECTURAS ADICIONALES** «**Hospital General de Cuernavaca**» **1.** Le confesó su amor a María Luisa. **2.** El cirujano tuvo que operar al presidente de México. Esto representa una gran responsabilidad porque si la operación no sale bien es probable que sea la última que haga. **3.** Marta González tenía tremendos dolores de cabeza. **4.** Decidieron salir del hospital y tratar de curarse por su cuenta. **5.** Carmen decidió no hacerce más operaciones de cirugías plásticas porque su esposo la quiere tal como es. **6.** El director del hospital nombró a su esposa subdirectora y vicepresidenta de la Asociación de Enfermeras de México.

# Capítulo catorce

**ACTIVIDADES DE COMPRENSIÓN A. 1.** Muchas personas creen que las radios buenas no pueden ser baratas. **2.** Compacto, AM, FM, antena **3.** La alarma se repite hasta cinco veces. **4.** La radio-reloj cuesta 3.500 pesetas. **5.** Las dos maneras de pedir esta radio son: por correo y llamando al 246-69-19. **B. 1.** relojes **2.** cámaras **3.** importante **4.** garantizados **5.** Avenida **6.** 4-66-38-69 **7.** joya **C. 1.** b **2.** c **3.** b **4.** b **5.** b **6.** d **D. 1.** C **2.** F **3.** F **4.** F **5.** C **6.** F **E. 1.** cansada **2.** nueva

3. colores 4. solución 5. detergente 6. colores 7. diferencia 8. precio 9. fragante 10. hermosa
F. 1. N 2. ES 3. ES 4. E 5. E 6. N 7. N 8. E 9. ES 10. ES G. 1. suéteres, frío 2. 7.500
3. lana, mano 4. 5.500 5. estudiante 6. quedar H. 2, 7, 3, 6, 5, 1, 4 **Radiodrama** 3, 2, 6, 1,
4, 5 **EJERCICIOS DE ORTOGRAFÍA I. A. 1.** Aquél, éste 2. ése 3. aquéllas 4. aquéllas,
éstas 5. ésas B. 1. éste 2. ése 3. éste 4. éste 5. aquél 6. aquél 7. ésos 8. aquéllos 9. aquél
II. A. 1. ¿La blusa? Estoy planchándola en este momento. 2. La licuadora no se lava. ¿Por qué estás
lavándola? 3. ¿Los regalos? Luis y Marta están escogiéndolos ahora. 4. Sí, yo tengo las tijeras; estoy
poniéndolas en su lugar. 5. Ése es mi anillo. ¿Estás limpiándolo? ¡Gracias! B. 1. Tengo tu dinero y
quiero dártelo ahora. 2. Aquí está mi raqueta. Voy a prestártela. 3. Juan tiene mis herramientas. Necesito
pedírselas. 4. Si me haces preguntas tontas, no tengo que contestártelas. 5. Éste es mi hermano. Quiero
presentártelo.

**ACTIVIDADES ESCRITAS I. A. Horizontal: 1.** abrelatas 2. cartón 3. hierro 4. oro 5. algo-
dón 6. martillo 7. joyas 8. electrodomésticos 9. ganga **Vertical: 1.** anillo 2. cuero 3. licuadora
4. ladrillo 5. sartén 6. terciopelo 7. goma 8. tijeras **II. A.** *Answers may vary.* 1. Un martillo cuesta
$15.00 en J. C. Penney; en K-Mart cuesta $10.00. El mío me costó solamente $10.00. 2. Unas tijeras
cuestan $20.00 en Macy's; en Target cuestan $8.00. Las mías me costaron solamente $10.00. 3. Una
plancha cuesta $50.00 en Bloomingdale's; en Sear's cuesta $30.00. La mía me costó solamente $25.00.
4. Una calculadora cuesta $40.00 en Sharper Image; en Walgreen's cuesta $5.00. La mía me costó solamente $15.00. 5. Un par de zapatos cuesta $1,000.00 en I. Magnin; en Sear's cuesta $50.00. Los míos
me costaron solamente $100.00 B. *Answers may vary.* 1. Esta licuadora que está aquí cuesta $45.00. Ésa
que está allí es más barata; sólo cuesta $33.99. Aquélla que está detrás es la más moderna y cuesta más que
las otras. 2. Este abrelatas que está aquí cuesta $28.00. Ése que está allí es más caro, pero es más moder-
no. Aquél que está detrás es el más barato y más sencillo. Sólo cuesta $19.00. 3. Esta sartén que está aquí
es muy barata, sólo cuesta $12.00. Ésa que está allí es más cara, pero no parece de mejor calidad. Aquélla
que está detrás es eléctrica y de muy buena calidad. Cuesta $25.00. 4. Este horno que está aquí es el más
pequeño; cuesta sólo $200.00. Ése que está allí cuesta $254.99. Aquél que está detrás es el más grande y el
más moderno. Aquél cuesta $377.98. **III. B.** *Answers may vary.* 1. Los paraguas se usan para mantener-
se seco cuando llueve. 2. Las bufandas se usan para proteger el cuello del frío. 3. Las batas se usan para
ponerse algo después de levantarse o de salir de la ducha. 4. Las mujeres usan los camisones para dormir.
5. Las carteras se usan para guardar dinero, tárjetas de crédito, la licencia de manejar, y otras cosas.
C. *Answers may vary.* 1. ¿En qué puedo ayudarle? 2. ¿Qué talla usa usted? 3. ¿Qué color desea? 4. ¿Se
quiere probar éste? 5. ¿Le queda bien este pantalón? 6. Aquí tiene una talla más pequeña. 7. Vale 10.000
pesetas. 8. Sí, por supuesto. **IV. D.** *Answers may vary.* 1. ¿Tiene carteras de cuero? 2. ¿Cuánto cuestan éstas? 3. ¡Qué caras son! 4. Le doy 8.000 pesos. 5. Le doy 9.500. **LECTURAS ADICIONA-
LES El mundo hispano en los Estados Unidos 1.** El autor menciona los periódicos *La Opinión* y
el *Heraldo* y la revista *Hispanic*. 2. Menciona *The Americas Review*. 3. En la música, menciona Los
Premios Bravos y los discos que Linda Ronstadt y Sting han grabado en español. **Aprendamos otras
lenguas 1.** No, Julio Delgado dice que pocos anglohablantes aprenden otras lenguas. 2. Sí, afirma ésto
Julio Delgado, usando los ejemplos del latín de Roma y el francés en la época de Napoleón. 3. Sí, el
artículo coincide con este punto. 4. Julio Delgado dice que aunque no les parezca necesario, es ventajoso
para los anglohablantes aprender otras lenguas.

# Capítulo quince

**ACTIVIDADES DE COMPRENSIÓN A. 1.** Disfrute 2. mejores 3. nueva 4. telenovela 5. actriz
6. música 7. divertidos 8. Domingo 9. entrevistas 10. video 11. favoritos 12. conciertos 13. partidos 14. mejor B. 1. Un problema de Ernesto es que pasa muy poco tiempo con su familia. 2. A veces,
Ernesto tiene que trabajar siete días a la semana. 3. Ernestito tiene problemas en la escuela. 4. Ernesto
está preocupado porque su hijo cree que habla con un extraterrestre. 5. Pedro le aconseja a Ernesto que
no sea estricto con Ernestito. 6. Sí, pero también dice que existe la posibilidad de que exista de verdad.
C. 1. calor 2. desodorante 3. segura 4. todo 5. el 6. día 7. agradable 8. ropa 9. piel 10. seguridad D. 1. Porque pasó cuatro horas buscando un error en un programa de informática. 2. Van a alquilar
una película en video. 3. Porque Ana también estudia informática. 4. ¡Qué bonito programa! E. 1. por
2. para 3. Entrevista 4. Literatura 5. Reseñas 6. Consejos 7. joven 8. mundo F. 1. D 2. V 3. D
4. D 5. D 6. V 7. D 8. D G. 1. b, c 2. a 3. b 4. a, b **Radiodrama** 3, 8, 1, 5, 7, 6, 4, 2 **EJER-
CICIOS DE ORTOGRAFÍA I. A. 1.** tenía 2. peleábamos 3. estábamos 4. era 5. tenía 6. tenía

7. quería 8. sabía 9. prefería 10. hacía 11. comía 12. podía 13. salíamos 14. Pasábamos 15. hacíamos 16. Íbamos 17. quedábamos 18. jugábamos B. 1. Buenos días. ¿Te llamas Verónica? 2. Sí, Verónica Ovando, a tus órdenes. 3. Mucho gusto. ¿Vienes con el chico de traje gris? 4. No, no vengo con él. ¿Quién es? 5. No sé. Juan, ¿tú lo conoces? 6. ¿No es tu pariente, Luisa? 7. ¡Es verdad! Es mi primo Julián. ¡Hola, Julián! 8. ¡Hola, chica! Si me presentas a tus amigos, los invito a tomar un café. C. 1. ¡Qué casa más grande! 2. ¡Qué bonito! 3. ¡Qué grande está el niño! 4. ¡Qué televisor tan caro! D. 1. Julián quiere este anillo, no ése. 2. Para Marta voy a comprar esta blusa porque ésa es muy cara. 3. Ese carro rojo es demasiado grande. Prefiero éste o aquél porque son más pequeños. 4. Quiero una aspiradora nueva como aquélla.

**ACTIVIDADES ESCRITAS I. A. Horizontal:** 1. abra 2. entreguen 3. tráeme 4. recuerden 5. abre 6. ponte 7. come 8. léanlo 9. vete 10. salta 11. dé 12. saquen **Vertical:** 1. barre 2. cierre 3. tírame 4. recoge 5. ven 6. lave 7. tomen 8. lea 9. grites 10. escribe 11. olvides 12. dale **II. A.** *Answers may vary.* 1. Abuela, quiero que usted limpie la cocina. 2. Papá, quiero que tú tomes un examen de química. 3. Abuelo, quiero que usted vaya al trabajo a medianoche. 4. Mamá, quiero que tú bañes al perro. 5. Papá, quiero que tú devuelvas un libro a la biblioteca. **B.** *Answers may vary.* 1. Te sugiero que no copies durante los exámenes de la profesora Martínez. 2. Te aconsejo que devuelvas los libros a la biblioteca a tiempo. 3. Te recomiendo que hagas y entregues la tarea todos los días. 4. Te sugiero que no comas en la cafetería. **C.** *Answers may vary.* 1. ¡Que la haga mi hermana Ana! 2. ¡Que se los lleve papá! 3. ¡Que la prepare mamá! 4. ¡Que vaya mi hermanito Juan! 5. ¡Que le ayude papá! **III. A.** *Answers may vary.* 1. Llevémoslo a la escuela cada día. 2. No permitamos que vea televisión si no ha hecho la tarea. 3. Invitemos a sus amigos a casa para una fiesta. 4. No permitamos que se quede en casa toda la tarde. 5. Hablemos con su profesora. **B.** *Answers may vary.* 1. No salgamos ahora. Estudiemos primero. 2. Vamos a almorzar juntos. 3. Vamos al próximo partido en persona. 4. No caminemos más. Volvamos al hotel. 5. Descansemos un poco. Tomemos una limonada. **LECTURAS ADICIONALES El talento culinario** 1. Víctor y doña Herminia son muy buenos amigos. Él la ayuda de vez en cuando con los mandados y ella le cuida las plantas y el apartamento cuando él está de viaje. 2. Porque ha invitado a Adriana a cenar en su casa y ella cree que él es un buen cocinero. 3. La comida resultó deliciosa. *Answers may vary.* 1. Doña Herminia sugiere que Víctor cocine algún platillo fácil, como filetes y arroz con legumbres. Ella le dice que para preparar los filetes, primero debe cortar en pedacitos muy pequeños una cebolla, un tomate y un diente de ajo. Después de freírlos un poco en aceite, debe meter los filetes en el sartén y freírlos a fuego lento, por lo menos cinco minutos cada lado. Para preparar la ensalada, Víctor debe cortar dos tomates y lechuga y mezclarlos. Le dice que debe tener por los menos dos tipos de aderezo. 2. Llegó Adriana cuando la comida estaba casi lista. Víctor le sirvió primero una copa de vino y unos minutos después, la cena. Adriana lo felicitó por una noche inolvidable y una cena tan bien preparada. 3. Al llegar la hora del postre, Víctor se acuerda de que no ha preparado ningún postre. En ese momento viene doña Herminia a la puerta con un pastel en la mano. Ella le dice a Adriana que Víctor lo había dejado en su refrigeradora porque en el suyo no había más espacio.

# Capítulo dieciséis

**ACTIVIDADES DE COMPRENSIÓN A.** *Answers may vary.* 1. Estela está harta de pasar todo el día trabajando en casa. 2. La ventaja es que Estela puede salir cuando quiere. 3. Una desventaja es que él tiene que pasar el día encerrado en una oficina. 4. La solución es que Ernesto se quede en casa haciendo los quehaceres y ella vaya a buscar un empleo. 5. Que una muchacha le ayude con la limpieza de la casa y ella vaya a trabajar con Ernesto a su oficina. **B.** *Answers may vary.* 1. Sería una pesadilla. 2. Carlos quiere que Silvia se case con él. 3. No quiere sacrificar su carrera. 4. Porque Carlos le propuso matrimonio a Silvia y ella no sabe qué hacer. 5. Le va a decir que necesita tiempo y que le espere. **C.** 1. medicina 2. jugar al fútbol profesional 3. María, una chica venezolana 4. presidente de una de sus compañías en Venezuela 5. porque Adriana a lo mejor va a ir a ver la película y no quiere que Alicia le cuente el final **D.** 1. abogado criminalista, es muy bueno para hablar 2. médico, le gusta ayudar a la gente. 3. la ingeniero, a ingeniería es una carrera para las personas inteligentes **E.** 1. Porque sus predicciones nunca fallan. 2. Ella prefiere hablar sobre el futuro de Julio. 3. **a.** Antes de terminar el año conocerá a una mujer muy bella. **c.** Se casará. 4. Si pasará un ciclón por Miami en agosto del año que viene. 5. Si su esposa llegará bien a Los Ángeles y si va a haber un terremoto en California el mes próximo. 6. Va a ser actor de cine. 7. Lilia. Olga quiere saber si Julio irá a ver su show de variedades esa noche. 8. Doña Olga dice que sus predicciones nunca fallan. **Radiodrama** 1. Porque detesta su trabajo y además no tiene suficiente tiempo para estudiar. **2.** Rafael se imagina que es muy joven, bonita, elegante, sexy y muy chic. **3.** No. Dice que se va a morir de hambre. **4.** La casa es una mansión antigua de puertas enormes, pero por dentro es muy moderna. Las fotos gigantes en las paredes. **5.** Sí. Rafael habla francés y estudia la lengua castellana para ser profesor de lingüística. **6.** Porque ve que tiene aproximadamente ochenta años.

**ACTIVIDADES ESCRITAS I. A.** *Answers may vary.* **1.** se comprenden **2.** se gritan y se enojan **3.** se piden perdón, se comunican y se hablan **4.** se pelean y se insultan **5.** se escriben **B. 1.** es **2.** están **3.** es **4.** es **5.** es **6.** son **7.** están **8.** están **9.** son **10.** están **11.** es **12.** están **13.** están **14.** es **15.** es **16.** está **17.** está **II. A.** *Answers may vary.* **1.** Yo me quedaría en casa tomando chocolate y me acostaría temprano. **2.** Yo llamaría a mi amigo Andrés. **3.** Yo lo/la llamaría en el trabajo. **4.** Yo cocinaría arroz con frijoles. **5.** Yo llamaría a la policía. **III. B.** *Answers may vary.* **1.** Tengo que comprar un regalo para ella. **2.** Quiero que él lo pague por mí. **3.** Voy a viajar por avión. **4.** Salgo para Australia mañana. **5.** Necesito dinero para comprar gasolina. **6.** Sí, así puedes trabajar para una compañía muy importante. **7.** El profesor de química dará clase por él. **8.** Pasa por mi casa a las 6:00. **LECTURAS ADICIONALES La boda de la abuelita 1.** Le pareció muy hermosa pero había poca gente en comparación con la suya. **2.** La abuela llevaba un vestido de encaje con una cola muy larga y el velo de su madre. La acompañaban su hermana Isabel, su cuñado Arturo, su hermano José Alfredo, su cuñada Ramona y su tío Pascual con su esposa. **3.** Sí, las tías lloraban porque estaban felices o tal vez porque ellas eran solteronas.

# Capítulo diecisiete

**ACTIVIDADES DE COMPRENSIÓN A. 1.** d **2.** b, c **3.** a, b **4.** a **5.** a, d **B. 1.** Mantenernos al tanto de los mejores productos nuevos y de los adelantos tecnológicos. **2.** Explica paso por paso todas las cosas que puede hacer esta máquina y la comparan con las otras fotocopiadoras en el mercado. **3.** Porque no utiliza ningún truco o estereotipo para vender y porque presenta los valores positivos del producto. **4.** Habría menos competencia. Habría menos productos y menos opciones para el consumidor. **C. 1.** hospitalarios y simpáticos **2.** muy alegres **3.** estereotipos **4.** los piropos y los silbidos de los hombres **5.** Las mujeres latinas no toman en serio los piropos de los hombres y ella tampoco lo hizo. **D. 1.** Segovia **2.** Granada **3.** Sevilla **4.** Córdoba **5.** Perú **6.** Teotihuacán **7.** el Caribe **E. 1.** Nuevo Mundo **2.** árabes **3. a.** historiadores **c.** astrónomos **d.** médicos **4. a.** Granada, Murcia **b.** arroz, azúcar **5.** rey **6.** madre **7.** África **F.** 4, 7, 2, 5, 8, 1, 9, 3, 6 **Radiodrama Parte I. 1.** He **2.** visto **3.** emperador **4.** consejeros **5.** creador **6.** comisión **7.** paz **8.** piedras **9.** preciosas **10.** campamento **11.** regalos **12.** sucio **13.** hablaba **14.** blancos **15.** hombres **16.** esposa **17.** dioses **18.** atacar **Parte II. 1.** Sol **2.** Tonatiuh **3.** cuatro **4.** seres **5.** tarde **6.** escudo **7.** casco **8.** campamento **9.** vencidos **10.** fuego **11.** atacó **12.** error **13.** dioses **14.** ciudad **15.** puertas **16.** corazón **17.** guerrero **18.** último

**ACTIVIDADES ESCRITAS I. A.** *Answers may vary.* **1.** No creo que el aborto sea un homicidio. **2.** Es verdad que algunos orientales son inteligentes. **3.** Es imposible que las mujeres estén en todas las profesiones. **4.** Es ridículo pensar que el amor dure para siempre. **5.** Estoy de acuerdo con la idea de que la religión es la cosa más importante en la vida. **6.** No puede ser que las rubias se diviertan más **7.** Estoy seguro de que los alemanes son agresivos. **8.** Es verdad que los hombres hispanos son tradicionales. **9.** Es ridículo pensar que ya no hay racismo en los Estados Unidos. **10.** No creo que los ricos sean felices. **II. A.** *Answers may vary.* **1.** pasarían más tiempo en actividades más saludables **2.** lograríamos mucho más **3.** no gastarían tanto en armas **4.** no habría tantos accidentes en las carreteras **5.** habría más drogadictos **6.** la venta de armas fuera ilegal **7.** la gente obedeciera las leyes del tráfico **8.** la vida fuera más fácil **9.** hubiera menos productos **10.** todos trabajáramos menos horas **B.** *Answers may vary.* **1.** vieran menos la televisión **2.** las parejas se comunicaran mejor **3.** todos tuviéramos más consciencia de nuestros actos **4.** hubiera alternativas más atractivas **5.** hubiera más empleos en México **III. A.** *Answers may vary.* **1.** haya playas desiertas **2.** no tenga una plaza en el centro **3.** no tenga mucho tráfico **4.** no tenga ningún habitante **5.** sea inteligente **6.** sea divertida **7.** sea bien tranquilo **8.** me hiciera reír **LECTURAS ADICIONALES Los cuentos infantiles 1.** F. Tienen varias cosas en común. **2.** C. Los cuentos infantiles se basan también en la oposición entre el bien y el mal, la juventud y la vejez, la realidad y la fantasía. **3.** F. La violencia es quizás la característica común de todos ellos. **4.** C. **Los ancianos 1.** Ellos nadaban, jugaban al tenis, hacían fiestas y salían de excursión. **2.** Ayudaba a su mamá con la casa. **3.** Porque allí había muchos viejecitos. **4.** Porque los ancianos no están con la familia y se aburren.

# Capítulo dieciocho

**ACTIVIDADES DE COMPRENSIÓN A. Parte I. 1.** Las personas que desaparecen son ciudadanos inocentes que quieren la libertad para Doraselva. **2.** Los soldados se llevan obreros, profesores, artistas, amas de casa y niños. **3.** Los torturan y los encierran en cuartos subterráneos. **4.** Los niños que nacen en prisión son entregados a familias militares ricas. **5.** La opresión lleva cuarenta años en Doraselva. **Parte II. 1.** El gobierno es responsable. **2.** Compra armamentos y el resto va a los bolsillos de los militares. **3.** La prueba es la forma en la que viven los militares. **4.** Para asesinar a gente inocente y eliminar a sus rivales políticos. **5.** Erradicar la dictadura militar. **Parte III. 1.** pueblo **2.** dictadura **3.** dictadura **4.** opresiva **5.** oposición **6.** democracia **7.** historia **8.** pasado **B. Parte I. 1.** Han detenido a 4.858 personas. **2.** Por el presidente, el General Reinaldo Ramos. **3.** El pueblo ha reaccionado con indignación. **Parte II. 1.** 24,8, abril **2.** especial, investigación, sospechosos **3.** proteger, criminales **Parte III. 1.** c **2.** a, b **C. 1.** Pilar dice que la violencia no va a resolver los problemas del mundo. **2.** La violencia es el único recurso. **3.** Se dijo que el Frente Revolucionario había secuestrado al embajador de los Estados Unidos. **4.** Va a enfocar la atención del mundo en los problemas de Doraselva. **5.** José insinúa que quizá haya hecho algo malo clandestinamente. **6.** El general Ramos seguiría matando a gente. **D.** Problema principal: situación económica  Factores relacionados: **1.** el problema del idioma **2.** la falta de instrucción **3.** la discriminación en los empleos  Soluciones a proponer: Para los niños: educación bilingüe  Para los adultos: Escuelas nocturnas donde se enseñe inglés y un oficio útil. **E. 1.** doraselveño, dictadura **2.** parcela, sembraba **3.** sequía, banco **4.** soldados, droga **5.** pariente **6.** dinero, pollero **7.** ha juntado **Radiodrama** 3, 8, 2, 5, 6, 9, 1, 4, 7

**ACTIVIDADES ESCRITAS I. A.** *Answers may vary.* **1.** los aztecas y los incas aún gobernarían el continente **2.** les habrían tratado como enemigos **3.** habría más diversidad en la cultura hispanoamericana **4.** habría menos discriminación entre las razas **5.** habría sido un país mucho más grande y fuerte **B.** *Answers may vary.* **1.** no se habrían casado **2.** yo no habría nacido **3.** yo habría tenido todo lo que yo hubiera querido **4.** no habría podido asistir a la universidad **5.** geografía, sabría dónde queda España en el mapa **C.** *Answers may vary.* **1.** había estudiado **2.** he leído **3.** haya aprendido **4.** haya resuelto **5.** he oído **6.** he aprendido **7.** haya olvidado **8.** había pensado **II. A.** *Answers may vary.* **1.** robe algo **2.** se levanten **3.** llegue para arreglarla **4.** piensen que necesita agua **5.** tengan cinco años **B.** *Answers may vary.* **1.** la policía no arreste a ninguno de ellos **2.** no los metan a ellos a la cárcel **3.** dejaran de beber **4.** él pudiera quedarse con ellos **5.** no se confundan **III. B. 1.** Hay inmigrantes de Nicaragua aquí desde que el dictador de Somoza fue derrocado por los Sandinistas. **2.** Los inmigrantes cubanos vinieron a Miami cuando Batista fue derrotado por Fidel Castro en 1959. **3.** Los ferrocarriles de México y Estados Unidos fueron construidos por los inmigrantes chinos. **4.** Los jardines de las casas en los barrios de clase media son mantenidos por obreros indocumentados. **5.** Los ritmos africanos fueron introducidos a este país por músicos del Caribe. **LECTURAS ADICIONALES ¿Una tercera guerra?** **1.** CF **2.** CP **3.** CF **4.** CP **5.** CF **6.** CF **7.** CP **8.** CP **9.** CF **El color de un recuerdo 1.** Iban juntos a la escuela y estudiaban juntos. La más especial era escribir cuentos. **2.** Ellos tienen diferentes opiniones sobre la política de su país. Silvia cree en la Revolución, pero Alberto no. **3.** Silvia le preguntó a Alberto en forma indirecta si debía esperarle o no después de las clases. Alberto le gritó a Silvia porque siempre hablaba con rodeos y a él no le gustaba. Cuando Silvia siguió caminando, Alberto le apretó de un brazo para que se detuviera. Entonces Silvia le clavó sus uñas en la mano. Alberto corrió a la escuela y cuando Silvia llegó, le gritó «imbécil» delante de todos los compañeros. La directora hizo que Alberto pidiera perdón a Silvia. **4.** Porque Alberto y su familia partieron para los Estados Unidos con el propósito de comenzar una vida nueva. **5.** Después de tanto tiempo, ahora pertenecen a dos mundos distintos. **6.** Siente temor de perder el idioma, su cultura y sus raíces.